PETER GYSLING

ANDERE WELTEN

RUSSLAND UKRAINE KAUKASUS ZENTRALASIEN

WERDVERLAG.CH

In der «Warteschlaufe» kurz vor dem Beginn der Tagesschau (© Stefan Reinhart, SRF)

DANK

Ich empfinde es als Privileg, dass ich während meiner Korrespondentenzeit all diese Eindrücke sammeln durfte.

Mein besonderer Dank geht an die Kolleginnen und Kollegen im SRF-Radiostudio Bern und jene im SRF-Fernsehstudio in Zürich, die mich in meiner Arbeit stets kritisch begleitet, unterstützt und immer wieder ermutigt haben.

Bedanken möchte ich mich bei meiner ehemaligen Moskauer Assistentin Anna Kuritsyna für ihre Unterstützung während meiner zweiten Moskauer Korrespondentenzeit (2008 – 2015) sowie bei meiner Ehefrau Olga, die mir in den letzten Jahren stets hilfreich beigestanden ist; schliesslich bei meiner Tochter Gianna, die mein Wirken von der Schweiz aus mit Empathie begleitet hat.

Ein grosser Dank geht schliesslich an Heidi Tagliavini, die meine Manuskripte zu diesem Buch kritisch gesichtet und mir wertvolle Anregungen gegeben hat.

ANMERKUNG ZU DEN FOTOS

Viel Erlebtes hat sich in meinem Gedächtnis auch bildlich eingebrannt. Festgehalten habe ich einige Begegnungen zur Erinnerung zudem mit Fotos, die ich mehr beiläufig – neben meiner Radio- und Fernsehtätigkeit – aufgenommen habe. Ich bin mir bewusst, dass ich kein professioneller Fotograf bin! Trotzdem erlaube ich mir, meine schriftlichen Aufzeichnungen durch eine Auswahl dieser Fotos begleiten zu lassen. Die Bilder vermögen – so hoffe ich – das eine oder andere in Textform Beschriebene auf eigene Weise zu illustrieren.

IMPRESSUM

Alle Rechte vorbehalten, einschliesslich derjenigen
des auszugsweisen Abdrucks und der elektronischen
Wiedergabe.

© Taschenbuchausgabe 2018, Werd & Weber Verlag AG,
CH-3645 Thun / Gwatt

AUTOR
Peter Gysling

BILDER
Peter Gysling

KARTEN
Miranda Oester, Werd & Weber Verlag AG
Andrina Sägesser, Werd & Weber Verlag AG
Amel Tingoski, Werd & Weber Verlag AG

SATZ
Andrina Sägesser, Werd & Weber Verlag AG
Amel Tingoski, Werd & Weber Verlag AG

LEKTORAT
Alain Diezig, Werd & Weber Verlag AG

KORREKTORAT
Laura Scheidegger, Werd & Weber Verlag AG

ISBN
978-3-85932-915-7

www.weberverlag.ch
www.werdverlag.ch

INHALTSVERZEICHNIS

Fischer auf der gefrorenen Wolga

Heidi Tagliavini, Schweizer Botschafterin, gehört zu den international anerkanntesten Diplomaten der Schweiz. Sie hat in den vergangenen zwanzig Jahren verschiedene Friedensmissionen geleitet, ist mit dem IGM-Menschenrechtspreis und drei Ehrendoktorwürden ausgezeichnet worden. Heidi Tagliavini war unter anderem vom Juni 2014 bis zum Juni 2015 Ukraine-Beauftragte der OSZE, untersuchte als EU-Sonderbeauftragte die Hintergründe des Georgienkrieges von 2008, leitete von 2002 bis 2006 die UN-Beobachtermission UNOMIG in Georgien und war 1995, während des ersten Tschetschenienkrieges, als OSZE-Krisendiplomatin in der damals umkämpften tschetschenischen Hauptstadt Grosny im Einsatz.

(© EDA)

VORWORT VON HEIDI TAGLIAVINI

VERSTEHEN KANN MAN RUSSLAND NICHT,
UND AUCH NICHT MESSEN MIT VERSTAND.
ES HAT SEIN EIGENES GESICHT.
NUR GLAUBEN KANN MAN AN DAS LAND.

FJODOR TJUTSCHEW

Wer einmal seinen Fuss nach Russland gesetzt hat, macht die Erfahrung, dass ihn das Land nicht mehr loslässt. So ergeht es auch Peter Gysling, der uns in seinem neuen, reich bebilderten Buch die für ihn wichtigsten Eindrücke seiner Zeit als Berichterstatter für verschiedene Schweizer Medien zu vermitteln versucht. Rund ein Vierteljahrhundert zieht an uns vorbei, die wohl wichtigsten 25 Jahre in der Geschichte des ehemaligen sowjetischen Imperiums, entscheidende Momente von weltgeschichtlicher Bedeutung in den Jahren von 1990 bis 2015. Höhepunkte und Tiefschläge der Endphase der Sowjetunion ziehen an uns vorbei, darunter so zentrale Ereignisse wie die Auflösung des Vielvölkerstaates Ende 1991 und das gleichzeitige Entstehen von fünfzehn neu unabhängigen Staaten. Wir lernen Persönlichkeiten kennen, die die Geschichte Russlands und der Nachfolgestaaten der Sowjetunion nachhaltig geprägt haben, wie Michail Gorbatschow und Boris Jelzin, Dmitri Medwedew oder Wladimir Putin. Oder eben auch den früheren georgischen Präsidenten Micheil Saakaschwili, der Georgiens Schicksal mit jugendlich-revolutionärer Verve zu verändern versuchte, dabei aber wohl das Gewicht und die Trägheit der Geschichte unterschätzte. Die Auflösung der Sowjetunion zieht sich wie ein roter Faden durch das ganze Buch. Peter Gysling beschreibt in eindrücklichen Bildern den weitgehend friedlichen Zerfall des Riesenreiches, und das immer aus seiner ganz persönlichen Perspektive eines passionierten und anteilnehmenden Reporters. Den Preis für die damals weitgehend friedliche Auflösung des Sowjetreiches haben allerdings einige Regionen an den Rändern dieses grössten Landes der Welt bezahlt, mit Konflikten, die heute noch nicht gelöst sind, und es wohl noch längere Zeit nicht sein werden. Einige dieser Kriege werden in diesem Buch mit grosser Betroffenheit und Anteilnahme beschrieben. Auch viele Menschen verstreut über das ganze ehemalige Riesenreich, die durch den Zerfall des sowjetischen Imperiums all ihre einstige Sicherheit und manchmal ganz einfach den Boden unter den Füssen verloren haben, kommen zu Wort und schildern drastisch, wie sie schon seit Jahrzehnten ganz auf sich allein angewiesen sind und halt eben das Beste aus ihrer Situation zu machen versuchen.

Peter Gyslings Buch ist sehr persönlich gehalten; der Autor lässt uns an seinen vielen einmaligen Erlebnissen teilhaben und vermittelt uns sein ausgeprägtes Bedürfnis zu verstehen, was diesen Ländern und den dort lebenden Menschen durch die Macht der geschichtlichen Ereignisse für Kataklysmen zugemutet wurden und zum Teil auch heute noch werden. Aus seinen Schilderungen spricht ein für den Autor charakteristischer Sinn für Gerechtigkeit und eine gute Portion an Humor. Denn ohne Humor wären wohl die zum Teil skurrilen und grotesken Situationen, in denen sich Peter Gysling immer wieder zurechtfinden musste, kaum auszuhalten gewesen.

Unübersehbar sind auch die ganz persönlichen Vorlieben des Autors: Georgien mit seiner komplexen Geschichte, mit seiner reichen Kultur und seinen Traditionen, seiner dramatisch schönen Landschaft, seiner Lebensfreude und der unvergleichlichen Gastfreundschaft hat es ihm besonders angetan. Aber auch die Ukraine, in der er die echte Revolution mit ihren ganz schrecklichen Seiten kennengelernt hat, verdient seine besondere Aufmerksamkeit. Der hier vorgelegte Bilderbogen erstreckt sich auch auf in unseren Breitengraden weniger bekannte Gegenden wie Tatarstan, Jakutien, den Aralsee oder das nördliche Archangelsk, Regionen, die alle mit Überraschungen aufwarten und auf die eine oder andere unerwartete Art Besitz vom Berichterstatter ergreifen.

Peter Gyslings Buch erhebt – wie er selbst betont – keinen Anspruch auf Vollständigkeit. Es geht dem Autor nicht um eine systematische Aufarbeitung aller Entwicklungen in einem Land, aus dem 15 Nachfolgestaaten hervorgegangen sind; vielmehr sind die einzelnen Beiträge unterschiedlichster Länge ein Spiegel zu verschiedensten Themen, über die der Autor als Korrespondent berichtet hatte und die ihn besonders bewegt hatten. Das Buch ist also ein zeitgebundenes Dokument, in dem die einzelnen Beiträge wie Pinselstriche ein sehr persönliches Bild von einem unermesslich grossen und vielfältigen Land malen.

Heidi Tagliavini

GEBRAUCHSANWEISUNG

Mit «Andere Welten» erlaube ich mir, Erlebnisse und Ereignisse zu schildern und zu kommentieren, die mich während meiner Auslandskorrespondentenzeit in Moskau persönlich besonders bewegt oder beeindruckt haben. Dies sind Fragmente und Einzeleindrücke.

Der Leser hält hier also keine austarierte, in sich ruhende «Jüngere Geschichte der ehemaligen Sowjetrepubliken» in der Hand. Ich versuche mit meinen Texten und Bildern vielmehr, beobachtete Ereignisse aufzugreifen, die meiner Ansicht nach die Gesamtregion in spezieller Weise herausfordern. Zudem erlaube ich mir, persönliche Erlebnisse zu schildern, die ich für mein ehemaliges Berichtsgebiet als irgendwie beispielhaft halte.

DIE GEMEINSAME WURZEL

Die gesellschaftliche, politische und wirtschaftliche Entwicklung in den Ländern der ehemaligen UdSSR ist zum Teil immer noch geprägt vom gemeinsam erlebten Schicksal unter dem Sowjetregime. Diese einzelnen Regionen haben sich nach dem Zerfall der Sowjetunion zwar auf ganz verschiedene Weise weiterentwickelt, stehen dabei aber nicht selten Herausforderungen gegenüber, die sie mit ihren Nachbarländern teilen.

Unter dem Sowjetregime wurde den Bürgerinnen und Bürgern eine Weltanschauung vermittelt, die sich stark nach den Vorgaben und der Ideologie der Kommunistischen Partei, der KPdSU, ausrichtete. Viele Menschen in diesen Ländern setzten deshalb nolens volens auf die Verheissungen des Sozialismus. Eigeninitiative, Eigenverantwortung, freies und insbesondere regimekritisches Denken waren nicht erwünscht und hatten dem kollektiv verordneten Handeln oder planwirtschaftlichen Vorgaben zu weichen.

Deshalb ist es verständlich, dass es vielen Bürgerinnen und Bürgern in diesen Republiken schwerfiel, nach dem Zerfall der UdSSR bisherige Wertvorstellungen über Bord zu werfen und sich etwa mit den Grundideen einer liberalen Marktwirtschaft zu versöhnen. Sie sind anfangs der 90er-Jahre zum Teil auch arg enttäuscht worden. Bei der «Privatisierung» des Staatseigentums in Russland oder in der Ukraine beispielsweise haben es bisherige Parteikader und Fabrikdirektoren zum Teil geschafft, zulasten der einfachen Bürger grossen Privatreichtum zusammenzuraffen. Sie haben sich wichtige Teile der einstigen Staatsbetriebe angeeignet. Viele der heutigen Oligarchen haben damals trickreich Gesetzeslücken genutzt, um sich auf Kosten der Allgemeinheit zu bereichern. Die einstige sozialistische Planwirtschaft war einem Raubkapitalismus gewichen.

In den meisten zentralasiatischen Staaten wiederum sind es vorwiegend die einstigen KP-Parteichefs aus UdSSR-Zeiten (oder deren Nachfahren oder einstige Verbündete), die seit Jahrzehnten die Geschicke dieser Länder bestimmen und sich diese dabei beinahe wie Könige angeeignet haben. Mit einem autoritären Selbstverständnis gebieten sie über «ihr Volk».

ALTLASTEN
Die Sowjetunion hat auch ein schwieriges Erbe und zahlreiche Altlasten hinterlassen. So sind beispielsweise die zentralasiatischen Staaten heute allein dafür verantwortlich, der ökologischen Katastrophe am Aralsee Einhalt zu gebieten, einem Desaster, das einzig auf die verfehlte Wirtschaftspolitik Josef Stalins zurückzuführen ist.

Auch die ethnischen Konflikte und Bürgerkriege, die in einzelnen Regionen aufgeflammt sind, haben zum Teil ihre Wurzeln in der Bevölkerungspolitik des seinerzeitigen Sowjetdiktators. Zudem: Während das Sowjetregime einst das Ideal der Vielvölkergemeinschaft propagierte, suchen heute viele Regionen nach ihrer «nationalen Identität» und grenzen dabei ethnische Minderheiten aus.

Gewiss: Es gibt in all diesen Ländern Kräfte, die sich für Gerechtigkeit, für einen Ausgleich unter den Bevölkerungsgruppen, für soziale Verantwortung, für Demokratie und Frieden einsetzen. Doch der erhoffte Wandel benötigt offensichtlich mehr Zeit, als viele Beobachter einst prognostiziert hatten. Die Bürgerinnen und Bürger in Russland, in der Ukraine, in Weissrussland, Moldawien, Georgien, Armenien, Aserbaidschan und in den Ländern Zentralasiens sind im ihnen auferlegten Wandel hart gefordert. Sie erleben auch immer wieder Rückschläge.

GEDULD
Der Weltgemeinschaft sei deshalb geraten, den Menschen in diesen Regionen auch dann Verständnis, Toleranz und Solidarität entgegenzubringen, wenn sich gewisse Entwicklungen nicht so einstellen, wie das einst euphorisch erhofft wurde und westlichem Wunschdenken entspricht.

Vor diesem Hintergrund möchte «Andere Welten» die Köpfe und Herzen der Leserinnen und Leser öffnen – auch für die Eigenheiten, Schönheiten und Attraktivität dieser Länder. Gleichzeitig möchte das Buch Verständnis schaffen für die Schwierigkeiten, mit denen die Bürgerinnen und Bürger in unserer östlichen Nachbarschaft konfrontiert sind. Diese Menschen sind Teil unserer gemeinsamen Welt und verdienen unsere Solidarität!

Peter Gysling

Studentenkundgebung in Tbilissi, Oktober 2013

ALS KORRESPONDENT VOR ORT

In meiner Jugend träumte ich oft davon, auf einem unerforschten Planeten zu landen und diesen entdecken zu dürfen. Bücher von Thor Heyerdahl, Jules Verne, Antoine de Saint-Exupéry, René Gardi oder Dhan Gopal Mukerdschi hatten schon früh meine Abenteuer- und Reiselust angeregt. Der Traum vom fremden, unerforschten Planeten ist für mich später gewissermassen in Erfüllung gegangen. Zuerst mal mit der Entscheidung, Journalist zu werden.

Schon in meinen ersten Berufsjahren erlebte ich oft jeden einzelnen Arbeitstag, insbesondere jede Auswärtsreportage, als kleine Entdeckungsreise. Das Nachforschen, Beobachten, Interpretieren, Vergleichen und Analysieren hatte mich bald stark in den Bann gezogen. Ich war besessen, immer wieder Neues, mir Unbekanntes kennenzulernen. Zuerst als Radioreporter in Zürich, dann als Inlandredaktor in Bern, später als Auslandskorrespondent in Deutschland.

Gewiss: Deutschland war kein entfernter Planet! Trotzdem bot sich mir hier die Möglichkeit, immer wieder etwas unbekanntere Regionen zu bereisen und diese dem Publikum mit meinen Reportagen näherzubringen. Wenn ich an meine Zeit in Deutschland zurückdenke, so erinnere ich mich nicht nur an Parteitage oder an Wortgefechte im Bundestag, sondern beispielsweise auch an eine nächtliche Bootsfahrt mit einem Krabbenfischer durchs nordfriesische Wattenmeer.

Als ich dann anfangs der 90er-Jahre mein erstes Mal als Auslandskorrespondent nach Moskau wechselte, betrat ich gewissermassen Neuland. Nach nur einem Jahr begann die einstige Weltmacht, die damalige Sowjetunion, zu wanken. In den meisten Sowjetrepubliken setzte man sich neue Ziele. Bei vielen Bürgern kamen neue Hoffnungen auf, andere wiederum fühlten sich enttäuscht oder gar betrogen. In Tschetschenien, Moldawien, Georgien, Aserbaidschan und Tadschikistan kam es zu Bürgerkriegen.

Während meiner Moskauer Jahre reiste ich immer wieder intensiv durch die verschiedensten Regionen der einstigen UdSSR. Dabei interessierte mich nicht nur die offizielle Staatspolitik, ich versuchte stets, auch das Schicksal ethnischer Minderheiten nachzuzeichnen oder den sozialen, wirtschaftlichen und kulturellen Alltag in den verschiedenen Ländern meines Berichtsgebietes zu verstehen.

In eindrücklicher Erinnerung blieb mir so ein Besuch der Sonnwendefeier in Jakutien, der mich in eine mir bislang tatsächlich ganz andere Welt entführte. Unvergesslich ist für mich auch ein Gespräch mit einem Karakalpaken am Ufer des Nordaralsees, der sich – nach dem Fischsterben im Aralsee – auf die Haltung von Kamelen spezialisiert hatte. Unvergesslich auch die nächtliche Begegnung mit einem Wächter des Atomabfalllagers nördlich von Murmansk, der sich in seiner Holzhütte allein gelassen fühlte und offenbarte, dass er kaum wusste, wie er bei einem beunruhigenden Vorfall Alarm schlagen müsste.

IMMER DIE KNACKGERÄUSCHE IN DER TELEFONLEITUNG

Anfangs der 90er-Jahre war die Kommunikation zwischen Moskau und der Schweiz aufwändig und kompliziert. Internet und E-Mails gab es noch nicht, und auch spontane Telefonanrufe von Bern oder Zürich nach Moskau waren in der Regel ohne Voranmeldung beim Telefonamt kaum möglich. Wenn ich meinen Redaktionen Vorschläge für Reportagen unterbreiten wollte, war ich gezwungen, meine Ideen per Telex nach Bern zu melden. Das Rattern der Telexmaschine im Büro ist mir heute noch in bester Erinnerung – ebenso die schrille Glocke, welche jeweils kundtat, dass eine eingegangene Mitteilung von der Papierrolle abgerissen und zum Lesen geholt werden musste.

Radiobeiträge und Livegespräche fürs Radio wurden damals meist über die Telefonleitung in die Schweiz überspielt. Heute ist es kaum mehr vorstellbar, wie die damalige Hörerschaft bereit war, Reportagen zu lauschen, die dermassen von Knackgeräuschen übertönt wurden. Radioreportagen aus Moskau oder Peking anfangs der 90er-Jahre klangen wie die Stimme von Neil Armstrong, als sich dieser 1969 bei seiner Mondlandung auf der Erde meldete.

Aufwändigere und längere Radioreportagen durfte ich anfangs der 90er-Jahre der damaligen Swissair mitgeben, die dafür besorgt war, dass meine Tonbandspulen gleichentags auf dem Zürcher Flughafen einem Radiokollegen übergeben werden konnten.

HEUTE IST DIES ANDERS

Dank Computer und Internet, dank der heutigen Handyverbindungen oder Satellitenlinks kann sich jeder Journalist – aber auch jede Bürgerin, jeder Bürger – aus fast jeder Ecke der Welt ohne Zeitverlust fast überall melden und Texte, Töne und Bilder übermitteln.

Mir selbst kamen die neuen technischen Möglichkeiten vor allem während meines zweiten Moskauer Korrespondenteneinsatzes (von 2008 – 2015) zugute. Nun war es äusserst einfach, Interviews mit Übersetzungen zu vertonen, Reportagen zu montieren und in Sekundenschnelle in die Schweiz zu übermitteln. Jederzeit – von jeder Demo, bei jedem wichtigen Ereignis, auch aus jedem Gerichtsgebäude – konnte ich mich bei der Redaktion in der Schweiz melden.

LIVE VON FAST ÜBERALL

Auch Live-Schaltungen fürs Fernsehen konnten so rund um die Uhr für meinen Kollegen Christof Franzen oder für mich organisiert werden. Spät nach Mitternacht (Ortszeit) von einem Hoteldach in der kirgisischen Hauptstadt Bischkek, aus einer Quartierstrasse der Krimhauptstadt Simferopol, von der Hafenmole in Sevastopol, von einer Altstadtterrasse in Tbilissi oder – wochenlang fast täglich – von einem Hotelbalkon über dem Kiewer Maidan. Kaum je hat es mit einer Liveschaltung nicht geklappt!

SCHNELLIGKEIT ALLEIN MACHT ABER NOCH KEINEN GUTEN JOURNALISMUS

Live am Bildschirm zuhause mitzubekommen, dass sich irgendwo empörte Leute versammeln, birgt die Gefahr, dass sich der Empfänger dieser Nachricht schon für informiert hält (er hat ja die Bilder selbst und erst noch live gesehen). Wichtig aber ist, dass er auch erfährt, in welchem politischen oder wirtschaftlichen Zusammenhang sich die Menschen versammeln – gegen welche Widerstände, mit welchen Chancen!

DIE GEFAHR DER WIEDERHOLUNG

Weil ich bei sich überschlagenden Ereignissen manchmal beinahe stündlich in die Schweiz berichtete, oft parallel fürs Radio und für das Fernsehen, verlor ich manchmal etwas die Übersicht. Oft musste ich mich deshalb fragen, ob ich nun dies oder jenes bereits am Abend zuvor in der Radiosendung «Echo der Zeit» erwähnt hatte oder nicht. Oder ob es die Hörerschaft langweilte, wenn ich in der Sendung «Heute Morgen» mehr oder weniger dasselbe erklärte wie am Abend zuvor in der Tagesschau.

Als Korrespondent an der Front darf man allerdings nicht davon ausgehen, dass das Publikum jede Nachrichtensendung verfolgt. Man ist oft gezwungen, die Ereignisse immer wieder von neuem – möglichst spannend und gleichzeitig korrekt – zu erläutern.

ÜBER DIE SCHWIERIGKEIT, DIE ZUKUNFT VORAUSZUSEHEN UND GESCHEHENES SACHGERECHT ZU ANALYSIEREN

Als konservative Kommunisten im August 1991 ihren Putschversuch gegen den damaligen sowjetischen Staatschef Michail Gorbatschow verübten, oder als Putins Soldaten im Frühjahr 2014 strategisch wichtige Plätze auf der Krim besetzten... bei diesen und ähnlichen Ereignissen bin ich oft gefragt worden, weshalb es so gekommen sei, und vor allem, wie sich der Lauf der Geschichte der Sowjetunion oder – im zweiten Falle – der ukrainischen Krimhalbinsel weiterentwickeln werde.

Es klingt lapidar. Im Nachhinein können wir Geschehenes meist gut analysieren. Nach einem Ereignis sind wir oft innert Sekundenschnelle in der Lage, zu erläutern, weshalb eine bestimmte Entwicklung diesen und nicht einen anderen Lauf nahm, ja nehmen musste. Wenn es aber darum geht, in die Zukunft zu blicken, sind Historiker, Politologen und Journalisten oft auf Mutmassungen angewiesen. Einige Beobachter lassen sich bei Voraussagen vor allem von ihren Idealen leiten, andere verlassen sich auf ihren Instinkt. Die Frage nach dem «wie weiter?» hat bei mir oft ein ohnmächtiges Stirnrunzeln ausgelöst – gleichzeitig aber meine Bereitschaft gestärkt, Entwicklungen möglichst unvoreingenommen auf mich wirken zu lassen.

EIGENE POSITIONEN DEUTLICH MACHEN

Gleichzeitig war ich stets bemüht, die Entwicklungen, über die ich berichtete, aus möglichst vielen Perspektiven zu beobachten und zu analysieren. Wichtige Grundwerte aber, wie etwa die Menschenrechte oder das Völkerrecht, waren für mich stets sakrosankt. Dies hat – etwa bei der Diskussion um die «Rechtmässigkeit» der russischen Krim-Annexion – gelegentlich zu Kontroversen mit sogenannten «Putinverstehern» und «Krimnaschisten» geführt.

«Krim nasch» (auf Deutsch: «Die Krim ist unser») war eine Parole, die man 2014 oft in der russischen Propaganda vernommen hat. In Anlehnung an dieses Motto wurden in der Folge jene, die in Russland mit diesem Motto warben, von kritischen Zeitgenossen als «Krimnaschisten» bezeichnet.

Als Korrespondent habe ich auch immer wieder kommentiert. Dabei aber stets kenntlich gemacht, wenn es sich um einen Kommentar, um eine persönliche Meinungsäusserung, um eine Mutmassung handelte. Kommentare und Einschätzungen sollten stets als solche erkennbar sein. Und auch die Perspektive und Werthaltung, aus denen der Kommentierende die Dinge beurteilt.

ABSEITS DER POLITIK

Ein Höhepunkt in meinem Berufsleben war, dass ich im Sommerhalbjahr 2012 die siebenteilige SRF-Dokumentarfilmserie «Seidenstrasse» mitproduzieren durfte. Als «Presenter» und Reporter reiste ich – zusammen mit einem kleinen TV-Team – quer durch die Türkei, durch den Kaukasus, durch Zentralasien und bis ins chinesische Xi-an. Hier bot sich mir die Gelegenheit, mich vor allem in kulturelle, volkskundliche und Alltagsthemen der besuchten Regionen zu vertiefen.

ERSTENS KOMMT ES ANDERS, UND ZWEITENS ALS MAN DENKT (W. BUSCH)

Während der Dreharbeiten für diese Dokfilmserie stellte sich mehrmals heraus, dass es sich lohnt, ursprünglich verabschiedete Produktionspläne vorübergehend über Bord zu werfen, sich Unerwartetem zu stellen. Mehrmals gelang es uns auf diese Weise, Überraschendes, Spannendes, von dem wir bislang nichts geahnt hatten, in unsere Reportage zu integrieren. Unsere Spontan-Interviews und ungeplanten Drehs stellten sich im Nachhinein gar als «Highlights» heraus. Solches Umstellen und spontanes Agieren war aber nur möglich, weil wir ein besonders gut eingespieltes Team waren. Jeder wusste in diesen Momenten, was er jetzt zu tun hatte, wie wir uns ohne vorherige Absprache zu bewegen und zu verhalten hatten. Als Journalist, der bisher hauptsächlich als «Einzelmaske» fürs Radio unterwegs war, habe ich diese intensive TV-Teamarbeit als beglückend, ja ab und zu sogar als berauschend erlebt.

Folkloreveranstaltung in Buchara, Usbekistan

«EINMAL KORRESPONDENT – IMMER KORRESPONDENT»

Diese Losung hatte ich einst als mein Credo bezeichnet. Denn ich liebte die Herausforderungen des Korrespondentenberufs. Deshalb ist es mir auch nicht leichtgefallen, mich von der Korrespondentenfront zurückzuziehen.

Jetzt aber blicke ich mit grosser Dankbarkeit auf meine Berufsjahre zurück – vor allem auf jene, die ich als Auslandskorrespondent erleben durfte. Ich habe es stets als grosses Privileg empfunden, in dieser Zeit so viele Länder, all die Menschen und Kulturen, so viele Facetten einer «anderen Welt» kennenlernen zu dürfen! Aber auch jetzt, im «Unruhezustand», bin ich immer wieder in diesen Republiken unterwegs.

Mehrteilige Plakat- und PR-Aktion von Schweizer Radio DRS, 1991. Dieses Sujet widmete sich der Berichterstattung über den Zerfall der UdSSR.

MITTEN IM RAUSCH DER GESCHICHTE

ERINNERUNGEN AN DIE LETZTEN TAGE DER UDSSR, AN DEN KAMPF UM EIN EIGENSTÄNDIGES RUSSLAND UND UM SELBSTÄNDIGE REPUBLIKEN

Im August 1991, mit dem Beginn des versuchten und gescheiterten Putschs gegen Staatspräsident Michail Gorbatschow, überschlugen sich die Ereignisse bis Ende Dezember 1991 immer wieder. Ein achtköpfiges «Staatskomitee für den Ausnahmezustand» hatte sich am 19. August zur vorübergehenden Staatsführung erklärt und die Bevölkerung der Sowjetunion wissen lassen, dass Gorbatschow derzeit amtsunfähig sei. Der sowjetische Staatspräsident hätte in diesen Tagen eigentlich nach Moskau zurückkehren wollen, die Putschisten aber hatten ihn auf der Regierungsdatscha in Foros isoliert.

In der Nacht zum 19. August 1991 waren Panzer ins Moskauer Stadtzentrum gerollt, auf allen wichtigen Plätzen der Stadt standen Mannschaftswagen mit Soldaten und immer wieder Panzer. Doch bald war klargeworden, dass das Putschistenkomitee, das vom KGB-Chef Wladimir Krjutschkow dirigiert wurde, eher ziel- und hilflos operierte und bald scheitern würde. Auch die meisten Menschen, die man damals in den Moskauer Strassen oder in der Metro antraf, reagierten nach meinem Empfinden eher gelassen auf den Putschversuch.

Ich erinnere mich an eine Pressekonferenz, die damals unter der Leitung des Putschisten und offiziellen sowjetischen Vizepräsidenten Gennadi Janajew stattfand. Er versuchte, den angestrebten Machtwechsel mit der Behauptung zu begründen, die territoriale Integrität der UdSSR sei bedroht und eine gefährliche Anarchie mache sich breit. Selbst konservative (KP-nahe) Journalisten reagierten mit Achselzucken, Ratlosigkeit oder gar mit Gelächter auf diese Erklärungen und den Machtanspruch des selbsternannten «Staatskomitees für den Ausnahmezustand» (GKTschP).

So bedrohlich die Lage in der Stadt beim Auftakt des Putschversuches schien – irgendwie war schon nach wenigen Stunden spürbar, dass dieser Spuk bald ein Ende nehmen würde. In St. Petersburg (die Stadt hiess damals offiziell noch Leningrad) hatten sich Tausende vor dem Winterpalast versammelt, um gegen den Putschversuch zu protestieren. In Moskau waren es etwa 10 000 bis 20 000 vor allem jüngere Menschen, die sich mit grosser Entschlossenheit gegen die Putschisten zur Wehr setzten und sich vor dem Moskauer Weissen Haus, dem damaligen Parlamentsgebäude der Sowjetrepublik Russland, verschanzt hatten und dort mit allem, was ihnen in die Hände fiel, Barrikaden errichteten. Sie erhielten in den weiteren Stunden immer mehr Unterstützung. Auch von Passantinnen und Passanten, welche die Widerständler mit Tee und Lebensmitteln versorgten.

Den Putschisten war es nicht gelungen den selbstbewussten russischen Präsidenten Boris Jelzin zu isolieren. Jelzin galt schon damals als liberaler Gegenspieler zu Gorbatschow. Jelzin hatte es in den ersten Stunden des Putschversuchs geschafft, zum Weissen Haus, zum Zentrum des Widerstands gegen die Putschisten zu gelangen. Mit seinen dortigen Auftritten vor den Fernsehkameras der ganzen Welt wurde er denn auch sofort zur Symbolfigur des Widerstands gegen den Putschversuch der radikalen Kommunisten.

An einem Abend unmittelbar nach dem Beginn des Putschversuchs – ich mag mich gut daran erinnern – interviewte der Moderator der Radio-Informationssendung «Echo der Zeit» des damaligen Schweizer Radios DRS einen deutschen Sowjetologen aus München (!) zu den Vorgängen in Moskau. Dieser berichtete mit pathetischer Stimme von einem erfolgreichen Aufstand «des ganzen sowjetischen Volkes». Ich selbst wartete derweil brav mit aufgesetztem Kopfhörer vor meinem Mikrofon auf meinen bevorstehenden Einsatz und schaute dabei durchs Bürofenster auf die Strasse vor unserem Haus hinunter. Im Gegensatz zu den Protesten vor dem Weissen Haus war hier nichts von einem grossen Volksaufstand zu erkennen. Es war aber auch kaum etwas von Angst spürbar. Vor dem damaligen Brot- und Milchladen am Moskauer Grusinskij Pereulok stand, wie damals immer, am Abend eine lange Menschenschlange, in der nahen Grünanlage sassen einige Leute auf den Parkbänken. Nichts, aber auch gar nichts wies hier – nur etwa drei Kilometer vom Moskauer Weissen Haus entfernt – auf den Putschversuch oder auch auf einen Volksaufstand hin. Mir oblag es dann, den Sowjetologen, der die Geschehnisse in Moskau von München aus kommentierte, mit meiner direkten Sicht auf das Geschehen zu relativieren. Ich erklärte, dass alles darauf hindeute, dass der Spuk bald vorbei sei, dass aber – abgesehen von den etwa 20 000 aktiv Protestierenden vor dem Weissen Haus – eher wenige Moskauer offensiv zu erkennen gäben, dass sie die jüngsten Ereignisse verunsicherten.

Die entschlossene Haltung Jelzins und der Protestierenden aber wirkte äusserst nachhaltig. Innert Kürze war damals klar geworden, dass die Bevölkerung den Putsch nicht hinnehmen würde. Den Altkommunisten fehlte die Gefolgschaft, sie konnten selbst die Armeeangehörigen nicht überzeugen. Auch einfachste Soldaten, die zur Absicherung des versuchten Machtwechsels abkommandiert waren, gaben sehr deutlich zum Ausdruck, dass sie nicht gewillt waren, gegen die eigene Bevölkerung vorzugehen und insbesondere gegen die Protestierenden vor dem Moskauer Weissen Haus einzugreifen.

«Schande» hatte jemand mit weisser Farbe auf einen der Panzer gepinselt, den ich in der Twerskajastrasse in Warteposition entdeckte. Einzelne Panzerbesatzungen wechselten in diesen Stunden auch die Seite.

Eines Abends marschierten mehrere Tausend Protestierende vom Weissen Haus zur Lubjanka, vor die Zentrale des gefürchteten damaligen Geheimdienstes KGB. Ihr Ziel: Sie wollten das tonnenschwere Denkmal Felix Dserschinskis, des ersten Leiters des sowjetischen Geheimdienstes stürzen, das dort mitten auf dem Platz stand. Mit Hilfe von Leitern kletterten einige Demonstranten zum Kopf Dserschinskis hoch und legten der eisernen Statue Stahlseile um. Ein paar Besonnene aber warnten und meinten, das stürzende Denkmal könnte Anwesende verletzen, oder – wegen ihres Gewichts – auch die Metrostation gefährden, welche sich unterhalb des Platzes befindet. Diese Besonnenen mussten nicht lange auf den Beistand der Moskauer Stadtverwaltung warten. Bald fuhren Kranwagen mit Seilwinden zur Lubjanka vor und Dserschinski wurde unter dem Jubel der Anwesenden fachmännisch vom Sockel gehoben, auf einen Tieflader gelegt und unter grossem Applaus abtransportiert.

Ich bin in diesen Stunden immer wieder von meinem Korrespondentenbüro zum Weissen Haus, zum Kreml, zum Roten Platz oder eben zur Lubjanka geeilt, habe mich dort umgesehen, mich mit Passanten und Protestierenden unterhalten. Und rund um die Uhr berichtete ich in den Informationssendungen des Schweizer Radios über die beobachtete Entwicklung.

Die Putschisten – alles politische Hardliner aus der sowjetischen KP – hatten sich gegen Gorbatschows Öffnungskurs zur Wehr zu setzen versucht, gegen Gorbatschows «Perestrojka» (Umgestaltung) und «Glasnost» (Offenheit). Sie hatten vor allem die von Gorbatschow geplante Unterzeichnung eines neuen «Unionsvertrags» verhindern wollen, mit dem die Sowjetrepubliken im Rahmen einer Konföderation – aber nach wie vor im Verbund der UdSSR – mehr politische Eigenständigkeit und mehr Autonomie hätten erhalten sollen. In diesem Abkommen orteten die Putschisten eine Gefahr für das bisherige sozialistische Sowjetsystem. Sie wollten die Struktur der bisherigen, zentralistisch regierten, autoritären, planwirtschaftlich ausgerichteten UdSSR sichern. Mit ihrem gescheiterten Putschversuch aber waren sie es, die der Sowjetunion den Todesstoss versetzten. Ende 1991 wurde die UdSSR formell aufgelöst. Die Präsidenten einzelner Sowjetrepubliken hatten zuvor – mehr oder weniger zur gütlichen Aufteilung und Verwaltung des sowjetischen Erbes – die GUS, die Gemeinschaft Unabhängiger Staaten, gebildet, ein Commonwealth, das zum Ziel hatte, die Republiken der sich auflösenden UdSSR in einer etwas lockereren Struktur zu verbinden. Doch diese GUS hat in den Jahren danach nie jene Form und Kraft angenommen, die sich deren Begründer einst erhofft hatten.

Ende 1991 erklärte Gorbatschow (Zitate aus meinen damaligen Sendemanuskripten) in einer seiner letzten offiziellen Reden als abtretender sowjetischer Staatspräsident:

«Jetzt, nachdem die Gemeinschaft Unabhängiger Staaten gegründet wurde, stelle ich mein Amt zur Verfügung.»

Er habe sich für die Souveränität der einzelnen Sowjetrepubliken eingesetzt, dabei aber versucht, die Union (die UdSSR) zu erhalten.

«Die Ereignisse aber haben einen anderen Verlauf genommen. Die Politik, welche das Auseinanderfallen des Landes und einen Zerfall des Staates bewirkt, hat jetzt obsiegt, was ich nicht akzeptieren kann.»

Schliesslich meinte Gorbatschow:

«Ich werde mein Möglichstes tun, damit die Vereinbarungen, die nun unterzeichnet wurden, zu einem Konsens in der Gesellschaft führen und dass damit der Ausweg aus der Krise und auch der Reformprozess erleichtert werden können.»

Damit bezog sich Gorbatschow auf die Konferenz der Republikspräsidenten, die sich zuvor in der damaligen kasachischen Hauptstadt Alma Ata (heute: Almaty) auf die Gründung der GUS verständigt hatten.

Schliesslich versuchte Gorbatschow in seiner Rede auch noch, sich selbst ein bisschen zu würdigen. Er habe sich seit seinem Amtsantritt 1985 redlich für Verbesserungen eingesetzt.

«Das Land erstickte damals in den Fesseln des bürokratischen Kommandosystems. Alles musste verändert werden. (...) Ich habe damals begriffen, dass Reformen nicht nur schwierig, sondern auch gefährlich werden könnten.»

Er habe sich auch für freiere Wahlen eingesetzt, für die Presse – und für die Einführung der Religionsfreiheit (1990).

«Wir leben jetzt in einer neuen Welt.»

Aber man habe, so Gorbatschow, auch viel verloren. Weil das alte System zusammengebrochen sei, noch bevor das neue habe wirksam werden können.

Etwas verbittert schloss Gorbatschow dann mit den Worten:

«Ich bin überzeugt, dass unsere Völker früher oder später die Früchte unserer Anstrengungen ernten werden, und dass unsere Völker (jene der ganzen Sowjetunion) in einer demokratischen und hoffnungsvollen Gesellschaft leben werden.»

Die Tage des versuchten Putsches, aber auch die Wochen danach, warteten mit immer neuen Überraschungen auf. Mir sind sie als Tage des Aufbruchs in Erinnerung – als Ereignisse, die damals in ihren wichtigen Einzelheiten aber kaum voraussehbar waren. Dies vor allem auch war das Spannende der damaligen Zeit.

SITZUNG DES RUSSISCHEN PARLAMENTES VOM 23. AUGUST 1991

Nach der Befreiung von Michail Gorbatschow und seiner Rückkehr von der Krim hatte Russlands Präsident Jelzin ihn eingeladen, vor den russischen Parlamentsabgeordneten Rede und Antwort zu stehen. Jelzin versuchte dabei, Gorbatschow «kleinzumachen». Jelzin nahm ein erstes Mal Rache für die parteiinternen Demütigungen, die er in den Jahren zuvor von KPdSU-Parteichef Gorbatschow hatte hinnehmen müssen.

Ich hatte mir den überraschenden Auftritt Gorbatschows an diesem Tag im sowjetischen Fernsehen angesehen, die Debatte in meinem Büro auf Tonband aufgezeichnet und kurz danach folgenden Beitrag für die Radiosendung «Echo der Zeit» nach Bern überspielt:

«Die Abgeordneten des russischen Parlamentes haben den geretteten sowjetischen Staatspräsidenten auffallend skeptisch empfangen. Frenetischen Applaus gab es nur, als sich Gorbatschow bei Jelzin bedankte, oder als er erklären musste, dass es jetzt wohl das beste sei, die ganze Sowjetregierung «zum Teufel» zu jagen.

Jelzin sass derweil mit bestimmter Miene, siegesbewusst auf jedes Wort Gorbatschows achtend, auf dem Podium.

Gleich zu Beginn erweckte der sowjetische Staatspräsident den Eindruck, als ob er bei jedem einzelnen Abgeordneten wenigstens um ein bisschen Verständnis werben wollte. Dafür, dass man ihm doch bitte glaube, dass seine Lage während des Putsches äusserst misslich gewesen sei, und dass er (Gorbatschow) gewillt sei, Konsequenzen zu ziehen.

Ja, so Gorbatschow, gegen die Putschisten werde ermittelt. Alle würden zur Verantwortung gezogen.

Zwischenrufe. *«Was also wird mit der KP geschehen?»*

Gorbatschow, entnervt, bald etwas ungehalten, warb dafür, jetzt keine Hexenjagd zu veranstalten. Alles müsse seinen rechtmässigen Weg nehmen.

Zwischenrufe: *«Also keine Konsequenzen?»*

Doch, beschied Gorbatschow: *«Ich habe mich schon gestern deutlich erklärt. Haben Sie nicht zugehört, wollen Sie, dass ich jetzt nochmals alles wiederhole?»*

Dann Gorbatschows erste Neuigkeit: Mit Boris Jelzin habe er sich inzwischen geeinigt, dass man sich in ähnlichen Notsituationen gegenseitig vertreten werde. Neuer sowjetischer Innenminister werde Barannikow, ein Russe, neuer KGB-Chef Bakatin, ein Russe, neuer sowjetischer Verteidigungsminister Schaposchnikow – ein General, der mit den Putschisten wirklich nichts am Hut gehabt habe.

Applaus.

Gorbatschow schien jetzt erleichtert. Dann aber erhob sich Jelzin mit gewichtiger Miene von seinem Sessel und überreichte Gorbatschow ein Blatt Papier: *«Lesen Sie mal vor.»*

Gorbatschow: *«Lassen Sie mich doch erst mal meine Ausführungen beenden!»*

Tumult im Saal.

Jelzin hatte Gorbatschow ein geheimes Protokoll überreicht, aus dem hervorgeht, dass beinahe alle zwanzig Sowjetminister den Staatsputsch unterstützt hatten. Vor allem: Kein Einziger hatte sich gegen den Staatsstreich gewehrt.

Gorbatschow begann betroffen vorzulesen…

«Michail Sergejewitsch, lesen Sie genau…», donnerte Jelzin von seinem Platz. Offenbar hatte Gorbatschow etwas übersehen. *«Ich sehe diese Liste zum ersten Mal, verstehen Sie!»*, versuchte sich Gorbatschow zu entschuldigen. Dem sowjetischen Staatspräsidenten wurde sichtbar immer unwohler.

Dann aber wurde seine Stimme wieder ruhig. Bestimmt, fast ein wenig triumphierend erklärte er, es werde jetzt wohl am besten sein, wenn er seine ganze Regierung «in die Wüste» schicke.

Die russischen Abgeordneten jubelten. Es wurde immer deutlicher, dass Gorbatschow hier die Geisel Jelzins war. Denn Jelzin war es, der hier die Sitzung, Gorbatschows Auftritt diktierte. Und ihm, Gorbatschow, blieb nichts Anderes übrig, als brav mitzuspielen.»

(Aufzeichnungen: gemäss meinem Manuskript vom 23.8.1991)

OKTOBER 1993 – JELZINS KAMPF GEGEN DAS PARLAMENT UND DIE MILITÄRISCHE BESCHIESSUNG DES WEISSEN HAUSES

Vor allem unter vielen westlichen Politikern genoss Russlands erster Präsident Boris Jelzin grosse Sympathien. Weil er sich dezidierter als zuvor Gorbatschow zu radikalen Reformen bekannte und weil Jelzin als Symbol für die Abkehr vom bisherigen Sowjetsystem galt.

Das eigene Parlament hingegen, das noch zu Sowjetzeiten gewählt worden war, tat sich schwer mit Jelzins Kurs, insbesondere mit dessen wirtschaftspolitischen Weichenstellungen. Doch genau von diesem Parlament, diesem «Joch», wollte sich der impulsive Jelzin «befreien». Im September 1993 unterbreitete er dem Obersten Sowjet Russlands einen Verfassungsentwurf, mit dem seine präsidialen Kompetenzen stark erweitert werden sollten. Die Mehrheit der Abgeordneten aber verweigerte ihm ihre Gefolgschaft. Darauf erklärte Jelzin in einem seiner Dekrete, dass nun eine Volksabstimmung über die von ihm gewünschte Verfassungsänderung und vor allem vorgezogene Parlamentsneuwahlen stattfinden würden.

Für den Vorsitzenden des Obersten Sowjets, Ruslan Chasbulatow, kam dies einer Kriegserklärung gleich. Er und zahlreiche seiner Wegbegleiter versuchten, zum politischen Gegenschlag auszuholen. In einer Parlamentsabstimmung erklärten sie nun ihrerseits Präsident Jelzin für abgesetzt und bestimmten Jelzins bisherigen Stellvertreter, den damaligen russischen Vizepräsidenten Alexander Ruzkoi, der zuvor zu Jelzin immer mehr auf Distanz gegangen war, zu Russlands neuem Staatspräsidenten.

Nun befahl Jelzin der Armee, vor dem russischen Parlamentsgebäude, dem Moskauer Weissen Haus, Stellung zu beziehen. Der Widerstand im Parlament, allen voran Chasbulatow, Vizepräsident Ruzkoi und eine beachtliche Zahl konservativer Abgeordneter, verschanzte sich – zusammen mit Sympathisanten – im Weissen Haus.

Ähnlich wie während des versuchten Augustputsches gegen Gorbatschow 1991 standen sich jetzt vor dem Weissen Haus abermals Soldaten und Militärfahrzeuge auf der einen und mit Stahlstangen bewaffnete Widerständische – die Verteidiger des Parlamentes – auf der anderen Seite gegenüber. Vorerst blieb die Stimmung einigermassen friedlich.

Trotzdem: Die Armee, dies war leicht erkennbar, unterstützte Jelzin. Bald wurde dem Weissen Haus der Strom und die Wasserzufuhr abgestellt. Jelzin liess für die Nachtstunden eine Ausgangssperre über Moskau verhängen. Der Widerstand im Parlamentsgebäude sollte – so Jelzins anfängliches Ziel – ohne Waffengewalt zur Aufgabe gezwungen werden.

Die Parlamentsopposition, angeführt von Ratspräsident Ruslan Chasbulatow, liess sich aus dem verbarrikadierten Weissen Haus übers Fernsehen vernehmen. In diesen Tagen durchschritt auch ich ein paar Mal die Sicherheitsschleusen des Belagerungsrings und besuchte die Oppositions-Pressekonferenzen, die meist in einem Sitzungssaal in einem Obergeschoss stattfanden. In guter Erinnerung sind mir noch heute die besonders ätzenden Worte des Jelzin-Widersachers Chasbulatow, mit denen dieser das Vorgehen Jelzins scharf kritisierte.

Auch ein Teil der Bevölkerung wollte die von Jelzin eigenmächtig angeordnete Parlamentsauflösung nicht einfach hinnehmen. Am 2. Oktober versammelten sich im Moskauer Leninski-Prospekt Demonstranten. In einem friedlichen Marsch zog die Menge zum Oktoberplatz, über die Krimbrücke und dann über den Gartenring zum Weissen Haus. Nichts deutete vorerst darauf hin, dass sich Russland – zumindest Moskau – beinahe am Rande eines Bürgerkriegs befand. Ich begleitete den Demonstrationszug mit meinem Aufnahmegerät. Angesichts der friedlichen Stimmung hatte ich – das war leichtsinnig, ich weiss – meine damals dreieinhalbjährige Tochter Gianna mitgenommen, mit der ich zuvor den Gorkipark an der Moskwa aufgesucht hatte. Gianna hatte es sich – wie damals oft – auf meinen Schultern bequem gemacht und verfolgte nun ebenfalls interessiert den Protestzug.

Eigentlich hatte ich nach einem ersten Augenschein bereits beim Lenindenkmal am Oktoberplatz die Metro nehmen und ins Büro fahren wollen. Angesichts der fröhlichen und lockeren Stimmung und auch, weil nichts den Eindruck aufkommen liess, die von Jelzin kontrollierten Sicherheitskräfte würden gegen den Protestmarsch eingreifen, entschied ich mich, die Demonstration noch etwas weiter zu begleiten.

Schliesslich erreichte die Menge den verbarrikadierten Vorplatz des Weissen Hauses. Die Soldaten, welche den Platz ihrerseits locker abgeriegelt hatten, öffneten dem Protestzug bereitwillig den Zugang zu den Stufen und zur Grünanlage vor dem Weissen Haus. Nichts, aber gar nichts, wies in diesem Moment noch darauf hin, dass es bald zu Auseinandersetzungen, ja gar zu kleineren Schiessereien kommen sollte.

Doch dann ging es Schlag auf Schlag. Über ein Megaphon wurde von einem Balkon des Weissen Hauses zum Marsch ins Moskauer Fernsehzentrum Ostankino aufgerufen. Man wolle nicht bloss das isolierte Parlamentsgebäude kontrollieren, jetzt gelte es, sich mehr Beachtung zu verschaffen und das russische TV-Zentrum unter oppositionelle Kontrolle zu bringen!

Meine eigenen Beobachtungen sind hier lückenhaft. Aber ich mag mich noch gut daran erinnern, wie Sympathisanten des Widerstandes die Mannschaft eines Schützenpanzers entwaffneten, den Panzer und ein weiteres Militärfahrzeug kaperten und sich mit lautem Geheul in den Norden der Stadt, Richtung Ostankino, davonmachten. Dann feuerten einige Soldaten Warnschüsse ab. Immer noch mit meiner Tochter unterwegs suchte ich nun hinter einer Mauer Deckung. Als sich die Szene etwas beruhigt hatte, machten wir uns auf, so rasch wie möglich unsere Wohnung und das Korrespondentenbüro zu erreichen.

In Ostankino lieferte sich kurz darauf das oppositionelle Überfallkommando aus dem Weissen Haus mit Sicherheitskräften und Soldaten, welche das TV-Zentrum bewachten, heftige Gefechte. Die Oppositionsaktion verfehlte ihr Ziel und rund um das Moskauer Weisse Haus wurden nun von allen Seiten grössere Militäreinheiten zusammengezogen. Schliesslich gingen am 3. Oktober 1993 auf der Brücke, die vom Kutusow-Prospekt zum Neuen Arbat führt – direkt gegenüber der Frontseite des Weissen Hauses –, Panzer in Stellung.

Die Verbarrikadierten im Weissen Haus wurden über Megaphone ultimativ aufgefordert, das Gebäude zu verlassen. Und – was man sich bislang kaum hatte vorstellen können – die Panzer richteten nun ihre Rohre auf die Fenster der Obergeschosse des Parlamentsgebäudes und beschossen diese mit Granaten. Dort begann es sofort zu brennen und die Fassade des stolzen Gebäudes verfärbte sich zusehends dunkelgrau bis schwarz.

Die militärische Rückeroberung des Weissen Hauses hat offiziellen Angaben zufolge 187 Tote und zahlreiche Verletzte gefordert. Innoffizielle Angaben beziffern die Opferzahl sehr viel höher.

Der von Jelzin angeordnete Angriff wurde vom amerikanischen Newssender CNN live übertragen. CNN war in diesen Stunden konkurrenzlos, sodass auch das russische Staatsfernsehen die CNN-Livesendung während Stunden ins ganze Land übertrug.

Auch ich selbst und die meisten Korrespondenten, die über diesen Kampf berichteten, verfolgten das Geschehen vor allem über die Liveübertragung am Bildschirm. Aber auch einen Augenschein direkt vor Ort haben wir uns alle nicht nehmen lassen. Es war beklemmend, mitanzusehen, wie das Parlamentsgebäude, in dem sich auch nach dem Räumungsbefehl und dem Beginn der Beschiessung immer noch einige Abgeordnete und Sympathisanten befanden, in einem fort beschossen wurde.

Legal war Jelzins Vorgehen gewiss nicht. Deshalb wurde bloss über dessen Legitimität gestritten. Gewiss: Jelzin genoss breite Unterstützung im Volk. Viele sehnten sich nach Veränderungen. Aber die von Jelzin kaltgestellten Abgeordneten waren letztlich alle gewählte Politiker.

Nicht uninteressant ist in diesem Zusammenhang, dass sich auch das im Dezember 1993 neu gewählte, in seinen Kompetenzen jetzt geschwächte Parlament abermals mehrheitlich aus Abgeordneten zusammensetzte, die Jelzins Wendekurs kritisch gegenüberstanden. Fortan bildeten oft auch die «Liberaldemokraten» des Politikers Wladimir Schirinowski eine Front gegen den Russischen Präsidenten Jelzin. (Die «Liberaldemokratische Partei Russlands» ist nach westlichen Kriterien keine liberale, sondern eine opportunistisch politisierende, konservativ-nationalistische Partei).

Die Verfassungsänderung, die Jelzin dem Volk unterbreitet hatte, und die ihn mit grösseren Kompetenzen ausstattete, war offiziell von über 50 % der Stimmberechtigten abgesegnet worden. Aber selbst Beobachter, die Jelzin damals tendenziell wohlgesonnen waren, wie etwa der Menschenrechtler Sergei Kowaljow, bezweifeln, dass das Referendum damals tatsächlich das erforderliche 50 %-Quorum geschafft hatte. Ernsthafte Wahl- und Abstimmungsbeobachtungen gab es damals nicht.

Auch später, bei der Präsidentenwahl von 1996, als Jelzins Stern am Sinken war, dürfte Jelzins Erfolg an der Urne «nachgeholfen» worden sein. Viele Russinnen und Russen waren damals wegen wirtschaftlicher Rückschläge, aber auch wegen des blutigen Tschetschenienkriegs über Jelzins Politikkurs verärgert. Der russische Kommunistenchef Gennadi Sjuganow konnte deshalb mit grossen Chancen rechnen, zum Nachfolger Jelzins gekürt zu werden. In einer Stichwahl hat dann trotzdem Jelzin das Rennen für sich entschieden. Es sei damals eben darum gegangen, mit allen (auch illegalen) Mitteln das schlimmere von beiden Übeln, die Wahl des KP-Chefs, zu verhindern.

Rückblickend bezeichnet Nikolai Klimeniouk, einst Redaktor bei Forbes Russia und beim Moskauer Stadtmagazin Bolschoj Gorod, die Präsidentenwahl vom Sommer 1996 als jenen Moment, in dem in Russland die junge Demokratie bereits wieder zu Grabe getragen worden sei (Gastkommentar in der NZZ vom 17. 11. 2016).

Auch westliche Politiker unterstützten in diesen Jahren Boris Jelzin jeweils auch dann ideell, wenn dieser eigenmächtig auch zu nicht verfassungskonformen Mitteln gegriffen hatte. Sein Vorgehen, etwa die militärische Beschiessung des Weissen Hauses, so hiess es damals oft, sei vielleicht zwar nicht legal, aber – angesichts der hehren Ziele, die Jelzin hege – legitim gewesen!

Diese 15 heute souveränen Staaten bildeten einst die Sowjetunion

1 Russland

1	Russland	9	Armenien
2	Estland	10	Aserbaidschan
3	Lettland	11	Kasachstan
4	Litauen	12	Turkmenistan
5	Weissrussland	13	Usbekistan
6	Ukraine	14	Tadschikistan
7	Moldawien	15	Kirgistan
8	Georgien		

NACH DEM ENDE DER UDSSR –
15 UNABHÄNGIGE STAATEN

RUSSLAND

142 Millionen Einwohner, 17 000 000 km², Hauptstadt: Moskau. Grösster Flächenstaat der Welt, wichtigster Nachfolgestaat der UdSSR. Unter Präsident Putin immer autoritäreres (formell demokratisches) Regime, Opposition wird zunehmend ausgegrenzt. Moderne Zentren (Moskau, St. Petersburg), verarmte Regionen. Weitgehend marode Wirtschaft, fehlende Modernisierung und Diversifizierung. Wichtigste Wirtschaftszweige: Erdöl- und Erdgasförderung, Rohstoffexport.

WEISSRUSSLAND / BELARUS

9,5 Millionen Einwohner, 207 595 km², Hauptstadt: Minsk. Relativ stark in sowjetischen Traditionen verhaftet, stark mit Russland (und über die Eurasische Wirtschaftsunion auch mit Kasachstan, Armenien und Kirgistan) verbunden. Autoritäres Regime, Wirtschaft ist zum Teil noch stark vom einstigen planwirtschaftlichen System geprägt. Wichtigste Wirtschaftszweige: Landwirtschaft, Textil-, Maschinen- und Fahrzeugindustrie.

UKRAINE

45 Millionen Einwohner (ohne Krim 42,5 Millionen), 603 700 km², Hauptstadt: Kiew. Ungelöster Konflikt mit der völkerrechtlich nicht anerkannten Krim-Annexion durch Russland (2014) und den abtrünnigen Gebieten Donezk und Lugansk. Die Volksbewegung auf dem Kiewer Maidan hat sich mehrfach für eine Hinwendung zu westlichen Verhältnissen und vor allem gegen die ausgeprägte Korruption im Land eingesetzt. Nach wie vor aber bestimmt eine Oligarchenkaste weitgehend das wirtschaftliche (und politische) Geschick im Land. Wirtschaftlich stark auf internationale Unterstützung angewiesen. Im Konflikt mit Russland. Wichtigste Wirtschaftszweige: Landwirtschaft, Chemie-, Nahrungsmittel-, Textil-, Maschinen- und Metallindustrie.

ESTLAND

1,3 Millionen Einwohner, 45 339 km², Hauptstadt: Tallin. Enge Beziehungen zu Finnland, 1940 der UdSSR angegliedert, seit 1990/1991 unabhängig, Mitglied der EU und der NATO, hat bezüglich Demokratie westliche Standards erreicht. Wichtigste Wirtschaftszweige: Lebensmittelindustrie, Holzverarbeitung, Papier-, Metall- und Maschinenindustrie.

LETTLAND

2 Millionen Einwohner, 64 589 km², Hauptstadt: Riga. 1940 der UdSSR angegliedert, seit 1990/1991 unabhängig, heute Mitglied der EU und der NATO. Mit 27 % stellen Russinnen und Russen, die (selber oder deren Vorfahren) vorwiegend während der sowjetischen Ära zugewandert waren, einen gewichtigen Bevölkerungsanteil. Viele Russen, die sich nicht einbürgern liessen, gelten als «Nichtbürger». Diese geniessen zwar in Lettland gewisse Möglichkeiten, sind aber gleichzeitig auch wichtiger Rechte beraubt. Wichtigste Wirtschaftszweige: Maschinenindustrie, Fahrzeuge, Nahrungsmittel-, Metall- und Textilindustrie.

LITAUEN

2,8 Millionen Einwohner, 65 300 km², Hauptstadt: Vilnius. 1944 bis 1990 Teil der UdSSR, seit 1990/1991 wieder unabhängig, heute Mitglied der NATO und der EU. Wichtigste Wirtschaftszweige: Maschinen-, Elektro-, Textil- und Lebensmittelindustrie.

MOLDAU / MOLDOVA

3,1 Millionen Einwohner, 33 843 km², Hauptstadt: Chisinau. Wichtige historische Bindungen mit dem Nachbarland Rumänien, seit anfangs der 90er-Jahre ungelöster Konflikt mit der abtrünnigen «Republik Transnistrien», volkswirtschaftlich arm. Moldawien hat mit der EU ein Kooperationsabkommen abgeschlossen. Es gibt aber derzeit zunehmend wichtige politische Kräfte, die das Land mehr Russland zuwenden möchten. Wichtigste Wirtschaftszweige: Obst- und Weinbau, Textilprodukte.

GEORGIEN

3,7 Millionen Einwohner, 57 215 km² (ohne Abchasien und Südossetien), Hauptstadt: Tbilissi. Völkerrechtlich nicht gelöste Konflikte mit den abtrünnigen (und stark von Russland kontrollierten) Gebieten Abchasien und Südossetien, politisch und wirtschaftlich geschwächt seit dem Krieg mit Russland (2008). Volkswirtschaftlich arme Republik. Weitgehend demokratische Verhältnisse. Wichtigste Wirtschaftszweige: Tourismus, Weinanbau, Landwirtschaft, Viehzucht, bescheidene Industrieproduktion.

ARMENIEN

Geschätzte 3 Millionen Einwohner, 29 800 km², Hauptstadt: Eriwan (Jerewan). Starke armenische Diaspora in Frankreich und in den USA, die der Republik und ihren Einwohnern umfangreiche finanzielle Zuwendungen zukommen lassen. Im politischen Konflikt mit dem südlichen Nachbarn Türkei (wegen des Genozids an den Armeniern im ersten Weltkrieg) und mit Aserbaidschan wegen der von Armenien (und auch von Russland) kontrollierten Enklave Nagorni Karabach. Beherbergt geschätzte 400 000 vertriebene Armenier aus Aserbaidschan. Militärisch stark mit Russland verbunden (russische Militärbasis und russische Grenztruppen), auch politisch und wirtschaftlich stark von Russland abhängig, Mitglied der Eurasischen Wirtschaftsunion. Wichtigste Wirtschaftszweige: Bescheidene Maschinen-, Chemie- und Textilindustrie, Aluminiumproduktion, Entwicklungen im IT-Sektor.

ASERBAIDSCHAN

9,6 Millionen Einwohner, 86 600 km², Hauptstadt: Baku. Rund ein Sechstel des völkerrechtlich zu Aserbaidschan gehörenden Staatsgebiets ist von Armenien bzw. von Karabach-Armeniern besetzt. In Aserbaidschan leben seit dem Krieg um Nagorni Karabach (1990 – 1994) ca. 500 000 Aserbaidschaner als intern Vertriebene. Gute wirtschaftliche und politische Beziehungen zur Türkei. Das Land ist reich an Rohstoffen; autoritäres Regime, Clanwirtschaft, mangelhafte Pressefreiheit, Menschenrechtsverletzungen. Taktiert u. a. wirtschaftspolitisch geschickt zwischen Russland und dem Westen. Wichtigste Wirtschaftszweige: grosse Erdöl- und Erdgasvorkommen und damit wichtiges Exportgeschäft. Die SOCAR-Tankstellen in der Schweiz gehören dem gleichnamigen staatlichen aserbaidschanischen Ölkonzern.

KASACHSTAN

17,7 Millionen Einwohner, 2 724 900 km², Hauptstadt: Astana. Wirtschaftlich durch die Mitgliedschaft in der Eurasischen Wirtschaftsunion eng mit Russland, Weissrussland, Armenien und Kirgistan verbunden. Autoritäres, aber geschickt agierendes Regime unter dem Langzeitpräsidenten Nursultan Nasarbajew. Die Russen (vor allem in Nordkasachstan, in den Industriestädten entlang der Grenze zu Russland) stellen mit rund 20 % eine beachtliche Bevölkerungsminderheit. Wichtigste Wirtschaftszweige: Landwirtschaft (Viehzucht), Weizen- und Mehlexport, Bodenschätze, Bergbauindustrie.

TURKMENISTAN

6,7 Millionen Einwohner, 488 100 km², Hauptstadt: Aschgabad. Äusserst autoritäres Regime, pflegt einen ausgeprägten Personenkult, schottet das Land gegen aussen ab. Grosse Mängel in den Bereichen Demokratie, Menschenrechte, Pressefreiheit, Unterdrückung der Opposition. Wichtigste Wirtschaftszweige: Erdgas und Erdöl, Textil- und Chemieindustrie, Baumwollanbau.

USBEKISTAN

31,5 Millionen Einwohner, 488 978 km², Hauptstadt: Taschkent. Autoritäres Regime, Korruption, mangelhafte Rechtssicherheit, eingeschränkte Presse- und Meinungsäusserungsfreiheit, Probleme mit den Menschenrechten. Junge, sehr stark wachsende und grösstenteils arme Bevölkerung. Viele junge Arbeitskräfte sehen sich gezwungen, im Ausland zu arbeiten. Wichtigste Wirtschaftszweige: Erdöl, Erdgas und andere Rohstoffe, Landwirtschaft, Baumwolle, Automobilbau, Tourismus.

KIRGISTAN

5,5 Millionen Einwohner, 199 900 km², Hauptstadt: Bischkek. Kleinstes Land in Zentralasien, wird wegen des hohen Gebirganteils oft als die «Schweiz Zentralasiens» bezeichnet. Seit 2015 Mitglied der Eurasischen Wirtschaftsunion (mit Russland, Weissrussland, Kasachstan und Armenien), wirtschaftlich arm (viele Kirgisen sind gezwungen, einer Erwerbsarbeit im Ausland nachzugehen). Erfreuliche demokratische Akzente, erhält in vielen Bereichen Unterstützung durch Hilfswerke und internationale Entwicklungsorganisationen. Wichtigste Wirtschaftszweige: Landwirtschaft, Viehzucht, Nahrungsmittelproduktion, Bergbau.

TADSCHIKISTAN

7,9 Millionen Einwohner, 143 100 km², Hauptstadt: Duschanbe. Autoritäres Regime, politisch eher instabile Verhältnisse. Tadschikistan gilt als eines der ärmsten Länder der Welt. Wichtigste Wirtschaftszweige: Landwirtschaft, Aluminiumproduktion, Export von Elektrizität aus der Produktion der Wasserkraftwerke, Bodenschätze.

MITGLIEDER DER GEMEINSCHAFT UNABHÄNGIGER STAATEN (GUS)

Im Dezember 1991 riefen einige Republiken der ehemaligen UdSSR die GUS ins Leben. Die Gemeinschaft sollte in einigen wichtigen Bereichen die Zusammenarbeit zwischen den nun unabhängigen Staaten erleichtern. Sitz der GUS ist in der weissrussischen Hauptstadt Minsk. Heute spielt die GUS eine sehr untergeordnete Rolle. Der Gemeinschaft gehören derzeit folgende Länder an:

Russland, Weissrussland, Moldawien, Armenien, Aserbaidschan, Kasachstan, Usbekistan, Kirgistan, Tadschikistan.

Die Ukraine (einst Gründungsmitglied) ist nur noch «teilnehmendes Mitglied», Turkmenistan nur «beigeordnetes Mitglied».

Nicht in der Gemeinschaft dabei sind die drei baltischen Staaten Estland, Lettland, Litauen. Georgien (früher mal vorübergehend Mitglied) ist nach dem Georgienkrieg von 2008 aus der GUS ausgetreten.

DIE EURASISCHE WIRTSCHAFTSUNION

Auf Initiative Russlands hin ist – gewissermassen als Gegengewicht zur EU – 2015 eine östliche Wirtschaftsunion gegründet worden. Sie ist ihrerseits aus der «Zollunion» hervorgegangen. Heute gehören dieser Union folgende Länder an: Russland, Weissrussland, Kasachstan, Armenien und Kirgistan. Die Eurasische Wirtschaftsunion versteht sich zwar als Freihandelszone. In wichtigen Teilbereichen aber gelten die Freihandelsrechte nicht. Russland beispielsweise wehrt sich gegen eine Liberalisierung des grenzüberschreitenden Handels mit Öl und Gas, seinen wichtigsten Exportgütern. Russland ist auch wirtschaftlich der wichtigste Player in diesem Verbund.

In den 90er-Jahren sahen sich vor allem viele Rentnerinnen und Rentner gezwungen, Teile ihres Hausrats zu verkaufen, um zu etwas Geld zu kommen.

In der Autofabrik in Uljanowsk, Wolgagebiet

HOHE HÜRDEN AUF DEM WEG VON DER PLAN- ZUR MARKTWIRTSCHAFT

BESUCH IN EINER VORÜBERGEHEND STILLGELEGTEN BAGGERFABRIK

Kurz nach dem Zerfall der Sowjetunion fuhr ich von Moskau aus Richtung Norden, in die Industriestadt Twer. Ich besichtigte dort eine Baumaschinenfabrik. In einer Montagehalle standen mehrere beinahe fertiggestellte Schaufelbagger nebeneinander. Es fehlten derzeit bloss ein paar wichtige Kugellager, die man bislang von einer ukrainischen Staatsfirma bezogen habe, erklärte mir der Betriebsleiter. Seit ein paar Monaten, seit dem Zerfall der UdSSR, fielen die erwarteten Lieferungen aus der Ukraine leider aus – weil die Ukrainer die Kugellager angeblich lieber als Altmetall nach Polen lieferten. Dies verspreche ihnen eine höhere Gewinnmarge, als wenn sie die neu produzierten Kugellager weiterhin gegen Rubel nach Russland lieferten. Zumindest stellte der damalige Betriebsleiter der Baumaschinenfabrik seine aktuellen Probleme so dar.

Bis zum Zerfall der UdSSR wirkten die Fabriken in den verschiedenen Sowjetrepubliken gemäss den Vorgaben der sowjetischen Planwirtschaft gut vernetzt zusammen, über die Republiksgrenzen hinweg. In Georgien beispielsweise gab es einst eine Textilfabrik, die spezielle Haarbänder für Mädchen fertigte. Nach dem Zusammenbruch der Sowjetunion waren diese Bänder nicht mehr gefragt. Und weil in Georgien keine Baumwolle angebaut wird und der Standort für eine Textilfabrik kaum dem sonstigen wirtschaftlichen Umfeld entsprach, mussten die wichtigsten Teile dieser Fabrik bald ihre Tore schliessen.

Die enge Vernetzung der einstigen sowjetischen Staatsbetriebe, die innerhalb der UdSSR den Zusammenhalt und die Kooperation zwischen den einzelnen Grossbetrieben sicherstellte, gab es jetzt nicht mehr. Diese plötzlich entstandene Lücke hat sich nach dem Zerfall der Sowjetunion für viele Betriebe zum Teil verheerend ausgewirkt. Es ist bedauerlich, dass das Ende dieser Vernetzung mit der Auflösung der UdSSR nicht besser abgefedert worden ist. Damit hätten wohl einige ökonomische Einzelkrisen fürs Erste aufgefangen werden können.

Ein aktuelles Gegenkonzept gegen die schlechte länderübergreifende Zusammenarbeit innerhalb der GUS ist gewiss die anfangs 2015 ins Leben gerufene Eurasische Wirtschaftsunion – eine Art östliche EU, allerdings ohne eigene Währung – mit der Zollschranken und andere Handelshemmnisse zwischen Russland, Weissrussland, Kasachstan, Armenien und Kirgistan grösstenteils abgebaut wurden und die wirtschaftliche Zusammenarbeit gestärkt werden soll.

SPAGAT ZWISCHEN WUNSCH UND WIRKLICHKEIT – EIN BEISPIEL

1991 fanden in der zentralasiatischen Republik Kirgistan die ersten Präsidentschaftswahlen statt. Der Atomphysiker und damalige Parlamentspräsident Askar Akajew war unumstrittener erster Kandidat. Zusammen mit einer internationalen Korrespondentengruppe verfolgte ich den Wahlgang. Bei einem Empfang in der Hauptstadt Bischkek – etwa zwei Tage vor der Wahl – wurde Akajew gefragt, wie er es denn mit marktwirtschaftlich ausgerichteten Strukturen halte. Akajew zögerte nicht lange und liess mit überzeugend klingender Stimme wissen, dass er – wenn er gewählt würde – Kirgistan auf schnellstem Weg in eine Marktwirtschaft führen werde.

Agenturjournalisten machten diese Aussage sofort zur grossen Schlagzeile. Am Tag nach seiner Wahl zum Präsidenten lud uns Akajew dann zu einem offiziellen Empfang in die Regierungsdatscha ein. Wir standen um einen runden Tisch herum, tranken Fruchtsäfte und Wodka, bis sich Akajew überraschend zu uns gesellte. Ja, meinte er, er freue sich über die gewonnene Wahl. Soeben habe er ein Glückwunschtelegramm des amerikanischen Präsidenten George Bush (sen.) erhalten, der ihn in die USA eingeladen habe. Jetzt, frohlockte Akajew, habe er das erste Mal in seinem Leben die Möglichkeit, den Westen kennenzulernen und mit eigenen Augen zu sehen, was eine freie Marktwirtschaft sei und wie diese funktioniere.

Für mich war dies eine äusserst wichtige Aussage. Denn aus ihr ging deutlich hervor, dass Akajew zwar gewillt war, Kirgistan politisch und wirtschaftlich umzugestalten, dass er aber gleichzeitig kaum abschätzen konnte, wie hoch die Hürden für sein Land auf dem Weg zu marktwirtschaftlichen Verhältnissen sein würden.

Die Ehrlichkeit der Aussage des Atomphysikers und neuen kirgisischen Präsidenten war für meine Analyse wichtig. Sie half mir zu verstehen, wie sein Wahlversprechen zu werten war und machte deutlich, wie weit manchmal der gut gemeinte Wille und die konkreten Möglichkeiten eines Politikers voneinander entfernt liegen. Später hat sich auch gezeigt, dass sich die Volkswirtschaft Kirgistans nicht so leicht auf ein völlig neues Wirtschaftssystem umstellen liess.

DIE UMSTRITTENE PRIVATISIERUNG IN RUSSLAND

Nach dem Zerfall der Sowjetunion ging die russische Regierung unter Präsident Jelzin schnell daran, die selbstauferlegten Ziele – Liberalisierung, Privatisierung, Einführung marktwirtschaftlicher Strukturen – zügig umzusetzen. In etwas überstürzter Manier, wie sich meines Erachtens im Nachhinein feststellen lässt.

Die Idee wirkte auf den ersten Blick zwar irgendwie überzeugend, jedenfalls in der Theorie: Alles in Russland, ausser dem persönlichen Hab und Gut der Leute, gehörte dem Staat oder den Staatsbetrieben. 1992 wurde der damalige Vizeregierungsschef und Privatisierungsminister Anatoli Tschubais beauftragt, etwa einen Drittel der russischen Staatsfabriken und Industrieanlagen unter der Bevölkerung zu verteilen. Die 150 Millionen Bürgerinnen und Bürger des Landes sollten alle zu Miteigentümern dieser Betriebe werden.

Jeder Russe, jede Russin – ob Kleinkind oder Rentner – erhielt einen sogenannten «Voucher», einen Coupon im Nominalwert von 10 000 Rubel. Die Coupons konnten gegen Aktien der zur Privatisierung bestimmten Firmen eingetauscht werden. So sollten die Bürgerinnen und Bürger zu Eigentümern werden. Eine Illusion, noch ganz in sowjetischer Tradition. So gesehen war die russische Privatisierung eine der wohl letzten «sozialistischen Fehlplanungen»! Angeführt von Funktionären, durch die Verwaltung und Fabrikdirektoren, versuchten aber viele dieser ausgewählten Betriebe, sich der Privatisierung zu widersetzen. Zudem: Besonders attraktive Geschäfte wie beispielsweise Grossbäckereien oder Warenhäuser waren von Anfang an von der Coupon-Privatisierung ausgeschlossen worden; sie durften nur auf Auktionen veräussert werden. Damit, so erhoffte die Regierung, sollten diese Betriebe zu möglichst viel Kapital kommen.

In der Wolgastadt Nischni-Novgorod, 400 Kilometer östlich von Moskau, waren die Aktien der dortigen Betriebe deren Mitarbeitern vorbehalten. Bei einem Besuch dort im Jahr 1993 hatten allerdings die wenigsten Arbeiter begriffen, dass sie nun zu Miteigentümern ihrer Fabrik geworden waren.

«Arbeit wartet auf jeden» verheisst dieses Plakat vor dem Arbeitsamt in der Monostadt Slatoust, wo die meisten Einwohner arbeitslos sind.

Im Nachhinein hat sich die Coupon-Privatisierung weitgehend als Privatisierungsfiktion entpuppt. Kaum je jedenfalls ist unter Russen zu hören, dass sie eine namhafte Dividende aus ihrem Aktienportfolio erhalten hätten, das sie einst mit ihrem Coupon erstanden hatten. Eine grosse Ausnahme bilden selbstverständlich jene ehemaligen Funktionäre oder Fabrikdirektoren, welche die Privatisierung geschickt für ihre persönlichen Eigeninteressen zu nutzen wussten und sich so zu Oligarchen mausern konnten.

Die meisten in Russland äussern sich verbittert, wenn sie auf die Coupon-Privatisierung zu sprechen kommen. Die Privatisierung, auf Russisch «Privatisatsia», wird deshalb im Volksmund oft verächtlich als «Prichwatisatsia» bezeichnet, was sinngemäss etwa so viel wie «Rafferei» (des Staates und seiner Funktionäre) bedeutet.

Ursprünglich war man davon ausgegangen, dass der Gegenwert eines Coupons dem Preis eines besseren russischen Haushaltgeräts entsprach. Viele Russinnen und Russen hätten es deshalb vorgezogen, den ihnen zugeteilten Coupon gegen einen materiellen Gegenwert, gegen einen Eisschrank oder eine Waschmaschine eintauschen zu können. Doch der Gegenwert der Coupons war theoretischer Natur. Gegen Ende 1992 habe ich vor dem Eingang zur Moskauer Metrostation «Bjelorusskaja» mehrmals beobachten können, wie dort ältere Leute ihren Coupon beispielsweise gegen eine Flasche billigen Wodka eintauschten.

Mehr Glück bei der Privatisierung hatten jene, die in attraktiveren Wohnungen in den Stadtzentren lebten und dort behördlich als Bewohner registriert waren. Die Wohnungen gehörten meist den Betrieben, in denen sie selbst oder eines ihrer Familienmitglieder wirkten oder einst gearbeitet hatten. Ab 1993 erhielten diese amtlich eingetragenen Bewohner das Recht, sich den von ihnen benutzten Wohnraum (manchmal war das allerdings auch bloss ein Zimmer in einer «Kommunalka») gegen eine kleine Gebühr als Privateigentum überschreiben zu lassen. Eine kleinere Schicht – oft höhere Angestellte, Mitarbeiter wichtiger Betriebe, Armeeangehörige, Wissenschaftler oder auch Künstler, die vom Staat besonders unterstützt wurden – haben von dieser Wohnungs-Privatisierung nachhaltig profitieren können, weil sie später mit ihrem Privatwohnraum auf dem freien Wohnungsmarkt zum Teil astronomische Preise erzielen konnten. Sei es als Vermieter oder auch als Verkäufer ihrer Wohnungen.

Die Tatsache jedenfalls, dass anfangs der 90er-Jahre viele ältere Russen so zu Wohnungseigentümern geworden sind, hat diesen in den späteren Wirtschaftskrisen stark geholfen. Sie wohnen mehr oder weniger gratis, müssen nur für die Strom-, Wasser- und Gasgebühren und für ihren Lebensunterhalt aufkommen. Vor allem den auch heute wirtschaftlich stark geplagten Rentnerinnen und Rentnern kommt dies stark entgegen. Viele haben auch ihre eigene Datscha, auf der sie Gemüse anbauen und sich so teilweise als Selbstversorger über Wasser halten können.

Auch das in der russischen Verfassung als kostenlos konzipierte Gesundheitswesen ist in der Praxis nicht mehr kostenlos. Viele Bürgerinnen und Bürger können sich die massiven Gebühren und vor allem die Schmiergelder, die Zusatzkosten für spezielle Medikamente, die trotz der «kostenlosen» Gesundheitsversorgung zu entrichten sind, ohne finanzielle Unterstützung durch die Familie oder durch Dritte kaum leisten – auch 25 Jahre nach der grossangekündigten Privatisierung, welche die grosse Mehrheit der Russinnen und Russen zu zufriedenen Eigentümern und Kleinkapitalisten hätte machen sollen.

DIE DARBENDEN RUSSISCHEN MONOSTÄDTE

Russland zählt derzeit zahlreiche sogenannte Monostädte. Das sind Städte, die einst rund um einen Grossbetrieb errichtet worden waren und deren Schicksal eng mit diesen Betrieben verknüpft ist. Weil schon in den letzten Jahrzehnten der Sowjetunion, dann auch unter der Ägide der russischen Präsidenten Jelzin, Putin, Medwedew und jetzt wieder unter Putin die Modernisierung vieler Grossbetriebe vernachlässigt worden ist, leidet deren Konkurrenzfähigkeit immer mehr, sowohl auf dem Welt-, wie auch auf dem russischen Inlandmarkt. Viele dieser Grossbetriebe haben schlussendlich den Hauptteil ihrer Produktion einstellen müssen.

Russlands Regierung geht davon aus, dass mehrere Dutzend dieser Monostädte nicht zu retten sind. Die Fabriken, jetzt oft im Besitz von Oligarchen, sind restlos veraltet. Zum Teil liegen sie auch strategisch an ungünstiger Stelle, etwa weitab von jenen Regionen, wo die für die Fabrikation benötigten Rohstoffe anfallen, oder aber auch weitab von der Verkehrsinfrastruktur. Ein solches Beispiel ist unter vielen andern die Metallfabrik in der russischen Stadt Slatoust im Südural. Die Stadt zählt derzeit rund 170 000 Einwohner. Weil die Metallfabrik fast vollständig stillsteht, sind die meisten Stadtbewohner arbeitslos. Sie werden vor allem von Familienangehörigen unterstützt, die in einer anderen Stadt eine Arbeit und Einkunft gefunden haben. Neu erstellte Fabriken in Slatoust, wie etwa eine moderne Bauelementefabrik, sind nicht in der Lage, alle Arbeitslosen der Stadt zu beschäftigen.

WIRTSCHAFTSKRISE TROTZ SPRUDELNDER ÖL- UND GASQUELLEN

Abgesehen von den drei baltischen Staaten Estland, Lettland und Litauen kämpfen neben Russland auch die meisten ehemaligen Sowjetrepubliken mit grösseren wirtschaftlichen Schwierigkeiten und Strukturproblemen. Diese haben meist mit dem Wandel von der einstigen aus Moskau dirigierten Planwirtschaft zu einer freieren Marktwirtschaft zu tun.

Das rohstoffreiche Russland beispielsweise hat sich in den letzten 25 Jahren zu sehr darauf verlassen, sich vor allem mit dem Export von Öl und Gas wirtschaftlich gut über Wasser halten zu können. Deshalb hat der Zerfall des Ölpreises das volkswirtschaftliche Wohlergehen Russlands in den letzten paar Jahren besonders stark beeinträchtigt. Aber auch im Landwirtschaftssektor tut sich Russland schwer, die Bevölkerung auf effiziente Weise mit einer quantitativ ausreichenden Eigenproduktion zu versorgen. Russland − als grösster Flächenstaat der Welt − ist vielerorts sogar darauf angewiesen, Kartoffeln aus dem Ausland zu importieren! Schliesslich hat sich in Russland seit 2014 die Wirtschaftskrise mit den westlichen Sanktionen und den russischen Gegensanktionen noch verstärkt.

URSACHEN DER AKTUELLEN WIRTSCHAFTSKRISE IN RUSSLAND

- Seit Jahren fehlende Diversifizierung / Modernisierung (zu starke Konzentration auf die Förderung und den Export von Öl und Gas)
- Gesunkener Ölpreis
- Korruption, Behörden- und Justizwillkür
- Mangelnde Rechts- und Investitionssicherheit für Anleger
- Seit 2014: Sanktionen der USA und der EU im internationalen Finanzsektor wegen der Krim-Annexion und dem russischen Vorgehen in der Ostukraine

Stillstehende Stahlfabrik in Slatoust, 2009

- Gegensanktionen Russlands gegen die EU (Importverbot für Lebensmittel aus dem EU-Raum)
- Kosten der Krim-Annexion, Kosten des russischen Eingreifens in der Ostukraine und der Militärintervention in Syrien

Die Regierung investiert einen verhältnismässig sehr grossen Anteil der Staatsfinanzen, etwa 30 % der Gesamtausgaben, in den Bereich «Militär und Sicherheit», und mit etwa 7 % vergleichsweise sehr wenig in den notleidenden Bereich der Gesundheits- und der Bildungspolitik. Die Wirtschaftsleistung des Landes (BIP-Zunahme im Jahr 2017 um rund 2,2 %) fällt seit Monaten schwächer aus, als von vielen erwartet worden war. Im Landwirtschaftsbereich fehlen günstige Kredite, mit denen sich die Landwirte dringend benötigte Maschinen anschaffen könnten. In den meisten Industriebereichen fehlen notwendige Investitionen. Die damals vor allem vom russischen Übergangspräsidenten Dmitri Medwedew immer wieder in Aussicht gestellte «Modernisierung» lässt vielerorts auf sich warten.

Ich staunte nicht schlecht, als im Oktober 2016 selbst das Russische Wirtschaftsentwicklungsministerium wissen liess, dass dem Land – wenn sich an der Wirtschaftspolitik nichts grundsätzlich ändere – noch «während etwa zwanzig Jahren eine wirtschaftliche Stagnation» bevorstehen werde (Quelle: Zeitung Vedemosti, 20.10.2016). Im März 2017 schliesslich versprühte Präsident Wladimir Putin neue Hoffnungen. Weil sich der Ölpreis erhole, sei für die Zukunft mit einem erfreulicheren Wirtschaftsklima und vor allem mit einem grösseren Wirtschaftsaufschwung für Russland zu rechnen.

Renommierte Ökonomen wie der Wirtschaftswissenschafter Andrej Machvan vom Moskauer Carnegie-Zentrum beurteilten diese Aussagen Putins allerdings als irreführend. In der SRF-Radiosendung «Echo der Zeit» vom 12. März 2017 meinte Machvan, Basis für Putins optimistische Prognose sei unter anderem eine veränderte russische Berechnungsmethode für das Bruttoinlandprodukt. Das prognostizierte Wachstum stütze sich seiner Meinung nach zu sehr auf die intensivierte Waffenproduktion ab. Von einem wirklich nachhaltigen Wirtschaftswachstum – so Machvan – könne leider keine Rede sein. Russland werde mutmasslich noch während Jahren in einer «Epoche der Stagnation» verharren.

PUTIN FOREVER

Er sei der Einzige, der das könne, ist in Russland immer wieder zu hören. Präsident Wladimir Putin für immer? Ja, jedenfalls beinahe! Es ist zumindest denkbar, dass sich Putin 2018 ein viertes Mal zum Präsidenten wählen lassen wird – und dass er in diesem Falle noch bis 2024 die Politik Russlands bestimmen wird.

Nachdem der ehemalige Geheimdienstler Putin das Zepter von Boris Jelzin, dem ersten russischen Staatspräsidenten (1991–1999) übernommen hatte, stellte er seinem Volk mehr Stabilität und Sicherheit in Aussicht. Auch mehr Gerechtigkeit für jene, die sich von der unter Boris Jelzin hastig durchgeführten Privatisierung im Stich gelassen fühlten. Putin stärkte die staatlichen Strukturen und Kontrollen – ohne jedoch der Willkür und Günstlingswirtschaft in den russischen Amtsstuben Herr zu werden. Die russischen Oligarchen, die einstigen Profiteure der Privatisierung, unterstellte er gewissermassen seiner Kontrolle – jene Superreichen, denen es aufgrund persönlicher Beziehungen, Ausnützung von Gesetzeslücken oder auch aufgrund der Korruption und Vetternwirtschaft seit dem Zerfall der UdSSR gelungen war, einen schier unermesslichen Reichtum anzusammeln. Putin ahnte wohl, dass ihm diese Milliardäre einmal nützlich werden könnten. Er liess sie wissen, dass er sie in ihrem Tun gewähren lasse, wenn sie sich stets für ein Russland nach seinen Vorstellungen einsetzten und sich seinen Vorgaben beugten. Gleichzeitig, so Putin, hätten sich die Oligarchen von der Politik fernzuhalten.

So kam es mit dem Wechsel von Jelzin zu Putin zu gewissen Verschiebungen innerhalb der Oligarchenkaste. Einige Superreiche flohen ins Ausland, andere wurden entmachtet oder gar ermordet. Putins engste Günstlinge, etwa die Brüder Arkadi und Boris Rotenberg, wurden – wie etwa beim Infrastrukturaufbau für die olympischen Winterspiele 2014 in Sotschi – mit lukrativen Staatsaufträgen bedacht. Und Putin selbst? Zahlreiche Beobachter vermuten, dass es auch ihm über Mittelsmänner gelungen sei, indirekt ein Milliardenvermögen zusammenzuraffen. Zahlreiche Indizien wie etwa Rechercheergebnisse zu den «Panama-Papieren» untermauern diese These, beweisen lässt sie sich bislang allerdings nicht. Vor allem: Die russische Justiz weigert sich, gewissen Spuren nachzugehen, wenn diese allzu sehr ins Zentrum der Macht führen könnten.

WIDERSPRUCH VON MICHAIL CHODORKOWSKI

Kritik und Einspruch duldet jemand wie Putin nicht. Dies hat der Oligarch Michail Chodorkowski deutlich zu spüren bekommen, der seinerseits ebenfalls politische Ambitionen hegte und rund um die Parlamentswahlen von 1999 Oppositionsparteien zu unterstützen begann. Nein, Chodorkowski war gewiss nicht nur ein «frommes Schaf». Aber den zehn Jahren, die er in Arbeitslagern zubrachte, lagen Gerichtsurteile zugrunde, die – so sehen das jedenfalls viele Beobachter – weitgehend fabriziert worden waren.

Wer nicht Putins Freund ist, wer sich nicht als dessen Bewunderer zu erkennen gibt (oder grundsätzlich schweigt), läuft Gefahr, von Putins Anhängern und vom russischen Staats- und Justizapparat allenfalls gleich als erbitterter Putin-Gegner und Staatsfeind wahrgenommen zu werden. Auch kleinste Kundgebungen müssen heute behördlich bewilligt werden. Wenn auch nur zwei Personen ohne spezielle Genehmigung auf öffentlichem Grund ein Kleinplakat in die Höhe halten, gilt dies als unbewilligte Demonstration. Die «Demonstranten» werden dann oft festgenommen und laufen Gefahr, hinter Gitter gesteckt zu werden.

MEHR TAKTIKER ALS STRATEGE

Auch andere Beobachter versuchen immer wieder, die Psychologie des kleinwüchsigen Präsidenten zu ergründen. Seine Anhänger loben, dass er über viel taktisches Geschick verfüge. Viele Experten aber bekunden dabei Mühe, eine klare Strategie der Politik des russischen Staatschefs zu erkennen. Putin, so heisst es dort, passe seine vernebelte Strategie jeweils bloss den taktischen Möglichkeiten an. Hier gelingt es dem Herrscher im Kreml auch immer wieder, die internationale Gemeinschaft und insbesondere westliche Staatschefs «an der Nase herumzuführen». Im Herbst 2014 hiess es beispielsweise, Putin könnte versucht sein, die ganze Ostukraine als «Neurussland» zu vereinnahmen und damit die «Restukraine» vom Zugang zum Schwarzen Meer abzuriegeln. Aus verschiedenen Gründen ist dann dieses «Projekt» auf Eis gelegt worden. Dann wieder heisst es oft, Putin könnte sich überlegen, im Baltikum, insbesondere in Lettland, für ähnliche Unruhe zu sorgen wie im ukrainischen Donbass, und schliesslich auch dort territoriale Ansprüche stellen wie bei der Krim-Annexion im Jahr 2014.

Durch seine Überraschungspolitik ist Putin im politischen Schachspiel seinen Gegnern oft um zwei Züge voraus. Er lässt seine internationalen Partner oft im Ungewissen, ja er lässt sie bewusst darüber im Dunkeln, welche Ziele er mit welchen Mitteln zu erzwingen versucht. Dabei wird er zum Teil auch im Westen von Kreisen unterstützt, die sein Handeln – auch wenn dieses gegen bestehende Verträge (Memorandum von Budapest, 1994) und insbesondere gegen das Völkerrecht verstösst – als berechtigt oder als zumindest nachvollziehbar einordnen.

AUSGEPRÄGTES SELBSTBEWUSSTSEIN

Sein Gegenüber lässt Putin jeweils deutlich spüren, dass er als Staatspräsident kaum Rücksichten zu nehmen braucht. Wenn er Gäste empfängt, so lässt er diese oft stundenlang in seinen Vorzimmern warten, gewissermassen als Demonstration seiner Macht.

Die russisch-amerikanische Journalistin Masha Gessen bezeichnet Putin als «Mann ohne Gesicht», der sich vom beflissenen Geheimdienstbeamten immer mehr zu einem gefährlichen, autoritär gebietenden und unberechenbaren Zaren verwandle.

Während seines politischen Wirkens an der Staatsspitze hat Putin das Regierungssystem immer mehr zentralisiert. Während es sich in vielen Ländern als sinnvoll erwiesen hat, möglichst horizontale Verwaltungsstrukturen zu etablieren, spricht Putin selbst stolz von einer «Machtvertikalen», die er aus dem Kreml dirigiere. Es sind in vielen Fällen Kollegen aus dem einstigen sowjetischen KGB, die er um sich schart und an den wichtigsten Schaltstellen des Staates positioniert. Einem ehemaligen Geheimdienstler vertraut er eher als einem Wirtschaftsprofessor, der unter Umständen mal ausscheren und sich mit einer alternativen Meinung zu Wort melden könnte.

Putins Machtvertikale birgt meines Erachtens aber die Gefahr gewisser Abhängigkeiten. Wenn – aus welchen Gründen auch immer – die Stützen seines Vertikalsystems wegbrechen würden, könnte Putin zum Opfer seines von ihm geschaffenen Systems, gewissermassen «Opfer seiner selbst» werden. In der Regierung sind nach wie vor ein paar liberalere Vertreter eingebunden. Sie scheinen aber derzeit gegenüber den «Silowiki», den Vertretern der russischen Sicherheitsstrukturen, der «Machtministerien» immer mehr an Gewicht zu verlieren.

DAS INTERMEZZO MIT MEDWEDEW

Nach Ablauf seiner beiden ersten präsidialen Amtsperioden (2000 – 2004, 2004 – 2008) musste sich Putin aufgrund einer Verfassungsbestimmung

Oppositionelle Grossdemonstration in Moskau, 6. Mai 2012

vom Präsidentenamt zurückziehen. Die Verfassung schreibt nämlich vor, dass der Staatspräsident nur für zwei miteinander verbundene Amtsperioden gewählt werden könne. Zweck dieser Verfassungsbestimmung ist, dass eine bestimmte Person nicht allzu lange und allzu dominant die Geschicke des Landes auf sich konzentrieren kann. Der Passus in der russischen Verfassung orientiert sich an einer ähnlichen Bestimmung im Grundgesetz der Bundesrepublik Deutschland.

2008, nach Ablauf seiner ersten zwei Amtsperioden als Staatspräsident, arrangierte deshalb Putin ein Intermezzo mit dem blass wirkenden Juristen Dmitri Medwedew. Er schlug den braven Sachwalter für die nächsten vier Jahre als seinen Nachfolger auf dem Sessel des Präsidenten vor und zog sich selbst auf das (nicht ganz unwichtige) Amt des Regierungschefs zurück. Dort hielt Putin aber weiterhin das Zepter fest in seiner Hand. Medwedew wirkte in dieser Konstellation in den Augen vieler Beobachter oft wie eine Marionette Putins, welche kaum selbst Entscheide fällte und sich folgsam den Vorgaben seines Ministerpräsidenten beugte. Insbesondere bei Auftritten mit westlichen Partnern wirkte Medwedew wie ein freundlicher «Grüssaugust». Mit verbalen Bekenntnissen weckte er damals immer wieder Hoffnungen, wonach Russlands maroder Industriepark umgehend modernisiert werde und wonach es im Politikbetrieb vielleicht gar zu gewissen Liberalisierungen kommen könnte. Die innen- und sicherheitspolitischen Weichen wurden aber auch unter Medwedews Regentschaft immer noch von Ministerpräsident Putin gestellt und die dringend notwendige Modernisierung vieler russischer Wirtschaftsbetriebe liess nach wie vor weitgehend auf sich warten.

Optimisten glaubten während dieses Interregnums zwar teilweise, nach erstem vorsichtigem Abwarten werde Medwedew vielleicht aufblühen und die Reformen, die er verkündet hatte, umzusetzen versuchen. Doch es kam anders. So, wie es viele – je nach politischem Standpunkt – befürchtet oder eben erhofft hatten. Putin, dem nicht die medwedewschen Merkmale eines Zauderers anhaften, wollte wieder ganz nach vorn. So, wie er sich das offenbar auch schon nach seinen ersten zwei Amtsperioden ausgedacht und mit seinem Adlatus Medwedew abgemacht hatte.

WIEDER PRÄSIDENT!
Im September 2011 gaben Putin und Medwedew bekannt, dass es im Frühjahr 2012 wieder Putin sei, der sich ums Präsidentenamt bewerben werde.

Mit der Beanspruchung einer weiteren (jetzt einer dritten) präsidialen Amtsperiode verletzte Putin zwar nicht den Buchstaben, aber wohl den «Geist» der Verfassung, den dieser Verfassungsbestimmung zugrundeliegenden demokratischen Grundgedanken.

Zudem: Um die Machtperioden für den Präsidenten zeitlich auszudehnen, sorgte Putin im Vorfeld seiner dritten Wiederwahl im Parlament dafür, dass die präsidialen Amtsperioden von vier auf sechs Jahre ausgedehnt wurden. Putin liess sich 2012 nicht mehr nur für vier, sondern gleich für sechs Jahre, bis 2018, (wieder)wählen. Mit der Möglichkeit, dass er dann gleich ein weiteres, ein viertes Mal und bis zum Jahr 2024 als Präsident antreten kann.

ZURÜCKGEDRÄNGTE OPPOSITION

Vor allem in den grossen russischen Zentren wie Moskau oder St. Petersburg versuchte sich 2011 und 2012 eine aufgeklärte Gesellschaftsschicht gegen diese Machtanmassung Putins zur Wehr zu setzen. Die damals eher überraschend entstandene Bürgerbewegung geisselte Putins Vorgehen als «Zynismus der Macht». Die zivilgesellschaftliche Protestbewegung, der vor allem gut gebildete Teile des russischen Mittelstands angehörten, protestierte Ende 2011 zuerst gegen die Manipulationen und Wahlfälschungen, welche die Duma-Wahl vom Dezember geprägt hatten. Anschliessend formierte sich der Widerstand gegen eine dritte präsidiale Amtsperiode Putins.

Diese Opposition ging davon aus, dass die Modernisierung der Wirtschaft und auch die Demokratisierung des russischen Staatssystems unter einem Präsidenten Putin weiter auf sich warten lassen würden. Das Ausmass an repressiven Gesetzen gegen oppositionelle Kreise, gegen liberale Medien oder Nichtregierungsorganisationen (NGOs), welche Putin nach seinem erneuten Amtsantritt von 2012 erlassen liess, überraschte dann aber selbst die radikalsten Putin-Kritiker!

KOSTSPIELIGE ENGAGEMENTS IM AUSLAND

Auch der Kriegseinsatz Russlands zugunsten des syrischen Machthabers Assad hat sich innenpolitisch zugunsten der Politik des russischen Präsidenten ausgewirkt. In der Staatspropaganda (im Fernsehen) gilt Russland wieder als Militärmacht, die weit über die eigenen Landesgrenzen hinaus ernstgenommen, ja gefürchtet werden müsse. Dies, obwohl diese Militärmission, wie auch das «Engagement» Russlands in der Ostukraine, die Staatskasse des Kremls arg in Mitleidenschaft gezogen hat.

Mit der militärischen Präsenz in Syrien, der Marinebasis im syrischen Hafen Tartus und der Fliegerbasis Hmeimim in der Provinz Latakia will sich Russland unter der Führung Putins langfristig eine starke militärische Präsenz im Nahen Osten und am Mittelmeer sichern.

ZAHNLOSES PARLAMENT

Im Parlamentsbetrieb Russlands ist heute eine wirkliche Opposition ausgeschlossen. Unter Begründungen, die meist künstlich konstruiert wirken, werden einzelne Oppositionsparteien und Kandidaten von vornherein meist von den Wahlrunden ausgeschlossen. In der Duma, dem russischen Unterhaus, verfügt die Regierungspartei «Einiges Russland» seit den Wahlen vom Herbst 2016 über eine absolute Mehrheit. Das Parlament – so mein Eindruck – übernimmt weniger die Rolle eines gesetzgebenden, die Regierung kontrollierenden Gremiums, sondern mehr die eines Organs, in dem – möglichst einstimmig – politische Projekte und auch Kursänderungen des Präsidenten blindlings durchgewinkt werden.

Putin, so meine Mutmassung, wollte in den letzten paar Jahren vor allem verhindern, dass auch in Russland Strassenproteste Erfolg haben könnten wie seinerzeit die Rosenrevolution in Georgien, die orange Revolution von 2004/2005 und dann die Maidanproteste in der Ukraine, oder auch der sogenannte arabische Frühling in den Ländern Nordafrikas. Mittlerweile ist es ihm gelungen, den Politikbetrieb Russlands ganz auf sich selbst, auf seine Person zuzuschneiden. Unter Putin hat sich Russland zu einem weitgehend autoritär regierten Staat entwickelt.

ZUSTIMMUNG IM VOLK

Gemäss Meinungsumfragen stimmt allerdings ein sehr grosser Teil der russischen Bevölkerung dem politischen Kurs Putins zu. Dazu trägt meines Erachtens seit etwa 2012 vor allem die Propaganda im russischen Staatsfernsehen und in den grossen Tageszeitungen stark bei. Es gibt in Russland zwar auch liberale Medien, die gelegentlich die Situation im Land oder den politischen Kurs des Präsidenten und der Regierung kritisch unter die Lupe nehmen – etwa die Wirtschaftszeitung Vedemosti, die Novaja Gasjeta, die Radiosender «Echo von Moskau» und «Kommersant-Radio» sowie den Internet-TV-Sender «Doschd», der allerdings nur übers Internet und nur gegen Bezahlung zu empfangen ist. Diese Medien – und auch deren Exponenten – erreichen aber nur einen winzigen Teil der Bevölkerung und spielen in der innenpolitischen Debatte überhaupt keine Rolle.

Die begeisterten Anhänger des russischen Präsidenten Putin wiederum führen an, Putin verstehe es mit seiner rigiden Politik, die Interessen Russlands besonders dezidiert zu vertreten. So gibt es für sie beispielsweise zahlreiche Argumente, weshalb sich Putin über das Völkerrecht hinwegsetzen dürfe. Oder weshalb es kein Eingriff in die Souveränitätsrechte eines Nachbarstaates sein soll, wenn Putin mit eigenen Truppen in der Ostukraine einen «hybriden» Krieg führt. Sie wollen auch nicht erkennen, wie widersprüchlich es letztlich ist, wenn sich Russland – als eigentliche Kriegspartei – bei den Ukraineverhandlungen in Minsk als *neutrale* Friedensvermittlerin in Szene zu setzen versucht.

2018 – AUFTAKT ZU EINER WEITEREN PRÄSIDIALEN AMTSZEIT

Im Vorfeld der Präsidentenwahl vom Frühjahr 2018 konnte sich überhaupt keine ernstzunehmende Opposition wirksam bemerkbar machen. Die Kandidatur von Wladimir Schirinowski von der nationalistischen (sogenannten) Liberaldemokratischen Partei oder etwa jene von Pawel Grudinin von der Kommunistischen Partei konnten nicht als wirklich ernsthafte Gegenkandidaturen zu Putin wahrgenommen werden. Die «Zählkandidaten» dieser Parteien unterstützen erfahrungsgemäss «ohne Wenn und Aber» die Vorgaben der Regierungspartei «Einiges Russland» und jene von Präsident Putin. Dem landesweit bekannten und dezidierten Putin-Gegner, dem Anwalt, Blogger und Korruptionsbekämpfer Alexei Nawalny hingegen ist die Teilnahme an der Wahl behördlich verweigert worden. Nawalny hätte wohl lediglich einen Achtungserfolg erzielen können. Gegen Putin hätte er keine Siegeschance gehabt. Dem Kreml aber lag wohl daran, zu verhindern, dass Nawalny vor dem Wahltag allzu lautstark und öffentlichkeitswirksam die Politik des Regimes unter Putin kritisiert. Auch ein zweiter Wahlgang zwischen Putin und Nawalny sollte möglichst verhindert werden. Die Kandidatur der jungen und populären People- und TV-Moderatorin Xenija Sobtschak, die nach eigenen Worten «ohne politisches Programm» antrat, galt für viele kritische Beobachter als «Kreml-Projekt», das vor allem dazu dienen sollte, dem Wahlgang einen demokratischeren Anstrich zu verleihen. Am 18. März 2018 ist Wladimir Putin mit über 76 % der Stimmen wiedergewählt worden. Für weitere sechs Jahre – wenn nichts dazwischen kommt – bis zum Jahr 2024.

UNTERSTÜTZUNG DURCH DIE ORTHODOXE KIRCHE

Seitdem Wladimir Putin im Kreml das Zepter in der Hand hält, wird er immer dezidierter auch durch die Repräsentanten der erzkonservativen russisch-orthodoxen Kirche unterstützt. Insbesondere deren Oberhaupt, der angeblich milliardenschwere Patriarch Kyrill, stellt sich ohne Wenn und Aber hinter die Politik des Präsidenten. Im Vorfeld der Präsidentenwahl von 2012 hat Patriarch Kyrill sein Kirchenvolk unmissverständlich aufgefordert, Putin zu wählen, ja er hat dessen Regentschaft gar als «Wunder Gottes» bezeichnet.

Während die Kirchen in vielen westlichen Staaten die jeweilige Staatspolitik auch mal kritisch verfolgen und – je nach Sachlage – etwa eine dezidiertere Friedenspolitik oder mehr Rücksichtnahme auf Andersdenkende einfordern, ist es in Russland vor allem die russisch-orthodoxe Kirche, welche gegen die Homosexuellen in der eigenen Gesellschaft hetzt oder umstrittene Kriegsoffensiven befürwortet.

Insbesondere seit Putins Wiederwahl im Jahr 2012 ist für ihn diese Kirche zu einem wichtigen politischen Machtinstrument geworden.

SEIN ZIEL: RENAISSANCE DES GROSSEN RUSSISCHEN IMPERIUMS

Der Zusammenbruch der Sowjetunion, so Putin, sei als «die grösste geopolitische Katastrophe des 20. Jahrhunderts» zu werten. So unklar seine Strategien auch sein mögen – mit dieser Aussage macht Putin jedenfalls deutlich, auf welchen Grundlagen sein aussenpolitisches Handeln fusst. Putin empfindet es persönlich als verletzend, dass Russland als wichtigster Nachfolgestaat der untergegangenen UdSSR keine gefürchtete Grossmacht mehr ist. Russland, so Putin, müsse sich deshalb zu einem «Imperium» erheben; dazu sei sein Land allein aufgrund seiner Geschichte verpflichtet. Dazu fordert Putin den Bürgerinnen und Bürgern Russlands grosse Opfer ab. Wirtschaftlich kommt Russland dabei kaum voran. Viele junge und gut ausgebildete Russinnen und Russen sehen bei aller Liebe und trotz ihrer engen Verbindungen zur Heimat ihre eigene Zukunftsperspektive deshalb vor allem im Ausland, und die dringend notwendige wirtschaftliche Modernisierung Russlands lässt unter Putin weiter auf sich warten. Wie lange noch?

Grab von Iwan Peresypkin, Marschall der sowjetischen Übermittlungstruppen, auf dem Heldenfriedhof beim Moskauer Neujungfrauenkloster.

MEIN MOSKAU

Die russische Hauptstadt mit ihren riesigen Plätzen, ihren hohen und langen Gebäuden, ihren bis zu 12-spurigen Hauptverkehrsstrassen ist ein gigantischer Moloch. Vieles in Moskau wirkt überdimensioniert und wenig publikumsgerecht. Trotzdem zieht mich die Stadt immer wieder in ihren Bann! Denn Moskau besteht nicht nur aus diesen Strassen und kühl wirkenden Bürogebäuden und Plattenbauten. Neben den breiten Boulevards gibt es riesige Grünanlagen. Zwischen den historischen Häuserzeilen etwa im Stadtviertel Kitai Gorod («China-Stadt») fühlt man sich um Jahrhunderte, ins vorrevolutionäre Moskau zurückversetzt. Wenn man zwischen dem Kiewer Bahnhof und dem Kreml dem Ufer der Moskwa entlangspaziert, so bewegt man sich in einer Landschaftsidylle, die streckenweise weit weg von allem Urbanen entfernt zu sein scheint. Hier kommt ein Empfinden auf, wie es ein Stadtberner bei seinem Sonntagsausflug auf den Gurten, ein Zürcher auf dem Uetliberg oder ein Basler auf der Chrischona verspüren mag.

ALLES IST GROSS
Wenn sich jemand an der Zürcher Bahnhofstrasse beim Haus Nummer 70 befindet und das Haus Nummer 78 aufsuchen will, so ist er mit wenigen Schritten wohl schnell dort. In Moskau aber, wo einzelne Gebäudekomplexe auch gern mal hundert oder mehrere hundert Meter lang sind, kann es einem ortsunkundigen Fussgänger einen längeren Marsch abverlangen, wenn er sich von einem Hauseingang mit der Nummer 70 zur Nummer 78 bewegen möchte.

SPEZIELLE GERÄUSCHKULISSE
Die Polizeisirenen klingen in Moskau anders als jene in Zürich, New York oder Berlin. Speziell ist aber auch das Geräusch der Metro-Züge, wenn diese laut hupend in die Stationen einfahren, und das Zischen der Waggontüren, wenn sich diese öffnen und schliessen. Auch die Lautsprecheranweisungen der uniformierten Frauen, die unten an den Rolltreppenanlagen in den Metrostationen sitzen, von ihren kleinen, grauen Kabinen aus das Geschehen beobachten und den Passagieren missgelaunt Anweisungen geben, wie sich diese auf den langen Treppen zu verhalten haben, erzeugen einen speziellen Geräuschakzent.

Für mich sind die Geräusche Moskaus ein derart besonderes Element, das ich meist auch dann «im Ohr» habe, wenn ich mich aus geografischer Distanz an Moskau erinnere. Fast immer sind dann in meinen Gedanken diese Klänge mit dabei. Meine Moskauer Jahre haben offensichtlich meine «Hörerinnerungen» nachhaltig geprägt.

DIE METRO
Neun Millionen Passagiere fahren im Schnitt jeden Tag mit der Metro, neun Millionen Hände halten sich täglich an den klebrigen dicken schwarzen Gummihandläufen fest, die sich – links und rechts – parallel mit den schnellen Rolltreppen bewegen.

Wer sich in Moskau von einem Stadtbezirk zum andern bewegt, ist meist gut beraten, die Metro zu benutzen. Sie ist zwar etwas in die Jahre gekommen, aber sehr effizient. In den Stosszeiten fährt auf allen Linien alle anderthalb Minuten ein Zug. Innert Sekunden füllen sich dann auf den Stationen die Waggons, und innert weniger Sekunden, nachdem dieser Zug losgefahren ist, stehen auf dem zuvor leergefegt wirkenden Perron schon wieder Hunderte an, um mit dem nächsten Zug zu ihren Zielen zu gelangen. Mit der Metro kommt man ohne Staus zügig voran, die U-Bahn ist deshalb das Moskauer Hauptverkehrsmittel.

Deshalb herrscht hier zu den Hauptverkehrszeiten oft ein Gedränge. Man kann sich dann in den Zugängen zu den Rolltreppen oder Perrons oft nur ruckartig in kleinsten Schrittchen bewegen. Ähnlich wie Pinguine, wenn diese in Gruppen einem Felsenrand zuwatscheln, um von dort ins Wasser zu plumpsen.

DICHTESTRESS
In den Warteschlangen Moskaus ist jeder vor allem auf sich selbst konzentriert und sorgt dabei auch mit wahrnehmbaren Körperbewegungen dafür, nicht von seinem Kurs abgedrängt zu werden.

Aber auch die Strassen der Stadt sind oft hoffnungslos verstopft. Nur, wer keine andere Wahl hat, lässt zu den Hauptverkehrszeiten die Verkehrsstaus freiwillig über sich ergehen. Oder prestigebewusste Russinnen und Russen, denen daran gelegen ist, demonstrativ auf den eigenen vier Rädern vorzufahren. Sie, diese selbstbewussten und stolzen Autobesitzer in ihren teuren Luxuslimousinen, sind in Moskau unübersehbar. Teure Autos prägen das Strassenbild der Stadt. Fast nur noch abseits von Moskau oder anderer russischer Grossstädte wie St. Petersburg sind vorwiegend in die Jahre gekommene russische Autos der Marke Schiguli (im Westen bekannt als «Lada») zu sehen. Arm und Reich prallen im öffentlichen Raum Moskaus besonders akzentuiert aufeinander.

DER KUNDE IST NICHT KÖNIG

Die meisten westlichen Ausländer müssen sich wohl an die ruppige Art gewöhnen, mit der man an Post- oder Bankschaltern, beim Kauf einer Bahnkarte und zum Teil auch in Hotels und Geschäften behandelt wird. Nach wie vor ist das russische Dienstleistungswesen von der Idee geprägt, dass die Bürgerinnen und Bürger dem Staat (und den Anbietern von Dienstleistungen) zu dienen hätten – und nicht umgekehrt. Wer sich an einem Schalter um Informationen bemüht, wer ein Postpaket aufgeben, Geld einzahlen oder abheben möchte: Er ist stets Bittsteller und wird – von Ausnahmen abgesehen – insbesondere in russischen Grossstädten wie Moskau meist mit erniedrigenden Gesten als solcher behandelt. Die Russinnen und Russen sind sich das gewohnt. Auch jene Beamten und Angestellten, die während ihres Dienstes Kundinnen und Kunden unwirsch abfertigen, nehmen es gelassen hin, wenn sie sich nach der Arbeit mit ihren eigenen Anliegen an einem Schalter anstellen müssen und dort unfreundlich behandelt werden. Geduld erfordern auch nach wie vor die stark ausgeprägten Auflagen der russischen Bürokratie, mit der vor allem jene Moskau-Besucherinnen und Besucher in Berührung kommen dürften, die ihren Stadtaufenthalt nicht mit einer Gruppenreise organisiert haben oder ihre Nächte nicht in einem Fünfsternehotel, sondern bei Privaten oder in einfachen Pensionen verbringen.

STADT DER GROSSEN GEGENSÄTZE

Moskau ist aber auch eine Stadt starker und faszinierender Gegensätze. Dabei strömt Moskau trotz der Hektik auch eine gewisse Ruhe aus, so, als wolle die Stadt ihren Bewohnern und Besuchern signalisieren, dass sie sich durch gar nichts stören oder irritieren lasse. Weder vom dichten Verkehr, noch von der nicht immer rücksichtsvollen und geschichtsbewussten Stadtplanung.

Ich denke da an das kleine russisch-orthodoxe Kirchlein, das in den letzten Jahren gegenüber dem Moskauer Weissrussischen Bahnhof von Büroneubauten quasi eingemauert und architektonisch «erniedrigt» worden ist. Jedem Denkmalschützer aus Westeuropa müsste der Anblick des weiss getünchten Sakralbaus neben den kalt wirkenden Beton- und Glasbauten den Schweiss in die Stirn treiben. Aber eben, so ist Moskau! Es gibt zwar Bürgerinitiativen, die sich gegen den willkürlichen Abbruch historisch besonders wertvoller Gebäude zur Wehr zu setzen versuchen. Diese Bürgerproteste wie etwa jene der Gruppe «Archnadsor», die sich gegen den Abbruch architektonisch besonders wichtiger Zeitzeugnisse zur Wehr zu setzen versucht, haben meist wenig Aussicht, von den Behörden erhört zu werden. So werden vor allem im Stadtzentrum zum Teil ganze Viertel umgepflügt und umgestaltet. Wo einst ein rotbraunes palastähnliches Gebäude aus dem vorletzten Jahrhundert das Strassenbild prägte, spriessen plötzlich Pfeiler einer neuen Innenstadtautobahn oder Betonstützen für ein neues Geschäftszentrum in die Höhe.

Längst ist Moskau aber auch nicht mehr die graue Stadt von einst. Tag und Nacht flimmern überall riesige Reklamen. Moskau gibt sich nicht nur modern, die russische Hauptstadt ist in den letzten zweieinhalb Jahrzehnten zu einer rund um die Uhr pulsierenden Stadt geworden, die immer mehr auch ein flippiges junges Publikum aus der ganzen Welt anzieht.

Wer sich für internationale Mode interessiert, mag sich in den Grosswarenhäusern «GUM» und «ZUM» umsehen, in jenen ehemals sowjetisch und sozialistisch geprägten Einkaufszentren, die in den 90er-Jahren von Dior, Gucci, Armani, Tiffany, Hermès oder Louis Vuitton erobert worden sind, sich aber mit ihren teuren Angeboten kaum an russische Durchschnittsbürger richten. Überhaupt: Weil viele reiche Russinnen und Russen ihren Reichtum insbesondere auch im öffentlichen Raum gerne demonstrativ zur Schau stellen, sind in Moskau die grossen sozialen Gegensätze zwischen Arm und Reich besonders gut sicht- und spürbar. Daran habe ich mich persönlich nie wirklich gewöhnen können!

DAS «ALTERNATIVE» MOSKAU
Aber auch die Alternativszene findet in Moskau ihren Platz – etwa auf der Moskwa-Insel, mitten im Stadtzentrum, wo sich einst die sowjetische Schokoladenfabrik Roter Oktober befand, oder das Artplay in einem ausgedienten Industriekomplex.

Im Artplay dienen die umgestalteten Gebäude als Shoppingmall, in der man Designerlampen oder, gleich um die Ecke, selbstgefertigte Kopfbedeckungen oder Taschen kaufen kann. Hinter einem der Eingänge des Areals befindet sich ein Ausstellungsraum, in dem Werke zeitgenössischer Künstler gezeigt werden, ein anderer Eingang führt zu den Schulräumen einer Designerakademie, ein weiterer zu einem netten Restaurant. In den wärmeren Sommermonaten finden im Innenhof oft offene Warenmärkte statt, auf denen vor allem Selbstgemachtes angeboten wird, Kleider, Essbares, Schmuck, Spielzeug. Während dieser Märkte rennen dann Kinder im Hof hin und her, während deren Eltern die Auslagen an den Verkaufsständen umrunden und nach einer Brosche oder etwas anderem Ausschau halten. Atmosphärisch ist man, kaum hat man das Eingangstor zum Artplay durchschritten, mitten in Moskau in einer völlig «neuen Welt».

GRÜNANLAGEN MITTENDRIN

In Moskau gibt es zahlreiche naturbelassene Wälder und Parks, die in Reiseführern kaum erwähnt werden. Zu diesen Anlagen gehört der 230 Hektar grosse Timirjasewskipark, eine ursprünglich aristokratische Naturanlage, die nach der Oktoberrevolution nach dem russischen Botaniker Kliment Timirjasew benannt wurde. Der Park liegt etwas nördlich des Stadtzentrums in einer breiten Grünzone zwischen zwei Wohnbezirken. Es gibt hier keine Parkrestaurants, kein organisiertes Unterhaltungsangebot, nur einen riesigen Wald mit hohen Eichen- und Birkenstämmen, Spazierwegen und Trampelpfaden, die quer durch die Naturanlage führen.

Ich habe den Timirjasewskipark vor allem jeweils im tiefen Winter aufgesucht. Meist mit den Langlaufski. Wie die meisten, die den Park vom Frunse-Quartier her erreichen wollen, querte ich dazu zuerst ein verlassenes Industriegelände, dann etwa fünf offene, aber übersichtliche Bahngleise, die vom Norden her Richtung Stadtzentrum führen. Nach der vorsichtigen «Gleishüpferei» ging's jeweils durch ein enges Tor hinter die Mauer, welche den Park an dieser Stelle abgrenzt. Schon nach wenigen Metern ist dort – abgesehen von den andern Parkbesuchern – atmosphärisch nur noch wenig von der Millionenmetropole zu spüren. Im Winter, bei schönem Wetter, klirrender Kälte und klarer Luft habe ich die Szenerie in diesem Wald jeweils als besonders faszinierend empfunden, weil die hohen und schlanken Baumstämme wegen der flach einstrahlenden Sonne dann lange Schatten in den Schnee werfen.

Im Unterschied zu vielen andern Wäldern in Russland habe ich in diesem Park kaum je gesehen, dass hier Abfall, Dosen oder Büchsen rumliegen. Oft hatte ich im Timirjasewskipark den Eindruck, dass hier ein besonders rücksichtsvolles Publikum aus den umliegenden Quartieren verkehrt. Familien mit Kinderwagen oder Schlitten, auf den Trampelpfaden Liebespaare oder Spaziergänger mit Hunden. Im Norden der Anlage, in einer Waldlichtung, gibt's eine bescheidene Picknickanlage mit Feuerstellen, Holzbänken und Holztischen, die unter einem Dach vor Regen und Schnee geschützt sind. Diese Sitzgelegenheiten werden oft von Schachspielern genutzt, die hier – auch bei eisiger Kälte – auf einen zufällig vorbeikommenden Spielpartner warten. In unmittelbarer Nähe zu diesen Sitzgelegenheiten rutschen im Winter dick eingepackte Kinder mit ihren Schlitten ein paar Meter über kleine Erdhügel hinunter, die entweder gut mit Schnee bedeckt oder dick vereist sind.

Diesen Park habe ich oft als bezaubernde Oase mitten in der Stadt empfunden, die von der Modernisierung der Millionenmetropole – jedenfalls bis jetzt – überhaupt nichts mitbekommen hat.

BREITES KULTUR- UND UNTERHALTUNGSANGEBOT

Auch eher unbeeinträchtigt von der eher rücksichtslosen Stadtplanung präsentieren sich nach wie vor die geschichtsträchtigen Theater, Museen oder Konzertsäle der Stadt. Wenn man den Tschaikowskysaal betritt, oder wenn man die breiten Stufen zum Konzertsaal des Konservatoriums emporsteigt, eröffnen sich einem eindrückliche Arenen. Hier taucht man in eine Welt ein, in der man den Eindruck bekommen kann, die Uhren seien in diesen altehrwürdigen Häusern während Jahrzehnten stillgestanden. Wunderbar ist auch, dass hier fast jeden Abend hervorragende Vorstellungen und Konzerte stattfinden.

Das Unterhaltungsangebot Moskaus ist beinahe unbegrenzt, auch für Leute, die weniger klassische Konzerte, Opern oder Ballettvorführungen besuchen möchten. Es gibt zahlreiche Kinos, fast an jedem Abend finden Jazz-, Rock- oder Popkonzerte statt. Kinder kommen in den beiden fest in der Stadt installierten Zirkus-Arenen auf ihre Rechnung.

Vielfältig ist auch das Angebot der Restaurants. Zum Teil rund um die Uhr. Man kann in Moskau russisch oder ukrainisch essen, libanesische Mezze geniessen, ein Lokal mit gepflegter französischer Küche aufsuchen oder eines der vielen georgischen oder usbekischen Restaurants. In der wärmeren Jahreszeit locken Dach- und Gartenrestaurants oder die attraktiv gestalteten Fussgängerzonen im Gorkipark Besucherinnen und Besucher an. Auch die Wasserspiel-Anlagen vor dem (ebenfalls sehr besuchenswerten) «Zentralen Haus des Künstlers» (ZDCh) sind hier zu erwähnen, oder die riesigen Eisflächen, die in den Wintermonaten im Gorkipark für Schlittschuhläufer präpariert werden.

DIE BESONDERE GASTFREUNDLICHKEIT

Ist man bei Russen zu Besuch, so wird man meist in die Küche oder in einen Wohnraum geleitet, der den Bewohnern gleichzeitig als Wohnzimmer, Büro und Schlafraum dient. Man sitzt dort oft etwas unbequem auf dem Matratzenrand eines ausklappbaren Schlafsofas. Auf dem Tisch davor breiten die Gastgeber eine Riesenauswahl feinster Speisen aus: heiss dampfende Suppe, Pirogen, Gurken, Tomaten, Fisch, Fleisch, Kartoffeln und ein Glas Wodka, das sich wie von Geisterhand immer wieder füllt.

Die Gastfreundlichkeit der Russinnen und Russen ist zu Recht sprichwörtlich. Man feiert bis in die tiefe Nacht hinein. Und auch wenn der Kopf danach schwer wiegt, geben diese Feten meist neue Kraft, den anstehenden Moskauer Alltag wieder mit neuer Energie zu meistern.

Zu solchen Gelegenheiten ist man gut beraten, seinen Gastgebern Blumen mitzubringen. In Moskau ist dies kein Problem. An fast jeder Strassenecke gibt es einen Blumenladen. Aber auch vor den Metrostationen bieten Frauen Sträusse an, die sie in mit Wasser gefüllten Plastikeimern frisch halten. Vor russischen Feiertagen tragen fast alle Männer auf ihrem Nachhauseweg einen dick eingewickelten bunten Strauss in ihrer Hand. Dann wird Moskau zu einer «Stadt der Blumen».

Das Blumenschenken gehört übrigens in ganz Russland zur gesellschaftlichen Tradition wie in Deutschland Kaffee und Kuchen am Sonntagnachmittag.

EIN LABYRINTH, DAS MICH IN SEINEN BANN ZIEHT

Auf mich wirkt Moskau mit seinen vielen Facetten wie ein riesiges, unübersichtliches Labyrinth, dem ich mich äusserst gerne anvertraue, in dem ich mich immer wieder von neuem überraschen lasse, dessen Ecken und Kanten inzwischen aber auch zu einem vertrauten Teil «meiner eigenen Welt» geworden sind. Als Freizeit-Alpinist war ich während meiner insgesamt 13 Moskau-Jahre allerdings froh, ab und zu diesem urbanen Labyrinth zu entkommen – wenigstens für jeweils kurze Zeit!

Wohnhaus bei der Ustinski-Brücke, Nähe Kreml, eines der sieben für Moskau typischen Häuser im Zuckerbäckerstil der Stalin-Ära.

MEINE TIPPS FÜR MOSKAU-BESUCHE

ALLGEMEINES

- Die meisten Ausländer (Schweizer, EU-Bürger) benötigen für Reisen nach Russland einen gültigen Reisepass und ein Touristenvisum. Reisebüros und spezialisierte Visa-Dienste helfen gerne weiter.

- Wer über ausreichend Zeit verfügt, verbindet eine Reise nach Moskau beispielsweise mit einem Besuch von St. Petersburg. Zwischen den beiden Städten verkehren komfortable Schnellverkehrszüge.

- Moskau ist riesengross. Die wichtigsten Sehenswürdigkeiten der Stadt liegen aber fast alle im Zentrum (oder sie sind vom Stadtzentrum aus gut erreichbar). Für Stadtbesucher empfiehlt es sich deshalb meist, eine Unterkunft im Stadtzentrum (oder zumindest in der Nähe einer Metrostation) zu buchen.

- In Moskau (und überhaupt in Russland) gibt es vielerorts Bancomaten, an denen man mit Maestro- oder Kreditkarten Bargeld (Rubel oder Euro) beziehen kann. Vor Abreise nach Russland muss man bei der Bank nur abklären, ob die Maestrokarte für Bargeldbezüge in Russland «freigeschaltet» ist. Die grösseren Hotels, Restaurants und Einkaufsgeschäfte akzeptieren Kreditkarten.

- WiFi ist in Hotels und Restaurants weit verbreitet. Hier lässt sich mit dem Handy (via Skype oder WhatsApp) kostengünstig (oder gratis) auch ins Ausland telefonieren.

- Im Winter ist es oft sehr kalt, im Sommer heiss. Entsprechend sollte man sich mit dem Reisegepäck vorsehen. Mit Vorteil nimmt man solides und bequemes Schuhwerk (im Winter höhere Schuhe/ Stiefel, im Sommer gut besohlte Trekking-Halbschuhe) mit.

Installation im alternativen Kultur- und Geschäftszentrum Flacon

SIGHTSEEING-TIPPS FÜR KURZBESUCHER

- Der Kreml und der Rote Platz mit dem Warenhaus GUM und der Basilius-Kathedrale (Zeitbedarf mindestens ein halber Tag)

- Panorama-Überblick über das Stadtzentrum: von der Terrasse auf den «Sperlingsbergen» bei der Lomonossow-Universität (Parkanlage) – hier lohnt auch ein Kurzbesuch der kleinen Dreifaltigkeitskirche (gleich neben der Terrasse)

- Im Sommer und bei angenehmem Wetter: Passagierschifffahrt vom Kiewer Bahnhof – vorbei an den «Sperlingsbergen», am Gorkipark und dem Kreml bis ins Stadtzentrum (aussteigen bei der Ustinski-Brücke) (ca. 3 Stunden)

- Besuch der neuen Tretjakow-Galerie – Gemälde von Wassilij Kandinsky und Kasimir Malewitsch (Metrostationen: Oktjabrskaja oder Park Kulturi)

- Rundgang durch den modern ausgebauten Gorkipark (Metro: Park Kulturi oder Oktjabrskaja)

- Besuch des Neujungfrauenklosters und (nicht verpassen!) des Prominentenfriedhofs (Metro: Sportivnaja)

- Besuch der beiden alternativen Kultur- und Geschäftszentren Vinzavod und Art Play (beide in der Nähe des Kursker Bahnhofs)

- Besuch der schönsten Metrostationen im Stadtzentrum (Stationen Kievskaja, Bjelorusskaja, Komsomolskaja und Taganskaja (alle an der «Ringlinie»), sowie der Station Majakovskaja («grüne Linie», im Stadtzentrum)

- Rundgang über die Moskwa-Insel (ehemalige Schokoladenfabrik Roter Oktober im Stadtzentrum (Restaurants, Galerien)), (Metro: Kropotkinskaja)

- Kleiner Rundgang um den Patriarchenteich (Metro: Majakovskaja) und Besuch des Bulgakow-Museums

Wasserspiel vor dem «Zentralen Haus des Künstlers»

Im Timirjasewskipark

- Ausflug nach Sergijev Possad (ehemals Sagorsk, UNESCO-Welterbe), ausserhalb der Stadt Moskau, (ganzen Tag einplanen, Linienbusse ab WDNCH oder mit der Elektritschka ab Rigaer Bahnhof)

- Wenn die Zeit reicht: Ausflug zur einstigen Moskauer Zarenresidenz Kolomenskoje (Zeitaufwand: halber Tag)

- Besuch des idyllischen «Apothekergartens» (kleine botanische Anlage im Stadtzentrum bei der Metrostation Prospekt Mira)

- Der Besuch der grossen Museen lohnt sich! (Achtung: Auch in Russland sind die meisten Museen montags geschlossen.)

- Theaterprogramme, Konzerte, Opern, Vorstellungen des Moskauer Zirkus: siehe u. a. Anzeigen in den Hotels oder im Internet

Empfohlener handlicher Reiseführer:
«Moskau», Verlag Reise Know-How, Bielefeld

Vertiefende Lektüre zur Geschichte, Architektur und
Gesellschaft Moskaus:
Karl Schlögel: «Moskau lesen», Hanser-Verlag, München

Tor am Eingang zu einem der Palastgebäude im Kreml der Stadt Kasan

FRIEDLICHES ZUSAMMENLEBEN VON MUSLIMEN UND CHRISTEN IN TATARSTAN

Bei jedem Besuch Kasans hat mich die tatarische Hauptstadt fasziniert. Bereits nach der Ankunft am Flughafen oder am Bahnhof wird gleich sichtbar, dass es dieser autonomen Teilrepublik innerhalb Russlands wirtschaftlich besser geht als vielen anderen russischen Regionen. Die Stadt präsentiert sich modern und sehr gepflegt. Vor allem in Kasan ist unübersehbar, dass sich die Bevölkerung der Region vorwiegend aus zwei verschiedenen ethnischen Gruppen, den russischen Slawen und den muslimischen Tataren, zusammensetzt. Ihre weitgehend friedliche Koexistenz mag ortsfremde Besucher überraschen.

In der Tazi-Gizzata-Strasse, im Zentrum der 1,1-Millionen-Einwohner-Stadt, herrscht jeden Tag ein farbenfrohes Markttreiben. Teils unter offenem Himmel, teils in einem grossen, überdachten Marktareal, werden Früchte, Textilien, Haushaltwaren oder auch Fahrräder angeboten. In der Strasse der Gewerkschaften, der Hauptverkehrsachse unmittelbar vor den Verkaufsbuden, drängen sich Autos über die holprige Strasse. Es wird gehupt, ein Tram versucht, sich mit heftigem Klingeln die Durchfahrt durch den Stau zu sichern. Jetzt ruft vom Minarett der nahen grün getünchten Moschee der Muezzin zum Mittagsgebet. Es sind vor allem ältere Männer, die sich nun zum Gebet begeben. Wenig später erklingt das Glockenspiel der russisch-orthodoxen Peter-Paul-Kirche. Diese Kirche aus rotem Sandstein befindet sich nur wenige hundert Meter vom Markt und der dortigen Moschee entfernt. Das Nebeneinander von Moscheen und Kirchen gehört in Kasan, ja in der ganzen russischen Teilrepublik Tatarstan, zur Selbstverständlichkeit.

Die Stadt in Zentralrussland, an der Wolga, war einst das sunnitische Zentrum der «Wolgabulgaren», den Nachfolgern der Goldenen Horde. 1552 eroberten die Truppen des russischen Zaren Iwan des Schrecklichen die Stadt. Fortan wurde der Islam unterdrückt. Der Zar liess auch die meisten Moscheen schleifen. Die Zarin Katharina II. leitete dann einen Kurswechsel ein und liess die sunnitischen Tataren wieder ihren Islam offen praktizieren. Einen neuen Rückschlag erlebten die Moscheen in der Sowjetzeit unter Stalin, ebenso die orthodoxen Kirchen, die in der Zwischenzeit errichtet worden waren.

Heute gibt es allein in der Stadt Kasan über vierzig Moscheen. Aber auch die goldenen Zwiebeltürme russisch-orthodoxer Kirchen prägen wieder den Horizont des Stadtbildes.

Im Vorfeld der Abstimmung über die Minarettverbotsinitiative in der Schweiz habe ich aus der tatarischen Hauptstadt mehrere Reportagen produziert, um am Beispiel Tatarstans aufzuzeigen, wie hier ein friedliches Zusammenleben zwischen Christen und einer grösseren Zahl von Muslimen friedvoll praktiziert wird. 2011 habe ich in meiner Freizeit die Zürcher Fotografin Silvia Voser, die sich ebenfalls mit der friedlichen Koexistenz von Muslimen und Christen in Tatarstan befasst hat, bei deren Buchproduktion unterstützt (Bildband «... zum Beispiel Kasan», Benteli Verlag).

Schon zuvor hatte ich für meine Radioreportagen den Mufti von Kasan, Gusman Hasrat Is-Chakow, oder den russisch-orthodoxen Erzbischof Anastassij Metkin, den langjährigen früheren Präsidenten Tatarstans, Mintimer Schaimijew oder den Muslim-Spezialisten Rafail Chakimow sowie Zeitungsredaktionen und die Universität aufgesucht.

Auch bei den Einzelgesprächen mit tatarischen Einwohnern konnte ich fragen und bohren wie ich wollte: Alle bekannten sich zu einem respektvollen Zusammenleben beider ethnischer Gruppen und verschiedener Glaubensrichtungen. Dazu kommt aber auch, dass offenbar beiden Volksgruppen sehr daran gelegen ist, die jeweils andere Gruppe nicht auszugrenzen, sondern diese mit ihrer Kultur und Prägung mit Offenheit zu respektieren. So gibt es in Tatarstan auch viele Mischehen; christliche Familien feiern offenbar auch mal gemeinsam mit Tataren muslimische Feiertage, ebenso kommen tatarische Muslime mal bei Russen zu einem Weihnachtsschmaus zu Besuch.

Gusman Hasrat Is-Chakow, der Mufti von Kasan, erklärte mir unter anderem, der Islam in Tatarstan unterordne sich selbstverständlich der staatlichen Verfassung. Man habe in Tatarstan während Jahrhunderten erfahren, wie gut man mit Angehörigen anderer Religionen friedlich zusammenleben könne, ohne dass man dabei den eigenen Glauben vernachlässige. Es sei eine Frage des mangelnden Intellekts, weshalb sich meist schlecht gebildete Muslime in Afghanistan oder im russischen Nordkaukasus damit schwertäten.

TATARSTAN

Die russische Teilrepublik Tatarstan liegt etwa 900 Kilometer östlich von Moskau an der Wolga. Die Teilrepublik zählt ca. 3,7 Millionen Einwohner und erstreckt sich über ein Territorium von 68 000 km² (und ist damit etwa anderthalbmal so gross wie die Schweiz). Kasan, die Hauptstadt Tatarstans, ist von der russischen Hauptstadt aus bequem per Bahn, mit dem Flugzeug oder auch mit dem Schiff zu erreichen.

Als Teil der Russischen Föderation geniesst Tatarstan einen Sonderstatus und gewisse Autonomierechte, welche die Regierung Tatarstans in den letzten Jahren geschickt genutzt hat, um die Region wirtschaftlich gut zu entwickeln.

Tatarstan gehört zu den wirtschaftlich reichsten Regionen Russlands. Zu den wichtigsten Wirtschaftszweigen der Teilrepublik gehören neben der Landwirtschaft die Ölförderung, die Ölverarbeitung, die Chemie- und Automobilindustrie. In der tatarischen Hauptstadt Kasan gibt es zudem eine wichtige Universität und mehrere Fachhochschulen. Kasan präsentiert sich als modernes Zentrum und ist die achtgrösste Stadt Russlands.

Die Bevölkerung der Teilrepublik setzt sich je etwa zur Hälfte aus muslimischen Tataren und aus Russen zusammen, die von der russischen Orthodoxie (oder atheistisch) geprägt sind. In Tatarstan leben Muslime und Christen weitgehend einvernehmlich und friedlich zusammen. Die Tataren Tatarstans bekennen sich mehrheitlich zu einem ausserordentlich fortschrittlichen und pragmatischen sunnitischen Islam. Die friedliche Koexistenz der Russen und Tataren in Tatarstan wird meinen Beobachtungen zufolge stark durch den hohen Bildungsstand der Einwohner und vor allem durch das gute wirtschaftliche Wohlergehen in der Teilrepublik Tatarstan gestützt.

Bei einem Treffen mit Exponenten der Stadtbehörde erklärte man uns, dass sich Kasan in den letzten Jahrzehnten heimlich zur dritten Hauptstadt Russlands gemausert habe. Moskau sei das politische Zentrum Russlands, St. Petersburg sein Tor zum Westen. Kasan aber sei das Bindeglied zwischen dem europäischen und dem asiatischen Teil der Russischen Fö-

Die Kul-Sharif-Moschee im Kreml, Kasan

Betende in einer kleinen Moschee, Kasan

deration, gleichzeitig auch jener wegweisende Ort, an dem sich der Islam und das Christentum freundschaftlich begegneten. So sehr sich die Kultur der muslimischen Tataren und jene der slawischen Russen unterscheiden – in Kasan haben sich die Lebensstile der Angehörigen dieser beiden Volksgruppen nicht nur gegenseitig stark beeinflusst, sondern zum Teil auch vermischt.

Im Vergleich zu anderen grösseren Städten Russlands, so scheint mir, herrscht im öffentlichen Raum Kasans deutlich mehr Gelassenheit. In der nach dem polnisch-britischen Soziologen Zygmunt Bauman benannten Baumanstrasse, einer langen und breiten Fussgängerzone, die quer durch die Altstadt führt, begegnet man auffallend schön und farbenfroh gekleideten Musliminnen, die gemeinsam mit Russinnen in Minijupes vor den Schaufenstern einherschlendern. Letztere sind dabei darauf bedacht, mit ihren High Heels möglichst geschickt und elegant über das Kopfsteinpflaster zu balancieren. Betrunkene, wie man sie entlang von Fussgängerzonen anderer Städte Russlands oft antrifft, sind hier kaum zu sehen.

An der Eingangstür zu einigen Geschäften prangt ein grüner runder Kleber mit der Aufschrift «Hier spricht man Tatarisch». Unter sich sprechen Tatarinnen und Tataren meist Tatarisch, eine Turksprache. Tatarisch ist die eine der zwei offiziellen Sprachen in der russischen Teilrepublik. Sie wird auch von den meisten Russen Tatarstans verstanden, denn auch die russischen Schülerinnen und Schüler lernen im Unterricht Tatarisch und setzen sich mit der tatarischen Kultur auseinander. Zur Hauptsache aber ist Russisch die Unterrichtssprache. Das tatarische Fernsehen wechselt in seinen Sendungen abwechselnd von der einen zur andern Sprache. Man kann sich beispielsweise um 19 Uhr die Tagesschau in tatarischer, um 20 Uhr in russischer Sprache ansehen.

IM KASANER KREML

Das Neben- und Miteinander des Islam und des Christentums wird vor allem auf der einzigen Anhöhe der Stadt, im Kasaner Kreml über dem nahen Wolgaufer auch symbolisch deutlich. Hier, innerhalb der Mauern des UNESCO-geschützten Welterbes, ragen – von Weitem unübersehbar – die vier riesengrossen Minarette der neu erbauten Kul-Sharif-Moschee in die Höhe. Diese Moschee gilt als die grösste in Europa. Auf ihrem Vorplatz, der nach Mekka ausgerichtet ist, können sich bis zu 10 000 Gläubige versammeln. Die Moschee mit ihren Minaretten, die mit ihren Spitzen alle anderen Gebäude der Stadt überragen, ist umgeben von den goldenen Kuppeln der Mariä-Verkündungs-Kathedrale und der grünen Spitze des Kasaner Sujumbike-Turms. Dabei dürften sich Fachleute heftig darüber streiten, inwieweit sich die neue und protzige Moschee ins historisch gewachsene Ensemble des Kasaner Kremls einfügt! Die Minarettspitzen unmittelbar neben den goldenen Kirchenkuppeln repräsentierten eben das heutige Selbstverständnis in Kasan, erklärte uns ein Repräsentant der Moschee, sie brächten zum Ausdruck, dass dem Islam in Tatarstan – nach jahrzehntelanger Unterdrückung – neben der russisch-orthodoxen Kirche der ihm gebührende Platz eingeräumt werde.

DAS SPEZIELLE SELBSTVERSTÄNDNIS

Das spezielle Selbstbewusstsein der Einwohner Tatarstans hat vor allem zu Beginn der 90er-Jahre Auftrieb bekommen. Der damalige russische Präsident Boris Jelzin hatte allen Sowjetrepubliken und allen Teilrepubliken Russlands angeboten, so viel Eigenständigkeit wie nur möglich zu beanspruchen. In Tatarstan (und in Tschetschenien) hat man dies beherzigt. In einer von Russland allerdings nicht anerkannten Volksabstimmung haben sich die Stimmbürger Tatarstans 1992 gar für die staatliche Unabhängigkeit ihrer Republik ausgesprochen. In zähen, aber vom langjährigen tatarischen Präsidenten Mintimer Schaimijew äusserst geschickt geführten Verhandlungen ist es damals gelungen, Jelzin einige Sonderrechte im Bereich der Steuer-, Finanz- und Wirtschaftspolitik abzutrotzen. Diese Autonomierechte hat Jelzins Nachfolger Putin später allerdings wieder zunichtegemacht. Präsident Putin war es wohl auch, der das Russische Verfassungsgericht 2004 veranlasst hat, den Tataren zu verbieten, von der kyrillischen Schreibweise ihrer Turksprache abzuweichen. Damals nämlich hatte man in Tatarstan erwogen, zum lateinischen Alphabet zu wechseln, um sich so – in Anlehnung an das kulturelle Vorbild der Türkei – symbolisch gegenüber dem Westen zu öffnen und sich dabei auch etwas deutlicher von der Zentralmacht in Moskau abzugrenzen. Doch Putin und das russische Verfassungsgericht sahen offenbar die Einheit des Landes bedroht, falls die Tataren bei der Schreibweise ihrer Sprache vom kyrillischen Alphabet abgewichen wären.

Radikale islamische Forderungen sind in Tatarstan kaum zu vernehmen. Hier waren bisher kaum islamische Extremisten anzutreffen, die sich – wie etwa im russischen Nordkaukasus – mit Forderungen nach einem islamischen Gottesstaat oder nach einem islamischen Kalifat Gehör verschaffen wollen.

Die ethnischen Russen in Tatarstan wussten offenbar die konziliante Haltung der muslimischen Bevölkerung stets zu schätzen. Sie wissen auch, dass dank der ausgeprägten Disziplin der Tataren viele Dinge auch in ihrem eigenen Alltag reibungslos funktionieren.

Fragt man danach, was Tataren und Russen voneinander unterscheidet, so sind die Attribute, die man zu hören bekommt, schnell aufgezählt: Treu, arbeitsam, geduldig und gepflegt seien die Tataren, betonen nicht nur diese selbst – diese Attribute werden ihnen auch von den Russen zugestanden. Diese wiederum gelten als etwas unzuverlässiger, als Menschen, die gerne einmal einen über den Durst trinken und sich eher «gehen lassen». Die Kulturen der beiden ethnischen Gruppen aber haben sich in den letzten Jahrzehnten zum Teil angenähert oder auch vermischt.

OFFEN GEGENÜBER DER GANZEN WELT
Mitten auf der Kasaner Baumanstrasse erhebt sich ein sternförmiges, steinernes Denkmal, das darauf hinweist, wie sehr sich Kasan an einem zentral gelegenen Kreuzungspunkt inmitten verschiedenster Kulturen befindet. Ein Pfeil auf diesem Denkmal weist gen Rom. Die Distanz bis dorthin beträgt rund 3000 Kilometer. Ein anderer Pfeil weist in die Richtung des 4000 Kilometer entfernten Mekka, ein weiterer nach Peking (5000 Kilometer). Das Denkmal dient der Kasaner Jugend als beliebter Treffpunkt. Der Gesamtbevölkerung indes signalisiert es, dass sich Kasan nicht nur nach Moskau, sondern nach allen Himmelsrichtungen, in die verschiedensten Regionen der Welt ausrichtet, und dass die Republik Tatarstan bereit ist, mit grosser Offenheit mit allen zusammenzuarbeiten.

Die Art und Weise, wie die slawische und meist christlich geprägte Bevölkerung Kasans mit den dortigen muslimischen Tataren zusammenlebt ist zwar kein Modell, welches sich einfach auf andere europäische Länder wie die Schweiz, Deutschland oder Frankreich übertragen lässt. Die gelebten Werte aber, welche in Kasan die heute weitgehend friedliche Koexistenz beider Bevölkerungsgruppen prägen, dürfen aber trotzdem als wertvolles Beispiel dienen!

Der Glockenturm der gefluteten Nikolaus-Kathedrale in Kaljasin. Die Kirche hatte in den 30er-Jahren dem Uglitscher Stausee weichen müssen.

AUF DEM WASSERWEG ZU DEN STÄDTEN DES GOLDENEN RINGS

Die Städte und Stätten des Goldenen Rings nordöstlich der russischen Hauptstadt Moskau gehören zu den attraktivsten Sehenswürdigkeiten Russlands. Hier trifft man auf Klosteranlagen, auf unzählige Kirchen mit ihren legendären Zwiebeltürmen, auf Holzhäuser, auf naturbelassene Teiche und Seen. Hier kann man in jene Atmosphäre eintauchen, die von vielen Besuchern als «typische russische Idylle» empfunden wird. Die Moderne scheint von diesen Stätten weit weg zu liegen, die Zeit scheint hier zum Teil stillgestanden zu sein!

Die Sehenswürdigkeiten des Goldenen Rings gehören – neben St. Petersburg und Moskau – zu den interessantesten Attraktivitäten, die man im europäischen Teil der Russischen Föderation aufsuchen kann.

Moskaureisende besuchen während ihres Stadtaufenthaltes meist Sergijew Possad, das einstige Sagorsk. Wer sich für die Erkundung des Goldenen Rings aber mehr Zeit gönnen kann, dem sei eine längere Rundreise zu mehreren Stätten empfohlen.

Als besondere Attraktion bieten Reisebüros dazu neben Bustransfers spezielle Flussfahrten zu einigen Städten des Goldenen Rings an. Auch die Kreuzfahrtschiffe, die von St. Petersburg her Moskau ansteuern, legen auf ihrer Reise jeweils kurz in Jaroslawl und in Uglitsch an.

In Kombination mit Schiffsfahrten ab Moskau werden oft dazugehörige Busausflüge angeboten. Busse bringen dann die Schiffspassagiere an gewissen Tagen noch zu jenen Städten des Goldenen Rings, die nicht direkt auf dem Wasserweg angesteuert werden können. Die Besucher gehen beispielsweise für einen Tag von Bord und fahren mit einem Bus nach Rostow Weliki und werden dann abends wieder zu einem Landesteg geführt, wo das Schiff auf die Ausflügler wartet.

Das Reisen mit den Passagier- und Flusskreuzfahrtschiffen ist vergleichsweise entspannend. An Bord ist für fast alles gesorgt. Rund um die Uhr. Wenn an einem Ort angelegt wird, stehen kundige Fremdenführer bereit. Unterwegs wird man auf dem Schiff verpflegt. Und dem meist eher auf-

Eine der Kirchen in Borissoglebsk

Peter Gysling – Andere Welten

dringlichen Unterhaltungsprogramm an Bord kann man entgehen, indem man sich jeweils in seine Kabine zurückzieht.

Während der Fahrt beobachtet man von Bord aus das Geschehen am nahen Ufer, lässt sich von den Landschaften, an denen man vorbezieht, bezaubern. Nachts, wenn ebenfalls längere Strecken zurückgelegt werden, hört man vom Bett seiner Kabine aus nur leise das Brummen der Dieselmotoren.

DIE TRAGISCHE GESCHICHTE DES MOSKWA-WOLGA-KANALS

Wer sich gedanklich den Terrorjahren unter Stalin nicht entziehen kann, den dürften auf der Fahrt durch die Schleusen des 128 Kilometer langen Moskwa-Wolga-Kanals nördlich von Moskau allerdings auch unangenehme Gefühle berühren.

Der künstlich errichtete Wasserweg zwischen dem Moskauer Ortsteil Tuschino und der Kanaleinmündung bei Dubna in die Wolga ist nämlich gewissermassen wortwörtlich «von Hand», von Gulag-Häftlingen und Zwangsarbeitern, errichtet worden. Heute allerdings ist von den damaligen Ereignissen – jedenfalls direkt – nicht mehr viel zu spüren. Aber erinnern sollte man sich trotzdem an die brutale und menschenverachtende Art und Weise, wie dieses Projekt unter Stalin einst durchgeboxt worden war.

Der renommierte Historiker Karl Schlögel zitiert in seinem Werk «Terror und Traum – Moskau 1937» (C. Hanser Verlag, 2008) aus historischen Dokumenten wie folgt:

«Die Häftlinge wurden praktisch im wilden Gelände ausgesetzt und mussten sehen, wie sie ohne Behausungen, Verpflegung und jegliche Infrastruktur und technische Ausrüstung zurechtkamen, ihre Unterkünfte buchstäblich aus dem Boden stampfen. Die Arbeitsverhältnisse waren unvorstellbar hart, wofür allein der Befehl des Kommandanten Semjon Firin spricht, dass die Aussenarbeiten erst bei Temperaturen von minus 30 Grad abgebrochen werden durften. Die Verpflegungsrationen waren nicht einmal für Normalarbeitsverhältnisse ausreichend: 200 Gramm Grütze, 200 Gramm Makkaroni (...) pro Kopf und Tag. Mehr zu essen gab es bei der Überfüllung des Plans. Gearbeitet wurde ohne Mittagessen, die Tagesnorm musste erfüllt werden, auch wenn sie für viele, welche körperliche Arbeit nicht gewohnt waren, unerfüllbar war. Die Arbeiter standen in Wasser und Morast, konnten sich nicht aufwärmen oder ihre Kleider

Pilgernde Frauen in Sergijew Possad

Peter Gysling – Andere Welten

trocknen. (...) Einen Mangel an Arbeitskräften gab es nicht. Der Gulag schaffe sie pausenlos und unbeschränkt heran. Ohne Übertreibung kann man sagen, dass der Moskwa-Kanal auf den Gebeinen der Häftlinge errichtet worden ist.»

Über 20 000 Häftlinge und Arbeiter haben beim Kanalbau ihr Leben gelassen. Deren Leichen sind oft in den Wäldern und Sümpfen rund um den Kanal verscharrt worden. Als der Wasserweg 1937 feierlich eröffnet wurde, wurden 50 000 Häftlinge freigelassen, im Gegenzug (und im Zeichen des Terrors unter Stalin) aber wurde gleichzeitig die Lagerleitung verhaftet.

DIE GESCHICHTE IST OMNIPRÄSENT
Wer Russland (und auch die anderen Länder der ehemaligen Sowjetunion) besucht, begegnet immer wieder der Geschichte der tragischen Terrorjahre, die die Bevölkerung unter Stalin aushalten musste. Es wäre aber falsch, deshalb etwa von einer Fahrt auf dem Moskwa-Wolga-Kanal abzuraten. Wer den Kanal durchfährt, sollte das aber nicht tun, ohne innezuhalten und – nebst dem Genuss der landschaftlich attraktiven Umgebung – sich daran erinnern, unter welch' tragischen Bedingungen der künstliche Wasserweg einst errichtet worden war.

EINE AUWAHL DER SCHÖNSTEN STÄDTE
DES GOLDENEN RINGS
Die folgenden Orte liegen alle östlich oder nordöstlich von Moskau und sind in Tages- oder Zweitagesreisen gut zu erreichen:

SERGIJEW POSSAD (EINST: SAGORSK)
Die grosse Anlage des Dreifaltigkeitsklosters ist weltberühmt. Als Tagesausflug von Moskau aus möglich. Mit der Elektritschka (ab dem Moskauer Jaroslawer Bahnhof) oder mit dem Bus (ab WDNCh).

WLADIMIR
Historisch wichtige Stadt. Sehenswert: Kirche des Hl. Demetrius und das (nicht goldene) «Goldene Tor». Geeignet für Zwei- oder Dreitagesausflüge in Kombination mit einem Besuch und Aufenthalt in Susdal.

Kostroma

Eingang zu einer der vielen Schleusenanlagen des Moskwa-Wolga-Kanals

SUSDAL

Sehr lohnenswerte Exkursion! Kleinstadt mit Kreml, Kloster, traditionellen Holzbauten, vielen Kirchen am Fluss Kamenka mitten in einer pittoresken Landschaft.

ROSTOW WELIKI

Äusserst lohnenswerter Ausflug! Uspenski-Kathedrale im Kreml und zahlreiche andere Kirchenanlagen etwas ausserhalb des Stadtzentrums. Bahn ab dem Moskauer Jaroslawer-Bahnhof oder Bus. Ich empfehle, falls zeitlich möglich, dazu noch einen kurzen Abstecher nach Borissoglebsk – einer alten, sehr ursprünglich wirkenden und deshalb einzigartigen Klosteranlage.

KOSTROMA

300 Kilometer nordöstlich von Moskau, interessante Altstadt (mit u.a. den «Handelsreihen», Kunstmuseum, Ipatios-Kloster am Zusammenfluss der Kostroma in die Wolga. Die Stadt ist per Bus oder auch sehr bequem in Kombination mit einer mehrtägigen Schiffsrundfahrt erreichbar.

Erlöserkirche am Gibojedow-Kanal

Peter Gysling – Andere Welten

MEINE TIPPS FÜR KURZBESUCHE IN ST. PETERSBURG

ALLGEMEINES

- Kleidung und Schuhe etc.: siehe «Tipps für Moskau-Reisende».

- In den Wintermonaten ist das Wetter in St. Petersburg oft sehr kalt, Temperaturen um die -25°C sind keine Seltenheit. Die Witterung das ganze Jahr hindurch ist oft wechselhaft, windig und feucht. Im Sommer wird es sehr heiss.

- Wegen des Sonnenstandes besonders attraktiv für Reisen nach St. Petersburg sind die Tage ab Mitte Mai bis anfangs Juli («Weisse Nächte»).

- Im Gegensatz zum übrigen Russland (und zur Hauptstadt Moskau), wo man mit Kleinkriminalität eher selten in Berührung kommt, treiben im Stadtzentrum von St. Petersburg (am Newskij-Prospekt, in den Stationen der Metro) oft Taschendiebe ihr Unwesen. Man ist deshalb gut beraten, sein Portemonnaie nicht locker in die Hosen-Aussentasche zu stecken.

SIGHTSEEING-TIPPS FÜR KURZBESUCHER

- Idyllisch (auch am Abend) ist eine Bootsfahrt auf den Kanälen von St. Petersburg. Anlegestellen: unter anderem bei den Kanalbrücken des Newskij-Prospekts.

- Schlossplatz und Besuch der Eremitage (angemeldete Gruppen werden oft mit Vorzug behandelt (keine langen Anstehzeiten)).

- Denkmal Peters des Grossen, im Stadtzentrum, in einer Parkanlage am Ufer der Newa (neben der Isaaks-Kathedrale).

- Besuch der Isaaks-Kathedrale. Riesiger Kuppelbau mit Exponaten, welche die spektakuläre Bauweise erläutern. Faszinierende Mosaiken und Skulpturen. Bei guter Witterung lohnt der Treppenaufstieg zum Turm mit einzigartiger Aussicht über die Stadt.

Kuppel der Isaaks-Kathedrale

Wasserspiel vor dem Peterhof-Palast

- Besuch der farbenprächtigen Erlöserkirche am Gribojedow-Kanal mit faszinierenden Mosaiken.

- Sehr lohnenswert ist der Besuch der Wasserspiele und des Peterhof-Palasts, des «russisches Versailles», das etwa 30 Kilometer ausserhalb der Stadt am Finnischen Meerbusen liegt. Bei angenehmem Wetter sehr entspannende Exkursion. Hin- und Rückfahrt: am besten mit einem der Tragflügelboote, die auf der Newa direkt vor der Eremitage anlegen. Zeitbedarf: 1 Tag.

- Lohnenswert ist u.a. auch der Besuch des Russischen Museums (russische Kunst des 18. – 20. Jahrhunderts).

- Nach Mitternacht wird während des ganzen Jahres für ein paar Stunden unter anderem die Schlossbrücke über die Newa für die Durchfahrt grosser Frachtschiffe geöffnet. Während der «Weissen Nächte» ist dies ein besonders attraktives Schauspiel, dem meist viel Publikum beiwohnt. (Newa-Uferstrasse beim Winterpalast (Eremitage)).

- Besuch des historischen Gourmetgeschäfts Jelissejew (Newskij-Prospekt)

- Tickets für Ballett- und Opernaufführungen: Hinweise im Internet, Tickets an den Theaterkassen, in den Hotels oder über Reisebüros.

Empfohlener handlicher Reiseführer:
«St. Petersburg», DuMont Reise-Taschenbuch

Begleitliteratur zur Kultur und Geschichte der Stadt:
Karl Schlögel, Frithjof Benjamin Schenk, Markus Ackeret:
«Sankt Petersburg, Schauplätze einer Stadtgeschichte»,
Campus Verlag, Frankfurt / Main

Ramasan Abdulatipov, ehemaliger Präsident der Russischen Teilrepublik Dagestan, 2013

Svetlana Issajewa, Leiterin der Menschenrechtsorganisation Mütter Dagestans

UNRUHEHERD NORDKAUKASUS – BESUCH IN DAGESTAN

Wenn in den Nachrichtensendungen Russlands über einen Terroranschlag oder eine sogenannte Antiterroraktion berichtet wird, dann geht es dabei oft um Vorkommnisse in der russischen Teilrepublik Dagestan. Das am östlichen Rand des Nordkaukasus gelegene Dagestan gilt innerhalb Russlands als «Hotspot» des Terrors.

Es gab Jahre, so beispielsweise 2012, in denen bei Anschlägen von Extremisten und bei staatlichen Antiterroraktionen in Dagestan über 700 Menschen umgekommen sind. In den letzten drei Jahren hat sich die Situation leicht beruhigt.

Die meist islamisch motivierten Extremisten, welche die dagestanischen oder russischen Staatsorgane attackieren, konzentrieren sich bei ihren Anschlägen in Dagestan hauptsächlich auf Polizeiposten und auf Gerichts- oder Verwaltungsgebäude. Wer in Dagestan durch die Strassen geht, meidet deshalb gerne die Nähe zu diesen Gebäuden, weil dort – so eine weitverbreitete Befürchtung – in jedem Moment eine Bombe explodieren könnte. Aber auch die sogenannten Antiterroraktionen der russischen Staatsorgane verlaufen oft äusserst unzimperlich. «Im Zweifelsfalle schiessen und töten», lautet bei den russischen Antiterror-Sondertruppen offenbar die Devise.

Wenn angebliche salafistische Extremisten oder deren Familienangehörige bei einer Antiterroraktion ums Leben kommen, so heisst es in den russischen Verlautbarungen meist – wörtlich –, Terroristen seien «vernichtet» oder «liquidiert» worden. Wenn die staatlichen Sondertruppen beispielsweise in einem Haus Terroristen vermuten, so werden die Verdächtigten offenbar nicht zuerst aufgefordert, sich zu ergeben, um sich verhaften und verhören zu lassen. Oft wird das Haus einfach mit Radpanzern umstellt und ohne Warnung beschossen. Dagestan gilt deshalb unter vielen Beobachtern – ähnlich wie die russische Nachbarrepublik Tschetschenien – in einem gewissen Sinn als rechtsfreier Raum.

Auf den ersten Blick allerdings präsentiert sich Dagestan als ganz normale russische Region. Die Republik ist gebirgig, die Gegend, die sich dem

Ufer des Kaspischen Meeres entlang zieht, vor allem auch die Stadt Derbent, wirkt geradezu idyllisch. Bei näherem Hinschauen aber ist fast überall die wirtschaftliche Armut des Landes sicht- und spürbar.

REKRUTIERUNG VON EXTREMISTEN

Seit dem Zusammenbruch der UdSSR und den beiden Kriegen im benachbarten Tschetschenien gewinnen in Dagestan radikale (salafistische) Islamisten immer mehr Einfluss. Diese werden offenbar mit Mitteln aus dem Nahen Osten unterstützt, aber auch die hohe Jugendarbeitslosigkeit trägt gewiss dazu bei, dass sich junge Männer mit kriminellen Gruppen verbünden.

Die islamisch motivierten extremistischen Gruppen kämpfen für eine staatliche Unabhängigkeit Dagestans von Russland oder gar für die Schaffung eines «nordkaukasischen islamischen Kalifats». Zudem: IS-Kämpfer aus Russland werden zu einem beachtlichen Teil in Dagestan rekrutiert.

DAGESTAN

Russische Teilrepublik im Nordkaukasus, in direkter Nachbarschaft zu Südrussland (zur autonomen Republik Kalmückien), zur russischen Teilrepublik Tschetschenien, zu Georgien und Aserbaidschan.

2,9 Millionen Einwohner, Fläche: 50 270 km², Hauptstadt: Machatschkala.

96 % der Bevölkerung gelten als ethnische Muslime. Die Bewohner setzen sich aus über dreissig Ethnien zusammen, insbesondere aus Awaren, Darginern, Kalmücken, Lesgiern oder Laken. Die meisten bekennen sich zu einem gemässigten Islam. In jüngerer Zeit gewinnen aber auch Salafisten immer grösseren Einfluss auf Teile der Bevölkerung.

Dagestan ist teilweise von den Tschetschenienkriegen in Mitleidenschaft gezogen worden. Kämpfe zwischen Unabhängigkeitskämpfern und Regierungstruppen haben auch in Dagestan zahlreiche Opfer gefordert.

Im Unterschied zum heute sehr autoritär regierten Tschetschenien ist Dagestan demokratischer organisiert. Wegen der Machtstellung verschiedener Clans verlieren die dagestanischen Behörden aber immer wieder teilweise die Kontrolle über das Land.

Wichtigste Wirtschaftszweige: Handwerk, bescheidene Ölförderung, Landwirtschaft, Viehzucht, Lebensmittelindustrie, Güterumschlag im Transitverkehr zwischen Kasachstan und Russland (Schwarzmeerhafen in Machatschkala). Die Republik ist stark verarmt. Die Arbeitslosigkeit (vor allem unter Jugendlichen) ist gross.

Es ist gewiss verständlich, dass die Staatsorgane die Anschläge bekämpfen. Aus Sicht von internationalen Beobachtern, vor allem aber auch vieler Einwohner Dagestans, die mit den Extremisten nichts gemein haben, gehen die Sondertruppen bei ihrem Antiterrorkampf aber oft unrechtmässig und auf inadäquate Weise vor. Dies sorgt immer wieder für Protest und führt auch zu Verfahren, die bis zum Europäischen Menschenrechtsgerichtshof gezogen werden. Das oft unverhältnismässige und brutale Vorgehen der russischen Organe bei den Antiterroroperationen hat auch das Vertrauensverhältnis zwischen der Bevölkerung und den dagestanischen und den diesen übergeordneten russischen Behörden stark getrübt.

BRUTALE «ANTITERRORAKTIONEN»
Elena Denissenko ist Rechtsanwältin. Sie hat während mehrerer Jahre das Büro der russischen Menschenrechtsorganisation Memorial in der dagestanischen Hauptstadt Machatschakala geleitet. Mit ihr habe ich im Frühjahr 2013 Dagestan bereist und dort verschiedenste Institutionen, aber auch Bürgerinnen und Bürger besucht.

Bei meinem Besuch in Machatschkala erklärte sie mir: *«Wenn mutmassliche Terroristen nach offizieller Darstellung Widerstand gegen Beamte geleistet haben und dabei getötet wurden, so handelt es sich meist um eigentliche Hinrichtungen, die von den Sicherheitsorganen vorgenommen wurden.»* Wer verhaftet werde, dem bleibe oft das rechtliche Gehör verweigert. Zudem würden vielfach Geständnisse durch Folter erzwungen.

Vor allem männliche Jugendliche würden ihrer Ansicht nach oft willkürlich von der Strasse weg verhaftet. Deren Eltern blieben danach während Monaten, ja während Jahren ohne Nachricht. Anfragen bei den Justizorganen und in den Gefängnissen über den Verbleib ihrer Söhne blieben meist unbeantwortet. In all diesen Fällen versuche Memorial, zu Informationen zu gelangen und sich allenfalls für die «Verschleppten» – wie Elena Denissenko diese verschwundenen Jugendlichen bezeichnet – einzusetzen.

Wir besuchten damals gemeinsam Amina Gunaschewa, die Frau eines Arztes, der wegen des Verdachts auf Kontakte mit «Terroristen» direkt aus dem Operationssaal des Spitals von Machatschkala von einem maskierten Einsatzkommando verhaftet worden war. Dieser Fall hatte damals auch international für Aufsehen gesorgt. Bei unserem Besuch bei Amina Gunaschewa sass ihr Mann bereits seit mehreren Wochen in Untersuchungshaft. Die Angehörigen und auch seine Anwälte wurden offenbar nicht zu ihm gelassen.

Die damals 32-jährige Amina Gunaschewa führte uns in die modern eingerichtete Wohnung. Nichts wies hier auf eine besondere muslimische Affinität hin. Amina Gunaschewa war westlich gekleidet und trug auch kein Kopftuch.

Ihr Mann sei ein überzeugter Atheist, erklärte sie. Sie wisse, dass er auch einen Monat vor seiner Verschleppung vom russischen Inlandgeheimdienst überprüft worden sei, weil er als Arzt eine Delegation von Ministerpräsident Medwedew begleiten musste. Den Behörden, so Amina Gunaschewa, müsse letztlich klar sein, dass ihr Mann zu Unrecht der Nähe zu Extremisten beschuldigt werde.

Später, nach weiteren Wochen, stellte sich im Fall des wochenlang verhafteten Arztes heraus, dass die staatlichen Justizorgane in Dagestan von Dritten gezielt auf eine falsche Fährte gelockt worden waren. Auslöser war offenbar ein privates Eifersuchtsdrama.

Weniger glimpflich, als es dem Arzt nach der Verhaftung ergangen ist, sei das Schicksal vieler junger Männer, die von den Sicherheitsorganen oft von der Strasse weg aufgegriffen werden, erklärte mir Elena Denissenko von Memorial. Von ihnen fehle nach den Festnahmen oft jede Spur. 56 Jugendliche, viele von ihnen Schulabgänger, seien gemäss Erhebungen von Memorial allein im Jahre 2012 spurlos verschwunden.

DIE MÜTTER DAGESTANS
Um solche Fälle versucht sich die Menschenrechtsorganisation Mütter Dagestans zu kümmern. Svetlana Issajewa, deren Leiterin, ist pensionierte

Buchhalterin. Bei meinem Besuch bei ihr zeigte sie mir als erstes ein Schwarz-Weiss-Foto ihres damals 25-jährigen Sohnes. Vor sechs Jahren, erklärte sie, sei er, als im Nachbargebäude eine Antiterroraktion im Gang gewesen sei, direkt vom Hof vor ihrem Haus verschleppt worden. *«Mein Sohn»*, klagte sie, *«ist dabei wie von der Bildfläche verschwunden. Er ist nie mehr aufgetaucht, die Behörden schweigen über seinen Verbleib, ich weiss nicht, was mit ihm geschehen ist, wahrscheinlich ist er tot.»*

Über dem Schreibtisch von Svetlana Issajewa hingen noch zwei Dutzend andere Schwarz-Weiss-Fotos von jungen Männern, die auf ähnliche Weise wie ihr Sohn verschleppt wurden und – wie sie meint – wahrscheinlich tot sind. Memorial und die Mütter Dagestans vermuten, dass die Männer unter den Folgen von Folter hinter den Gefängnismauern gestorben sind.

Für jene jungen Männer, die beispielsweise nach dem Schulabschluss von Islamisten angeworben werden und sich dann in den Untergrund – «in den Wald» – zurückziehen, zeigt Svetlana Issajewa kein Verständnis. Die islamischen Extremisten, die vor allem unter jungen Männern um Anhänger buhlen, seien in Dagestan ein ernsthaftes Problem, dem man allerdings nicht nur mit breiten polizeilichen oder militärischen Antiterroraktionen, sondern auch mit geschickter Prophylaxe entgegenwirken müsse. Vor allem aber – so Issajewa – müssten auch die Berufsperspektiven für viele Junge verbessert werden. Die meisten Schulabgänger litten unter der Jugendarbeitslosigkeit.

ANGEBLICH GUTER WILLE, ABER AUCH OHNMACHT BEIM DAGESTANISCHEN PRÄSIDENTEN

Ähnlich äusserte sich bei meinem Besuch im Regierungsgebäude auch Ramasan Abdulatipov, der Präsident Dagestans. Russlands Präsident Putin hatte ihn kurz vor meinem Besuch zum neuen Chef der Teilrepublik ernannt, damit Abdulatipov dort mit politischem Geschick für mehr Ruhe, Sicherheit und Rechtsstaatlichkeit sorge. Doch auch Abdulatipov gab im Interview zu erkennen, dass es für ihn schwierig sei, sich gegen die verschiedenen Clans und gegen die korrupten Strukturen, von denen der Beamtenapparat geprägt sei, durchzusetzen.

Abdulatipov warb dafür, «reuige Extremisten» wieder in die Gesellschaft zu integrieren: *«Es geht hier um Friedensarbeit, wir müssen prophylaktisch arbeiten und den Terrorismus von Grund auf eindämmen. Wir müssen in den*

Imam Chasan Gadschi

verschiedenen Dörfern – direkt vor Ort – wirken. Und sollten reuige ehema-
lige Untergrundkämpfer wieder integrieren.»

Er habe deshalb mit seinem Amtsantritt eine spezielle «Versöhnungskom-
mission» ins Leben gerufen, die mittlerweile 17 ehemalige Untergrundkämpfer in die Gesellschaft reintegriert habe. Es gelte aber, so Abdulatipov, noch sehr viel mehr zu tun. Vor allem die schlechte Wirtschaftslage
müsse verbessert werden.

«Dagestan steckt in einer tiefen Krise. Nur gerade drei Prozent unserer Ein-
wohner können von sich behaupten, dass sie gut leben. Nur neun Prozent
der Arbeitsfähigen finden einen Platz in unserer Industrie. Unser Staats-
haushalt ist zu 85 % von Zuschüssen aus Moskau abhängig. Das darf doch
nicht sein!»

Heute, vier Jahre nach meinem Interview vom Frühjahr 2013, wird Abdulatipov zum Teil selbst beschuldigt, korrupt geworden zu sein und einzelne Clans zu unterstützen, die in Dagestan – zum Teil mit kriminellen
Methoden – einen grossen Teil der Wirtschaft des Landes bestimmen.

So sehr konziliant sich der Präsident im Radiointerview gab, so sehr radikal gab sich bei meinem Besuch in der Moschee in der Kotrovastrasse von
Machatschkala der dortige Imam, Chasan Gadschi.

Nach einem Mittagsgebet, an dem auffallend viele junge Männer in
schwarzen Lederjacken teilgenommen hatten, empfing mich der Imam im
Obergeschoss der Moschee. Er trug einen dunklen Umhang und eine weisse Kappe. Ab und zu, wenn er sprach, setzte er seine Brille mit dicken
Gläsern auf. Er war etwas erstaunt, dass ich den Weg zu ihm gesucht
hatte.

Auf meine Frage, ob es für ihn eine Selbstverständlichkeit sei, dass sich
der Islam der Verfassung und den Gesetzen des säkularen Staates unter-
zuordnen habe, meinte er: *«Wissen Sie – so Allah will – wir werden ohnehin*
zu einer Einheit, zu neuer Solidarität, zu einem gemeinsamen islamischen
Verständnis finden. Und wir werden bald alle nach der Scharia und der
Sunna leben.»

Diese Aussage muss man wohl nicht lange interpretieren!

Blick über die Stadt Derbent, Dagestan

DIE SCHARIA ALS REGELWERK FÜR ALLTAGSKONFLIKTE

Zu meinem sehr grossen Erstaunen habe ich bei meinem Besuch in Dagestan erfahren, dass hier in der Rechtspraxis – mit offener offizieller Duldung – öfter auch die Scharia, das islamische Recht, angewandt wird. Bei Streitigkeiten unter den Bürgern übernähmen oft die Imame in den Dörfern die Rolle von Richtern, hat mir auch Elena Denissenko bestätigt. Rechtsanwälte oder Richter, die einem gestrengeren Islam nahestehen, liessen sich dazu in speziellen Scharia-Schulungszentren unterrichten. Ein solches Schulungszentrum befinde sich unter anderem im Bergdorf Sassitli, im Westen Dagestans.

Ich habe mich daraufhin zu einem Anwalt und Richter aufgemacht, der in seiner Rechtsberatung und Rechtsprechungspraxis zum Teil ebenfalls die Scharia konsultiert. Rechtsanwalt Sijautdin Uwajssov aus Machatschkala meinte, mit den Urteilen nach Scharia-Recht könnten beispielsweise Auseinandersetzungen unter Nachbarn sehr viel einvernehmlicher und unbürokratischer geschlichtet werden, als wenn sich die zerstrittenen Parteien an ein staatliches Gericht wenden würden: *«Viele Menschen sind viel eher bereit, Entscheidungen nach der Scharia anzuerkennen als staatliche Gerichtsentscheide. Die Scharia-Gerichte sind auch nicht korrupt, ganz im Unterschied zu den staatlichen Justizorganen Dagestans. Wenn zwei Muslime miteinander in einen Konflikt geraten, so wenden sie sich heute an einen Imam oder an einen Scharia-Gelehrten. Dieser löst den Streit und beide werden so zufrieden gestellt.»*

Die Scharia-Gerichte übernehmen in Dagestan die Rolle, die in der Schweiz etwa von Friedensrichtern wahrgenommen wird. Nach Scharia-Recht werden nur kleinere Konflikte und Streitigkeiten geregelt. Bisher hat in Dagestan noch kein Imam angeordnet, einem Dieb die Hand abzutrennen oder eine Frau wegen Ehebruchs zu steinigen. Trotzdem tun sich die dagestanischen Staatsorgane verständlicherweise schwer damit, die muslimischen Mediatoren als parallele Rechtsprechungsorgane zu respektieren.

Die Skepsis gegenüber den Scharia-Gelehrten ist aber auch darin begründet, dass in einem ähnlichen Umfeld, in dem das Scharia-Recht gelehrt wird, auch extremistische Lehren gepredigt und junge Dagestaner zumindest indirekt zum Jihad, zum Kampf gegen den Staat motiviert werden könnten.

Rasul Kadiev, ein Politologe und Jurist, der als Sachverständiger oft auch von der Menschenrechtsorganisation «Memorial» zu Rate gezogen wird, hat mir anlässlich meines Besuches im Frühjahr 2013 erklärt, dass der Staat letztlich gezwungen sei, die parallele Rechtsprechung zu dulden. Wegen der brutalen Antiterroraktionen der Sondertruppen in den letzten Jahren, bei denen viele Unschuldige ihre Häuser und zahlreiche ihrer Angehörigen verloren hätten, habe der Staat vor allem in den Berggebieten des Landes letztlich die Kontrolle über die dortigen Gebiete und auch das Vertrauen der meisten Bürgerinnen und Bürger dort verloren. Die Bewohner der Dörfer Sassitli, Uizukul, Gubden oder Chaschal-Machi hätten sich inzwischen autonom organisiert. Die Behörden seien deshalb gut beraten, mit den neu entstandenen dortigen Strukturen ein möglichst friedliches Einvernehmen aufzubauen.

Ob das wirklich gut kommen kann? Besser wäre meiner Meinung nach, wenn es den offiziellen Behörden gelänge, mit besonnenerem Verhalten das Vertrauensverhältnis zwischen den Bürgerinnen und Bürgern und den offiziellen Organen des Staates zu verbessern!

Im Zentrum der dagestanischen Hauptstadt Machatschkala

Während es dem Kreml in der Nachbarregion Dagestans, in Tschetschenien, immer weniger gelingt, die monarchischen Strukturen des dortigen Herrschers Ramsan Kadyrow aufzubrechen, versuchen die Moskauer Justizbehörden nun in Dagestan mit neuen Massnahmen, eigenmächtig geschaffene, halbstaatliche Parallelstrukturen aufzubrechen und der Korruption in den Amtsstuben ein Ende zu bereiten. Eine wichtige Funktion kommt dabei offenbar dem im Herbst 2017 neu gewählten dagestanischen Präsidenten Wladimir Wassiljew, dem Nachfolger Abdulatipovs, zu.

Festung Ananuri mit der Klosterkirche an der Georgischen Heerstrasse

GEORGIEN – TRAUMLAND IN NOT

Ein Mythos besagt, die Georgier seien, als Gott den Menschen die Erde übergeben habe, mit ihrem Land besonders reich beschenkt worden. Auch wenn man Mythen nicht viel abzugewinnen mag, so kann man für sich trotzdem zum Schluss gelangen, dass Georgien tatsächlich ein einzigartiges Land ist! Die kleine Republik im Südkaukasus bietet fast alles, was man sich erträumen kann: schneebedeckte Berge, faszinierende Schluchten, Naturlandschaften, Obstgärten mit Zitrusfrüchten, kulturhistorisch einzigartige Kirchen und Klöster, das pittoreske und romantisch wirkende Zentrum der georgischen Hauptstadt Tbilissi, die legendäre georgische Gastfreundschaft, die hervorragende Küche, den georgischen Wein und den Tschatscha, den georgischen Grappa. Ja, man darf auf den ersten (und auch auf den zweiten) Blick zu Recht der Meinung sein: ein Paradies auf Erden!

Unter den Ländern der ehemaligen Sowjetunion ist Georgien – neben Usbekistan – gewiss auch jene Republik, die besonders viele Touristen in ihren Bann zieht.

Wenn ich während meiner Moskauer Korrespondentenzeit gefragt wurde, welche Reiseziele ich besonders empfehlen könne, war Georgien – nebst den russischen Städten St. Petersburg und Moskau sowie den zentralasiatischen Republiken Usbekistan und Kirgistan – stets an allervorderster Stelle dabei!

FASZINIERENDES TBILISSI

Allein ein Besuch der georgischen Hauptstadt ist eine Reise wert. Die pittoreske Altstadt am Fuss der Festung Nariqala lockt mit ihren Schwefelbädern, der alten Karawanserei, den Kirchen, den etwas heruntergekommenen, aber romantisch wirkenden Hinterhöfen, den kühlen Plätzen, schönen Kneipen, guten Restaurants und Bars. Wer Glück hat, bekommt während eines Gottesdienstes auch einen polyphonen georgischen Männerchor zu hören. Faszinierend auch: In friedlicher Nachbarschaft zu den georgisch-orthodoxen und der armenischen Kirche in der Altstadt von Tbilissi befinden sich auch eine Moschee und eine Synagoge. An fast jeder Ecke entdeckt man ein Denkmal, eine Skulptur. Im Café Kala spielt fast jeden Abend eine swingende Jazzband auf.

Typischer Innenhof in der georgischen Hauptstadt Tbilissi

Vor dem Eingang zum Puppentheater des Regisseurs Reza Gabriadze, Tbilissi

Wenn ich in Georgien für Interviews, auf Recherchen und Reportagen unterwegs war, wohnte ich meist in Tbilissi, wo sich nach anstrengenden Arbeitstagen manch ein verdienter Feierabend zu einer längeren Feiernacht verwandelte.

BEZAUBERNDES UMLAND

Aber auch ausserhalb seiner Hauptstadt hat Georgien viel zu bieten. Neben der Kreuzkuppelkirche in der früheren Hauptstadt Mzcheta und der Dschwari-Kirche oben am Hang gegenüber denke ich an einen Ausflug über die georgische Heerstrasse, über den Kreuzpass und an eine Wanderung zur Dreifaltigkeitskirche Gergeti, die dort auf einer Bergkuppe vor der vergletscherten Kulisse des 5047 m hohen Gipfel des Kasbeks thront. Oder an eine Begehung der Höhlenstadt Upliziche die sich in der Nähe der Stadt Gori befindet und an die frühesten Besiedlungen des Landes erinnert.

Wenn man sich im Osten Georgiens, in Kachetien, dem Städtchen Signagi nähert, fühlt man sich wie in der Landschaft der Toskana. Besonders lohnenswert im Ostteil Georgiens ist meines Erachtens ein Besuch des Nekresi-Klosters.

Im äussersten Südwesten Georgiens wird man auf einem Spaziergang durch den über dem Schwarzmeerufer gelegenen botanischen Garten mit einzigartigen Eindrücken belohnt. Die Hafenstadt Batumi selbst ist in den letzten zwei Jahrzehnten zu einem «Mini-Dubai» ausgebaut worden. Die komfortablen und modernen Hotelbauten und die Casinos, die vor allem von Türken und Iranern besucht werden, wirken allerdings wie eine potemkinsche Kulisse, welche den Blick auf die im ganzen Land weit verbreitete Armut verdeckt.

WEITVERBREITETE ARMUT

In den 90er-Jahren kam es zu kriegerischen Konflikten zwischen den georgischen Teilrepubliken Abchasien und dem autonomen georgischen Gebiet Südossetien auf der einen und der georgischen Regierung auf der anderen Seite. Georgien hat heute die Kontrolle über beide Regionen verloren: 1993/94 jene über Abchasien, im August 2008 nach dem Krieg zwischen Georgien und Russland auch jene über Südossetien.

Gemäss jüngsten Erhebungen beträgt das Einkommen von 70 % der Einwohner Georgiens weniger als fünf Franken pro Tag und Person. In

Plakat vor einem Weinlokal in der Altstadt von Tbilissi

Blick über die Stadt Signagi, Region Kachetien, im Osten Georgiens

Tbilissi kann man beispielsweise beobachten, wie sich jeden Tag an einem Verkehrsknotenpunkt der Innenstadt Baufachleute mit ihren Schweiss-brennern, sonstigem Gerät und Werkzeug aufstellen und als Taglöhner darauf hoffen, von einem Auftraggeber auf eine Baustelle gefahren zu werden. Diese Taglöhner warten manchmal tagelang auf eine kurze Ein-satzmöglichkeit.

Glücklicherweise gelingt es aber vielen Georgierinnen und Georgiern, sich trotz der wirtschaftlichen Schwierigkeiten als Selbstversorger das Überle-ben zu sichern. Viele haben einen kleinen Garten, eine Anbaufläche, oder Verwandte und Freunde, die über einen kleinen Acker, einen Garten ver-fügen. Andere verlassen Georgien, um irgendwo im Ausland, vorwiegend im nördlichen Nachbarland Russland, einer Arbeit nachzugehen.

DIE WICHTIGSTEN ECKDATEN DER JÜNGEREN GEORGISCHEN GESCHICHTE

1991
Wahl des nationalistisch gesinnten Swiad Gamsachurdia zum Staats-präsidenten. Beginn der Spannungen mit den ethnisch nicht georgi-schen Osseten (in Südossetien) und den Abchasen (in Abchasien). Es kommt mit beiden Gebieten zu grösseren Gefechten.

1992/94
Nach einem Putsch gegen Präsident Gamsachurdia wird Eduard Schewardnadse, der einstige Aussenminister der UdSSR, als Staats-oberhaupt eingesetzt. Die Spannungen nehmen aber nicht ab und die Korruption nimmt zu. Das Parlament in Abchasien erklärt Ab-chasien für unabhängig. Darauf marschieren dort georgische Trup-pen ein, es kommt zum Krieg. Ziel des georgischen Militärs ist es unter anderem, die Eisenbahnverbindung zwischen Georgien und Russland, die durch Abchasien führt, zu sichern.

Mit einem dritten Waffenstillstandsabkommen, das 1994 wie die frü-heren Abkommen durch Moskau vermittelt wird, stationiert Russland in Abchasien eine GUS-Friedenstruppe, die durch eine UNO-Beobach-termission (UNOMIG) ergänzt wird. Die UNOMIG, die eine umfassen-de und friedliche Lösung des Konflikts anstrebt, vermittelt bis zum Ausbruch des Georgienkrieges (2008) und trägt wesentlich dazu bei, dass der Konflikt über zwölf Jahre lang nicht mehr von neuem ausbricht. Nach dem Ende des Georgienkrieges und der Anerkennung Abchasiens als eigenständiger Staat durch Russland gibt es im UN-Sicherheitsrat keinen Konsens mehr über eine Verlängerung des UNO-MIG-Mandates. Die UN-Mission wird 2009 aufgelöst, der Konflikt aber ist nicht gelöst.

Zwei Mal steht die UNOMIG unter schweizerischer Leitung: 1994 – 1996 durch Staatssekretär Edouard Brunner und 1997 sowie 2002 – 2006 unter Botschafterin Heidi Tagliavini.

2003
Nach wiederholten Wahlmanipulationen, die vor allem dem georgischen Präsidenten Schewardnadse zugeschrieben werden, kommt es Ende 2003 in Georgien zur «Rosenrevolution». 2004 wird Micheil Saakaschwili zum neuen Staatspräsidenten gewählt. Er verspricht, die Korruption zu bekämpfen (was ihm zum Teil auch gelingt) und Georgien Richtung Westen zu führen. Saakaschwili grenzt sich immer deutlicher gegenüber dem nördlichen Nachbarn Russland ab. Russland seinerseits unterstützt nach dem Machtwechsel in Georgien die abtrünnigen Abchasen und Südosseten in ihrem Kampf, sich von der georgischen Zentralregierung unabhängig zu machen.

2008
Jetzt spitzt sich der Konflikt zwischen der georgischen Regierung und den Südosseten zu. Im August erfolgt ein massiver nächtlicher Artilleriebeschuss Georgiens auf die südossetische Hauptstadt Zchinwali. Jetzt wird die russische Armee aktiv, die sich nördlich des Kaukasus bereits in Kampfbereitschaft befindet. Es kommt zum Krieg zwischen Russland (das die Südosseten unterstützt) und Georgien. Georgien ist dabei chancenlos. Nach fünf Kriegstagen vermittelt der damalige französische Staats- und EU-Ratspräsident Sarkozy zwischen den Regierungen in Moskau und Tbilissi eine Waffenruhe, welche den Krieg formell beendet. Georgien verliert nun die Kontrolle über Südossetien – wie in den 90er-Jahren jene über Abchasien.

Seit 2012

Der georgische Philanthrop und Multimilliardär Bidsina Iwanischwili gründet unter der Bezeichnung «Georgischer Traum» ein Parteienbündnis, mit dem Ziel, die politische Karriere von Präsident Saakaschwili zu beenden. Er beschuldigt Saakaschwili der Korruption und einer egomanen und immer autoritäreren Politik. Vor allem aber: Saakaschwili gilt bei vielen Georgiern als Hauptschuldiger für den verlorenen Krieg und den Verlust von Südossetien und Abchasien.

2012 (und auch 2016) geht der «Georgische Traum» bei den Parlamentswahlen siegreich hervor. 2013 endet offiziell die Präsidentschaft Saakaschwilis (der sich schliesslich in die Ukraine absetzt). Die Parlamentsmehrheit und auch den Staatspräsidenten stellen von nun an Exponenten des «Georgischen Traums».

Das Bündnis «Georgischer Traum» setzt – ähnlich wie die von Saakaschwili gegründete Partei «Vereinte Nationale Bewegung» – auf eine Annäherung Georgiens an den Westen, es versucht aber gleichzeitig auf pragmatische Weise, das Verhältnis zu Russland zu verbessern. Die Zusammenarbeit mit Russland sei aus volkswirtschaftlichen Gründen unabdingbar, heisst es beim «Georgischen Traum». Aussenpolitisch aber richtet sich Georgien wie zuvor unter Präsident Saakaschwili auf den Westen aus. Mit der EU wird ein Assoziierungsabkommen abgeschlossen.

KONFLIKTE, KRIEG, POLITISCHE WIRREN

Es waren meist grössere Krisen und Kriege und schliesslich deren Nachwehen, die mich als Auslandskorrespondenten zahlreiche Male nach Georgien geführt haben. Ein erstes Mal kam ich im Winter 1991 / 92 dorthin, als Studenten und ein Teil der georgischen Nationalgarde die Fernsehstation von Tbilissi und mehrere Regierungsgebäude unter ihre Kontrolle gebracht und erfolgreich gegen den ersten georgischen Präsidenten Swiad Gamsachurdia geputscht hatten. Bei der Erstürmung des Amtssitzes des Präsidenten war es dabei zu Schusswechseln und zu gegen hundert Toten gekommen. Die Stadt glich damals einer zerstörten Festung. Präsident Gamsachurdia war geflohen. Tengis Sigua, früher Ministerpräsident unter Gamsachurdia, der sich später auf die Seite der Opposition schlug, übernahm die Amtsgeschäfte des geflüchteten Präsidenten. Rund um die Re-

In Zchinwali, Südossetien, 2009

gierungsgebäude und um das Parlament standen Bewaffnete, immer wieder machten auch Radpanzer ihre Runden.

Vieles war damals ausser Kontrolle geraten. In der Zeit zwischen Weihnachten und Neujahr entwickelten sich die Spannungen zwischen den Machthabern in Tbilissi und der regionalen Führung in Abchasien und in Südossetien zusehends zu Bürgerkriegen. Auf «staatstreuer» georgischer Seite kämpften neben der jungen Armee die georgische Nationalgarde und die paramilitärischen Mchedrioni (= Reiter, Ritter), die vom Kriegsführer Dschaba Iosseliani befehligt wurden. So kam es, dass in Tbilissi gleich mehrere bewaffnete Gruppierungen die abtrünnigen Abchasen und Südosseten von ihrem Unabhängigkeitskampf abbringen wollten. Aber auch zwischen diesen Verbänden selbst kam es zu Rivalitäten und Machtkämpfen. Für Diplomaten wie den Schweizer Sondergesandten Edouard Brunner, der 1993 bis 1997 für die UNO zwischen den Konfliktparteien zu vermitteln versuchte, war dies eine besondere Herausforderung. Aber auch auf Seiten der abtrünnigen georgischen Regionen Abchasien und Südossetien war die Lage kompliziert. Hier war neben den regionalen Machthabern Russland eine wichtige Partei, die (im Hintergrund) die Fäden zog, die Separatisten mit Waffen und Spezialisten für die Kriegsführung unterstützte, sich aber selbst kaum offen als aktiven Teilnehmer in diesen Kriegen und Konflikten zu erkennen gab.

RUSSLANDS PRÄSENZ IM SÜDKAUKASUS
Etwa gleichzeitig, als der UNO-Sicherheitsrat die UNOMIG-Sondermission beschloss, stationierte Moskau in Abchasien seine GUS-Friedenstruppen, um seinerseits die Einhaltung des Waffenstillstandes zu überwachen und um – so meine Mutmassung – im «Fall der Fälle» die abchasischen und dortigen «russischen Interessen» zu verteidigen.

Ich hatte damals bei meinem Besuch bei den GUS-Friedenstruppen den Eindruck erhalten, die russische Armeeführung hätte ihre Soldaten (die ohnehin schon zur Unterstützung der Abchasen in der abtrünnigen Teilrepublik waren) angewiesen, ihre Panzer, Fahrzeuge und Helme blau zu markieren (mit derselben Farbe, mit der die UNO jeweils ihre Friedenstruppen oder Militärbeobachter kennzeichnet) und beschlossen, die Truppen nun unter dem Label einer Friedenstruppe einzusetzen.

Nach dem Krieg zwischen Georgien und Russland im August 2008, der letztlich in der Abspaltung Südossetiens und Abchasiens vom übrigen

Georgien gipfelte, war die UNOMIG gezwungen, ihre bisherige Tätigkeit in Abchasien einzustellen. Nun versucht eine Beobachtermission der EU, die EUMM, die Situation in Georgien und insbesondere an den aktuellen Grenzen zu Abchasien und Südossetien zu beobachten. Mit dem Einsatz der EUMM will die Europäische Union sicherstellen, dass die Konfliktgebiete Abchasien und Südossetien nicht ganz sich selbst beziehungsweise nicht allein der Oberaufsicht durch Moskau überlassen werden. Die EUMM aber hat einen schweren Stand. Ihr ist der Zugang nach Südossetien und Abchasien verwehrt. Ihr Nutzen ist wohl bloss symbolischer Natur.

ABCHASIEN

8600 km², geschätzte 240 000 Einwohner.
Die ethnischen Abchasier stellen in Abchasien etwa die Hälfte der Einwohner. Sie sprechen neben Russisch zum grossen Teil ihre eigene abchasische Sprache. Einen wichtigen Bevölkerungsanteil in Abchasien stellen aber auch georgische Mingrelier, die in Abchasien vor allem im Südosten der abtrünnigen Region im Gebiet rund um die Stadt Gali leben.

Abchasien hat vor allem unter dem stalinschen Sowjetregime eine starke und gezielte Zuwanderung von ethnischen Georgiern erlebt. Die Abchasen fühlten sich deshalb bedrängt, insbesondere anfangs der 90er-Jahre, als ihnen das Recht abgesprochen wurde, Russisch und Abchasisch als Amtssprachen zu benutzen.

In ihrem Unabhängigkeitskampf sind die Abchasen über viele Jahre von Russland unterstützt worden.

Heute ist Abchasien mit dem Grenzübergang nach Adler / Sotschi verkehrstechnisch mit Russland verbunden. Der Übergang nach Zentralgeorgien ist unter starken Einschränkungen geöffnet. Einwohnern Abchasiens ist erlaubt, sich zu Fuss ins übrige Georgien zu begeben. Es gibt aber keinen eigentlichen Grenzverkehr zwischen Georgien und Abchasien.

SÜDOSSETIEN

3800 km², ca. 30 000 Einwohner, wobei die russische Armee mit etwa 10 000 in Südossetien stationierten Soldaten einen zusätzlich wichtigen Bevölkerungsanteil stellt. Die Südosseten sprechen Russisch, zum Teil Ossetisch. Sie sind mit den im russischen Nordkaukasus lebenden Nordosseten verwandt. Ihre früheren Generationen sind grösstenteils aus Nordossetien nach Südossetien zugewandert. Die Südosseten haben – im Unterschied zum übrigen Georgien – den Zerfall der UdSSR nie gutgeheissen, sie suchten immer eine Anbindung an Russland. Anfangs der 90er-Jahre fühlten sie sich zudem durch die georgische Regierung ausgegrenzt. Sie kämpften für eine staatliche Unabhängigkeit, die aber – ebenso wie diejenige Abchasiens – von der grossen Mehrheit der internationalen Gemeinschaft nicht anerkannt wird. Die meisten Südosseten verfügen heute über russische Reisepässe.

Verkehrstechnisch ist Südossetien mit Russland nur durch einen Strassentunnel hoch in den Bergen, den Roki-Tunnel, verbunden. Den Zugang von Südossetien nach Zentralgeorgien und gleichzeitig jenen in die Gegenrichtung hat die gegenwärtige Führung von Südossetien sperren lassen.

Bereits zu Sowjetzeiten befand sich in Südossetien eine wichtige Militärbasis, die unmittelbar nach dem Zerfall der UdSSR von Russland in Anspruch genommen wurde und nun ausgebaut wird.

UNTER BESCHUSS IN ZCHINWALI

Im Frühjahr 1992 erfuhren wir in Moskau, dass die georgische Nationalgarde begonnen hatte, militärisch gegen die abtrünnigen Südosseten vorzugehen. Fast stündlich wurden damals verletzte Zivilpersonen mit einem Sanitätshelikopter über die Kreten des Grossen Kaukasus nach Wladikawkas ins Spital der nordossetischen russischen Teilrepublik geflogen. Ich folgte damals einer Einladung des russischen Vizepräsidenten Alexander Ruzkoi, der Korrespondenten eine Präsidentenmaschine für einen Sonderflug nach Wladikawkas zur Verfügung gestellt hatte. Wir sollten aus dem Fokus der einen Kriegspartei, der Südosseten, über die humanitären Folgen des Kleinkrieges berichten können. Die Radioredaktion hatte mich zwar aufgefordert, das sichere Wladikawkas nicht zu verlassen. Als ich dann aber vor Ort sah, wie die Sanitätshubschrauber hin- und herflogen und immer neue Verletzte brachten, wollte ich mich dem mir selbst auferlegten Berichterstattungsdruck nicht entziehen. Ich flog mit einem der nächsten Helis mit.

Tbilissi, Blick über die Altstadt

Georgien
mit seinen abtrünnigen Gebieten Abchasien und Südossetien,
mit (im Norden) den nordkaukasischen russischen Teilrepubliken
und (im Süden) den anderen Nachbarstaaten

Abchasien

Südossetien

Kaspisch Meer

RUSSLAND

Karatschai-Tscherkessien

Kabardino-Balkarien

Tschetschenien

Ingu-schetien

Nord-Ossetien

Machatschkala

Dagestan

Suchumi

Schwarzes Meer

Sugdidi

Kutaissi

Zchinwali

Batumi

Gori

Mzcheta

GEORGIEN

Tbilissi

Signagi

TÜRKEI

ARMENIEN

ASERBAIDSCHA

Der Flug in die südossetische Hauptstadt Zchinwali war abenteuerlich, weil noch andere Journalisten mitsamt ihren Kameras und Stativen im viel zu kleinen Helikopter mitflogen. Ich sass vorne im Schneidersitz in der Plexiglaskuppel am Boden, neben den Pedalen des Copiloten. Schliesslich landeten wir ziemlich unsanft in einer Mulde nordwestlich von Zchinwali. Alles müsse schnell gehen, wurden wir angewiesen, jederzeit könnten wir unter Beschuss geraten.

Im Stadtzentrum angekommen, eröffnete man uns dann in einem Kellerraum, dass sich die Sicherheitssituation in den letzten Stunden zusehends verschärft habe. Den Helikopter habe man von der Mulde weggezogen und in ein getarntes Versteck gerollt. Vor dem nächsten Tag hätten wir kaum die Möglichkeit, wieder nach Wladikawkas zurückzufliegen. Im Hof über unserem Kellerraum knallte es nun ohne Unterbruch.

Wir nahmen an einer improvisierten Medienkonferenz der örtlichen militärischen Befehlshaber teil, sprachen mit Einwohnern, besuchten eine Sanitätsstation, liessen uns den provisorischen Friedhof zeigen, den die Bevölkerung für die Opfer des Krieges behelfsmässig auf dem Pausenplatz einer Schule errichtet hatte. Aus Sicherheitsgründen, wurde uns erklärt, müsse man auf die Bestattungen auf dem Friedhof verzichten. Dieser befinde sich in Sichtweite der gegnerischen Front, am andern Ufer des Flusses Liachwi, von dort aus könne man jederzeit getroffen werden. Aus einer sicheren Deckung konnten wir dann auch tatsächlich beobachten, wie sich Mitglieder der georgischen Nationalgarde dort mit ihren Mörsern verschanzt hielten. Wenn sich auf unserer Seite in deren Sichtfeld etwas bewegte, schossen sie meistens. Bei unseren Erkundigungen in Zchinwali mussten wir uns deshalb möglichst ausser Sichtweite der georgischen Nationalgarde im Schutz von Häuserfassaden bewegen. Das war nicht immer ganz einfach und auch nicht überall möglich.

Unsere russischen und südossetischen Begleiter kommentierten jeden Schuss von der Gegenseite, dessen Zischen stets gut zu hören war. Sie zählten auf drei, um sich innerlich auf den lauten Knall der Explosion, des Geschossaufschlags vorzubereiten. Zwischen dem Zischen und der Explosion dauerte es meiner Erinnerung zufolge etwa drei Sekunden. «Zisch – ras (eins) – dwa (zwei) – wummm...»

Die Nacht bis zum nächsten Morgen werde ich wohl nie vergessen. Ich lag auf einem Bett in einem Haus, das sich zwar in einiger Distanz zur Kriegs-

Kreuzkuppelkirche der Klosteranlage Dschwari aus dem 6. Jahrhundert auf einem Hügel gegenüber der Stadt Mzcheta

front befand. Immer wieder aber waren Schüsse zu hören. Schüsse, die von den Südosseten auf die georgische Nationalgarde abgegeben wurden, aber auch Geschosse, die mitten in Zchinwali, direkt neben dem Haus, in dem ich schlief, einschlugen.

MARIONETTE DER PSYCHOLOGISCHEN KRIEGSFÜHRUNG?

Ein belgischer Kameramann, der in unserer Gruppe dabei war und mutig gefilmt hatte, stellte mir nach unserer Rückkehr nach Moskau sein Bildmaterial zur Verfügung. Ich habe dann nicht nur fürs Radio, sondern auch fürs Fernsehen eine dramatisch wirkende Reportage aus Zchinwali montiert.

Gewiss: Es war ein ernsthafter Krieg. Einer, der die Zivilbevölkerung Zchinwalis stark in Mitleidenschaft gezogen hat. Vor allem jene Wohnblöcke, die am östlichen Stadtrand liegen, waren in den Tagen zuvor in den Gefechten arg zerstört worden. Die meisten Fenster waren zerborsten, die meisten Wohnungen schwarz ausgebrannt.

Deshalb war es gewiss richtig, über diesen Krieg zu berichten. Trotzdem konnten die Südosseten und Russen dank unserer Journalistenreise gewissermassen einen Propagandaerfolg erzielen. Die Osseten, so meine nachträgliche Mutmassung, könnten nämlich während unseres Aufenthalts das Kriegsgeschehen mit eigenen Attacken so dosiert haben, auf dass wir Journalisten im jeweils richtigen Moment und am jeweils geeigneten Ort der Stadt den «richtigen» Eindruck von den Beschiessungen der Gegenseite erhielten.

Die englischsprachige Tageszeitung «Georgia Times» berichtet, die Stadt Gori sei von den Russen dem Erdboden gleichgemacht worden.

Angekratzter Protestkleber an einer Hauswand – 2009 verstärkten sich die Bevölkerungsproteste gegen den damaligen Präsidenten Saakaschwili.

ERLEBNISSE WÄHREND DES KAUKASUSKRIEGES 2008

Kurz nach Kriegsausbruch bin ich von Moskau aus in Richtung Georgien losgeflogen und auf Umwegen über Aserbaidschan nach Georgien eingereist. Bei meiner Ankunft waren die wichtigsten Entscheide allerdings bereits gefällt worden. Die Würfel waren gefallen. Unter der Ägide des französischen Staats- und amtierenden EU-Ratspräsidenten Sarkozy war ein Waffenstillstand und ein Rückzug der russischen Armee vereinbart worden. Es vergingen aber Tage, ja zum Teil Wochen, bis sich die russischen Panzer und Mannschaftswagen, zum Teil beladen mit Kriegsbeute, auf die Rückfahrt machten. Ich war damals während mehrerer Tage an und auch hinter den Frontlinien, auf beiden Seiten des Krieges. An den Strassenrändern waren zerstörte Militärfahrzeuge, Panzer, Lastwagen zu sehen, auch eine Eisenbahnbrücke war von einem Angriff arg in Mitleidenschaft gezogen worden. Unter den Georgiern herrschte Panik. Wie hatte es soweit kommen können?

Georgiens Präsident Saakaschwili hatte nach kleineren militärischen Scharmützeln zu einem massiven Erstschlag gegen die separatistischen Südosseten ausgeholt. Die Russen wiederum, die sich als Schutzmacht der Osseten verstehen, waren darauf vorbereitet und haben ihrerseits sehr dezidiert auf den von Saakaschwili befohlenen Artillerieangriff reagiert. Viele ethnische Georgier wurden aus den Dörfern Südossetiens vertrieben, in den ersten Tagen nach Kriegsende kam es dort zu schlimmen ethnischen Säuberungen. Mit dem Kriegsende haben die Osseten und Russen das Gebiet Südossetiens mit Überwachungseinrichtungen und Zäunen gesichert und abgesperrt. Diese sogenannte «Administrative Boundary Line» (der Begriff «Grenze» wird vor allem von Diplomaten aus völkerrechtlichen Gründen gezielt vermieden) wird von südossetischen und russischen Soldaten minutiös überwacht. Für georgische Bauern, die in unmittelbarer Nähe zu Südossetien ihre Äcker bestellen, ist es nicht ratsam, diese Linie auch nur ein paar Meter zu überschreiten. Zudem: Auch derzeit werden dort die Markierungen immer wieder verschoben.

Während der Kriegstage und bis zum Rückzug der russischen Truppen wurden die berichtenden Journalisten und die internationale Gemeinschaft von der georgischen Regierung über eine PR-Agentur aus Brüssel mit Medienmaterial «betreut». Ich habe – am Rande meiner Beobachtungen vor Ort – ab und zu auch eine Medienkonferenz im Hotel Marriott besucht und dort feststellen müssen, wie gezielt dort zum Teil an den eigentlichen Fakten vorbei informiert wurde. Auffallend viele Journalisten, das konnte ich genau beobachten, berichteten hauptsächlich von den bequemen Polstersofas im Marriott aus über das Kriegsgeschehen. Sie wurden dort regelmässig mit frischem «Infofutter» versorgt. Aber auch Russland liess die internationalen Medien über eine PR-Agentur informieren, die pikanterweise ihren Sitz ebenfalls in Brüssel hatte.

Für mich war es aber wichtig, mir selbst direkt vor Ort ein Bild über das Geschehen zu machen. Dabei – dies war mir stets bewusst – ist es mitten im Geschehen oft unmöglich, ein wirklich umfassendes Bild der Gesamtlage zu bekommen. Als sehr hilfreich erwies sich für mich die Tatsache, dass ich am Abend jeweils aus einem improvisierten TV-Studio der EBU (European Broadcasting Union) in Tbilissi berichten musste. Dort, auf einer gedeckten Terrasse eines Altstadthotels, konnte ich mir jeweils auch die Bilder anderer TV-Stationen, insbesondere auch jener Russlands, anschauen, die auf der «Gegenseite» – beispielsweise in Südossetien – gedreht hatten.

Die Kriegspropaganda aber hat damals (auf beiden Seiten) ihre Blüten getrieben! Ein Beispiel:

«GORI RAZED TO THE GROUND»
Die georgische Stadt Gori, nur 85 Kilometer westlich von Tbilissi, sei gefallen, ja dem Erdboden gleich gemacht worden, berichtete eines Morgens die englischsprachige Zeitung «Georgia Times», die in den Hotels von Tbilissi auflag. Dies war mitten im Krieg. Viele Georgierinnen und Georgier hatten tatsächlich befürchtet, die Stadt Gori könne unter Umständen dem Krieg zum Opfer fallen. Viele hatten damals die Stadt fluchtartig Richtung Tbilissi verlassen. Doch die Stadt Gori – sie steht nach wie vor und war nie bis zum Boden zerstört worden! Bei Angriffen und dem Einmarsch der russischen Armee sind meinen eigenen Beobachtungen zufolge vor allem Stützpunkte und Häuser der georgischen Armee zerstört worden, im Übrigen aber, so mein Eindruck, ist die Stadt weitgehend von Kriegsschäden verschont geblieben.

Am Tag, an dem viele internationale Medien über die Zerstörung der Stadt Gori berichteten, machte ich mich sofort mit dem Kollegen einer deutschen

Tageszeitung auf den Weg dorthin. Dank meiner russischen Akkreditierungskarte gelang es uns, an den Truppen vorbei in die Stadt zu fahren. Im Zentrum patrouillierten gelangweilt wirkende russische Soldaten. Ab und zu rollte ein Panzer durch die Strassen. Sonst wirkte die Stadt beinahe menschenleer.

Auf unserem Rundgang erlebten wir aber auch seltsam wirkende Momente. Im Schachclub von Gori, einem Lokal, das wie ein Restaurant eingerichtet war, entdeckten wir hinter einer zerborstenen Schaufensterscheibe den Leiter des Clubs. Er stand etwas verwirrt im Raum, freute sich aber über unser Kommen. Er hatte – wie wahrscheinlich an jedem normalen Tag – auf allen Spieltischen die Schachbretter fein säuberlich aufgestellt. Jetzt, so erklärte er, warte er auf Kundschaft.

Anschliessend suchten wir das Spital von Gori auf. Dort konnten wir uns überzeugen, dass der Betrieb nach wie vor funktionierte. Es gab Strom und Wasser. Ärzte und das Pflegepersonal betreuten Kranke und Menschen, die von den jüngsten Ereignissen traumatisiert waren. Von dort aus haben wir uns dann über ein Satellitentelefon bei unseren Redaktionen gemeldet und kurz über das Ergebnis unseres Augenscheins in Gori berichtet.

Am Abend, als wir auf etwas verschlungenen Pfaden wieder die Fronten wechselten, war ich allerdings froh, wieder in Tbilissi zu sein. Nun lag es an uns, die weltweit verbreiteten Fehlinformationen vom frühen Morgen zu berichtigen.

BRUTALER EINMARSCH BEI EINSTIGEN FREUNDEN

Die russische Armee übte im August 2008 bei ihrem Angriff auf Georgien wenig Rücksicht. Vor der Hafenstadt Poti versenkte sie Kriegsschiffe der georgischen Marine, zerstörte Gebäude, bombardierte Brücken. Der einstige georgische Ministerpräsident Gurgenidze hat die erlittenen Kriegsschäden mit rund 680 Millionen Euro beziffert.

In Igoeti, im Gebiet zwischen den Städten Mzcheta und Gori, wo für einige Tage die Frontlinie verlief, bugsierten russische Panzer georgische Polizeiautos, die den Georgiern dort als Sperre dienen sollten, mit ihren Raupen brutal weg. Die Dorfbewohner, die sich bei diesen Sperren versammelt hatten, konnten dem Geschehen aus nächster Nähe zusehen, ohne dabei aber von den russischen Soldaten auf den Panzern bedroht zu werden.

Russischer Panzer während der Kriegstage vor dem Stadtrand von Gori, August 2008

Die lange Brücke zwischen Abchasien und dem georgischen Kernland, nördlich von Sugdidi,
darf von Einwohnern Abchasiens nur zu Fuss gequert werden (Aufnahme Herbst 2016).

Diese versuchten bloss, das vorgegebene Ziel zu erreichen, zu dem sie hinbefohlen waren. Von georgischen Polizeiautos liessen sie sich dabei nicht aufhalten. Gegenüber der Ortsbevölkerung aber liessen sie keine Aggressivität erkennen.

BRÜDERLICHE BEGEGNUNGEN

Als ich ebenfalls bei Igoeti etwa fünf Tage nach Inkrafttreten des Waffenstillstandes den russischen Truppenrückzug beobachten wollte, sassen Einwohner von Igoeti friedlich auf der seitlichen Brüstung der dortigen Strassenbrücke, die über den Fluss Letschura führt. Plötzlich gesellten sich russische Soldaten zu ihnen, die zur Panzermannschaft gehörten, die am westlichen Berghang über der Brücke Stellung bezogen hatten. Die in Igoeti zurückgebliebenen Einwohner waren erzürnt über den russischen Einmarsch, gleichzeitig aber auch erleichtert, weil sie mitbekommen hatten, dass sich die Russen nun zurückziehen würden. Ich traute meinen Augen kaum. Bald sassen die Einwohner und drei russische Soldaten in scheinbarer Eintracht gemeinsam auf der Brückenbrüstung und diskutierten. Die Soldaten sagten, dass sie gar nicht wüssten, weshalb sie mitten in Georgien Stellung bezogen hatten.

Zwischen Igoeti und Gori, in einer Zone, die während mehrerer Tage zwischen der Frontlinie der Georgier und jener der Russen lag, konnte ich am Tag darauf Ähnliches beobachten. Auf der Fahrt nach Gori entdeckte ich eine Gruppe älterer Georgier, die im Schatten einer kleinen Fernbushaltestelle sassen. Sie erklärten mir, dass sie auf Nachrichten ihrer Angehörigen warteten, die zuvor die Region fluchtartig verlassen hätten. Ja, sie warteten auf Hilfe. Als ich mit meinem Aufnahmegerät ein Interview fürs Radio aufzeichnete, hielt plötzlich ein russischer Militärlastwagen. Die Soldaten stiegen ab, wahrscheinlich in der Hoffnung, bei den georgischen Landwirten, die sich hier versammelt hatten, etwas kaufen zu können. Als sie erkannten, dass ihnen diese nichts anbieten konnten, öffneten zwei der Soldaten ihre Provianttaschen und übergaben den Georgiern russische Kekse. Sie selbst, meinte einer der Soldaten, würden letztlich gut versorgt, es sei für ihn selbstverständlich, einen Teil seines Proviants der Zivilbevölkerung abzugeben, die hier zwischen den Fronten auf Hilfe warte.

Abgesehen von den Bombardierungen während des Krieges, und abgesehen von den schlimmen ethnischen Vertreibungen, die vor allem im unmittelbaren Anschluss an das kurze Kriegsgeschehen stattfanden, ist meines Erachtens im Georgienkrieg eher weniger «von Mann zu Mann» gekämpft worden – im Unterschied etwa zu den Gefechten entlang der Fronten in der Ostukraine. Dort wäre eine brüderliche Begegnung oder Hilfe, wie ich sie eben beschrieben habe, kaum denkbar. In der Ostukraine hat der Krieg die verschiedenen Gruppierungen, hier die pro-russischen Separatisten und deren Anhänger, dort die ukrainischen Soldaten und Mitglieder der Freiwilligenverbände, zu grossen Feinden gemacht, die sich wohl noch während Generationen spinnefeind bleiben werden. Aber auch der Krieg zwischen Russland und Georgien hat bei vielen tiefe Wunden hinterlassen!

TRAURIGES SCHICKSAL FÜR GEORGISCHE VERTRIEBENE ...

Auch jetzt, über zwanzig Jahre nach dem Bürgerkrieg in Abchasien und acht Jahre nach dem Krieg mit Russland, bei dem Georgien auch die Kontrolle über Südossetien verloren hat, leben immer noch etwa 250 000 intern Vertriebene (IDPs), sogenannte Binnenflüchtlinge, im zentralen Georgien in einfachsten Vertriebenensiedlungen. Sie werden dort von den Behörden und von humanitären Organisationen unterstützt. Doch die Infrastruktur in diesen Siedlungen ist sehr bescheiden. Viele Bewohner dieser Siedlungen tun sich deshalb schwer, sich in der neuen Umgebung zurechtzufinden. Viele setzen nach wie vor auf eine Rückkehrmöglichkeit in ihre Heimat.

... ABER ZUM TEIL AUCH FÜR DIE IN SÜDOSSETIEN UND ABCHASIEN ZURÜCKGEBLIEBENEN!

Aber auch in Abchasien und Südossetien hat sich für viele zurückgebliebene Bewohner die Lebensqualität zum Teil drastisch verschlechtert. In Abchasien sind es meinen Beobachtungen zufolge vor allem Mingrelier (ethnische Georgier), die in der Region um die abchasische Stadt Gali wohnen, die verunsichert sind und seit dem Krieg besonders leiden. Unter abchasischer Führung werden Mingrelier oft als «Bürger zweiter Klasse» betrachtet. Sie sind deshalb mancher Willkür ausgesetzt. In der Vergangenheit ist es dort immer wieder zu Überfällen, zu Erpressungen und Verschleppungen gekommen.

Die Mingrelier nutzen zwar die Möglichkeit, zu Fuss über die Grenze ins georgische Zentralland zu gehen, um dort ihre Mandarinen

Radiointerview mit einer vertriebenen Georgierin aus Südossetien bei Gori, 2009 (© IKRK Gori)

zu verkaufen und bescheidene Einkäufe zu tätigen. In ihrem Rayon aber fühlen sie sich zuweilen stark von der übrigen Welt abgeschottet und ihrem Schicksal überlassen. Ähnlich wie viele Bewohner in Südossetien leben die Mingrelier in Abchasien von einer bescheidenen Landwirtschaft. Jene Menschen in Abchasien, die in der Nähe des Ufers zum Schwarzen Meer leben, setzen auf Touristen aus Russland, die in Abchasien gerne Urlaub machen.

Die Einwohner Südossetiens, die ihr Gebiet verlassen wollen, können (aufgrund der jetzt in Südossetien geltenden Regeln) nicht direkt von Südossetien ins georgische Nachbargebiet einreisen. Sie haben nur die Möglichkeit, ihre Region mit einer «Marschrutka» (einem Kleinbus) durch den Roki-Tunnel zu verlassen und sich nach Wladikawkas, in die Hauptstadt der russischen Teilrepublik Nordossetien zu begeben. Den Einwohnern Abchasiens steht die Grenze nach Russland bei Adler (in der Nähe von Sotschi) offen. Sie ist relativ gut erreichbar.

SOTSCHI – OLYMPIA LÄSST GRÜSSEN

Nicht nur im Ausland, auch in Russland selbst reagierten viele skeptisch, als das Internationale Olympische Komitee (IOC) das russische Subtropengebiet Sotschi als Austragungsort für die olympischen Winterspiele 2014 auserkor. Präsident Putin hatte beim IOC mit Eifer für die Winterspiele in Russlands Subtropen gekämpft. «Sotschi 2014» war sein Prestigeprojekt. Er hoffte, damit der Welt beweisen zu können, dass Russland problemlos in der Lage ist, Sportwettbewerbe der Superlative auszurichten.

Und tatsächlich: Die Stadien und Infrastruktureinrichtungen standen zu Beginn der Spiele alle bereit, und auch die Besucherinnen und Besucher wurden auffallend freundlich, unkompliziert und unbürokratisch empfangen. Wo auch immer man sich im Olympia-Gelände bewegte, das russische Personal war stets hilfsbereit!

Von einem grossen Olympia-Volksfest – wie angekündigt – konnte allerdings keine Rede sein. Denn es begaben sich vergleichsweise wenige ausländische Besucherinnen und Besucher nach Sotschi. Und auch bei den Besuchern aus Russland handelte es sich meist um offizielle Delegationen, die aus den verschiedenen russischen Regionen nach Sotschi entsandt worden waren. Die Spiele – so mein Eindruck – fanden deshalb vor allem innerhalb der olympischen Gemeinschaft statt, die sich aus den Sportlern, ihren Betreuern, den Sportfunktionären, Regierungsvertretern, Sicherheitsequipen und einem Tross von Journalistinnen und Journalisten zusammensetzte.

Dass 15 russische Medaillengewinner von Sotschi während der Austragungen mit staatlichem Wissen, ja gar auf staatliches Geheiss hin gedopt waren, ist erst später mit dem sogenannten «Wada-Bericht» bekannt geworden. In den Monaten vor den Spielen schien sich zudem auch eine leichte Entspannung zwischen Russland und den wichtigsten internationalen Regierungen anzubahnen. Im Dezember 2013 begnadigte Putin den russischen Oligarchen Michail Chodorkowski, der bis zu diesem Zeitpunkt unter teils fragwürdigen Beschuldigungen während zehn Jahren in russischen Straf- und Arbeitslagern verbracht hatte. Die Begnadigung Chodorkowskis haben viele Beobachter als Geste Putins gegenüber dem Westen gewertet. Es waren vor allem westliche Politiker und Menschenrechtsorganisationen, die zuvor immer wieder ultimativ die sofortige Freilassung des oppositionellen Oligarchen gefordert hatten.

Doch die Entspannung hielt nicht lange an. Gewissermassen zum Abschluss der Spiele von Sotschi liess Putin auf der ukrainischen Krimhalbinsel das dortige Parlament sowie alle wichtigen Einrichtungen und Plätze durch russische Soldaten besetzen. Am 16. März 2014 liess er unter undurchsichtigen Bedingungen ein Referendum über den Anschluss der Krim an Russland durchführen.

Anschliessend liess er mit Zustimmung des russischen Parlamentes die völkerrechtswidrige Krim-Annexion vollziehen. Die Beziehungen zwischen den USA und Russland sowie zwischen der EU und Russland fielen so kurz nach den Winterspielen von 2014 auf einen neuen Tiefpunkt.

50,8 MILLIARDEN DOLLAR – MEHR ALS ALLE BISHERIGEN OLYMPISCHEN WINTERSPIELE ZUSAMMEN

Die Infrastrukturbauten, Strassen, die neuen Bahnverbindungen, der ausgebaute Flugplatz, die Hotels, Sportlerunterkünfte, Sporteinrichtungen und Arenen von Sotschi haben eine enorme Summe Geld verschlungen: umgerechnet 51 Milliarden US-Dollar. Dies ist mehr, als alle bislang ausgetragenen olympischen Winterspiele zusammen gekostet haben.

Zum Vergleich: Die Spiele 1994 in Lillehammer kosteten $ 1,8 Milliarden, jene von 2010 in Vancouver $ 6,8 Milliarden.

Putin hatte die Kosten für Sotschi anlässlich der Bewerbungsrunde beim IOC mit $ 12 Milliarden beziffert.

Präsident Putin liess schliesslich im Vorfeld der Spiele wissen, dass rund $ 17 Milliarden von Privatinvestoren beigesteuert worden seien, etwa von den russischen Oligarchen Oleg Deripaska und Wladimir Potanin, und auch von staatsnahen Firmen wie Gazprom oder der staatsnahen russischen Sberbank.

Generalunternehmer für die Bauten von Sotschi war die Staatsfirma Olympstroj. Ausgeführt wurden die Arbeiten von zahlreichen Subunternehmen und weiteren Firmen, welche von den Subunternehmen engagiert wurden.

Es war ein unübersichtliches Geflecht zahlreicher Firmen und Subunternehmer, die sich im Auftrag von Olympstroj mit dem Aufbau der olympischen Einrichtungen verpflichtet hatten. Diese Betriebe beschäftigten dazu Tausende von Arbeitern (insbesondere Fremdarbeiter aus Tadschikistan), die sie zum Teil wie Sklaven hielten und nicht richtig entlöhnten. Auf geharnischte Interventionen der Menschenrechtsorganisation Memorial, von Human Rights Watch und schliesslich auch des IOC sind kleinere «Nachzahlungen» an diese Arbeiter ausgelöst worden.

Ich war während meiner Korrespondentenzeit mehrmals in Sotschi. 2009 sah ich mich für eine längere Reportage in der Stadt selbst, dann in der Imeretibucht, einem grösseren Areal ausserhalb von Sotschi, ebenfalls direkt am Ufer des Schwarzen Meeres um. Dort, wo der «Olympiapark», die grossen Hallen für die Eröffnungsfeier, für die Eishockeyspiele, den Eiskunstlauf und zahlreiche neue Hotels gebaut wurden. Ich machte mir ein Bild von der Situation in den Bergen oberhalb von Sotschi, bei Krasnaja Poljana, wo während der Spiele die Skirennen und die Langlaufwettbewerbe durchgeführt wurden und wo ebenfalls die meisten Olympiaeinrichtungen und Arenen, aber auch die ganze Infrastruktur mit den Strassen, Bahnen, Tunnels usw. neu gebaut werden mussten. Damals war von den Vorbereitungen der Spiele noch kaum was zu sehen. Im Herbst 2013, ein paar Monate vor Spielbeginn, besichtigte ich schliesslich die mittlerweile fast fertiggestellten Olympiabaustellen. Und im Februar 2014 war ich – wie Hunderte andere Journalisten – während der Spiele direkt vor Ort.

IN DEN RUSSISCHEN SUBTROPEN

Die Stadt Sotschi, aber auch der etwa 50 Kilometer von Sotschi entfernte Olympiapark in der sumpfigen Imeretibucht liegen am Ufer des Schwarzen Meeres. Hier wachsen Palmen, Bananen, Mandarinen und andere Zitrusfrüchte. Klimatisch kann man Sotschi mit der Region von Nizza vergleichen. Während der Winterspiele im Februar 2014 betrug die Tagestemperatur in Sotschi im Schnitt um die 15°C.

Auch in der kälteren Jahreszeit schlagen hier die sanften Wellen des Schwarzen Meeres so einladend ans Ufer, dass man sich aufgefordert fühlen kann, spontan ein Bad im kühlen Meer zu nehmen. Schon im Frühjahr sitzen bei Sonnenschein viele mit nacktem Oberkörper im Schutz der

Am Schwarzmeerufer in Sotschi

weissgetünchten Mauern, die bei Sotschi vielerorts das Ufer säumen. Als ich 2009 ein erstes Mal den Uferanlagen von Sotschi entlangbummelte, kam es mir absurd vor, dass hier fünf Jahre später olympische Winterspiele stattfinden sollten.

Doch die Sportstätten in der Imeretibucht am Ufer des Schwarzen Meeres entsprachen allen Erfordernissen für Eishockeyspiele, für Kunsteislauf etc. Und auch die Bergsportwettkämpfe (Ski, Langlauf, Bob, Schanzensprung oder Snowboard) fanden auf den 2300 m hoch gelegenen Berghängen oberhalb des Bergdorfs Krasnaja Poljana, nordöstlich von Sotschi, unter guten Bedingungen statt. Das meist gute Wetter und die vor den Spielen gefallene reiche Schneemenge trugen viel dazu bei.

Qualitativ liessen die Olympiabauten, Unterkünfte und Infrastruktureinrichtungen zum Teil wegen schlechter Bauplanung und mangelhafter Ausführung aber zu wünschen übrig. Zudem wurde teilweise gepfuscht, weil man mit der Zeitplanung in Rückstand geraten war. Bei einigen Projekten wurde deshalb in den letzten Stunden vor Spielbeginn auch unsachgemäss improvisiert.

Ein Bauingenieur, den ich 2009 antraf, meinte, auf den jeweiligen Bauplänen sei zwar jeder einzelne Lichtschalter eingezeichnet. Wenn dann aber mit dem Errichten dieser Bauten begonnen werden sollte, stelle man beispielsweise fest, dass man vergessen hatte, die für diese Einrichtungen notwendigen Zufahrtsstrassen zu planen und zu bauen.

Insgesamt aber, dies gilt es zu betonen, hat während der Spiele letztlich alles funktioniert. Die Organisation während der Spiele war hervorragend und – last but not least – auch die Arbeitsmöglichkeiten für die vielen Journalistinnen und Journalisten, die über die olympischen Winterspiele zu berichten hatten, waren hervorragend.

CHANCENLOSE INTERVENTIONSVERSUCHE

Im Vorfeld der Spiele mehrten sich auch Nachrichten über die immense Korruption rund um Sotschi 2014. Boris Nemzow, der 2015 in Moskau ermordete prominente Oppositionspolitiker und einstige stellvertretende Regierungschef, stammte selbst aus Sotschi. Um bei der Planung der Spiele mitbestimmen zu können, hatte er sich – allerdings erfolglos – um das Amt des Bürgermeisters von Sotschi beworben. Er hätte sich als Bürgermeister – so sein Credo – vor allem der Korruption widersetzen wollen.

An einer Wahlkampfveranstaltung Nemzows 2009 in Sotschi kritisierte er, dass insbesondere in der Stadtverwaltung der Vetternwirtschaft und Korruption Vorschub geleistet werde:

«Als ich gesehen habe, was hier in dieser Stadt vor sich geht, konnte ich keinen andern Begriff finden als jenen des Banditismus, der Gaunerei. Es ist ein Verbrechen, was hier vor sich geht.»

An dieser Wahlkampfveranstaltung wurde Boris Nemzow unter anderem auch durch die Umweltschützerin Alla Jusupowa begleitet. Jusupowa ihrerseits beklagte zahlreiche Verstösse gegen die vom IOC auferlegten Umweltvorgaben. Kritik, aber auch konstruktive Gegenvorschläge der Umweltorganisationen, etwa der «Umweltwacht», würden von den Behörden in den Wind geschlagen.

ERKUNDIGUNGEN VOR ORT

In der sumpfigen Imeretibucht, dort, wo später die Olympia-Arenen errichtet wurden, besuchte ich 2009 auch zahlreiche Anwohner, die dort in kleinen Häusern und meist von einer bescheidenen Landwirtschaft lebten. Diesen Einwohnern war klar, dass ihre Häuser und Felder bald den olympischen Einrichtungen weichen mussten. Aber sie beklagten sich darüber, dass sie von den Behörden darüber im Unklaren gelassen würden, wann genau ihre Häuser abgerissen würden, und wo und wann ihnen der in Aussicht gestellte Ersatzwohnraum angeboten werde. Auf zahlreiche Vorstösse hin würden sie von der Regionalverwaltung stets bloss vertröstet.

Im August 2013, bei meinem zweiten Besuch in Sotschi, war die olympische Bauerei unübersehbar. Überall am Horizont, in der Stadt Sotschi, in der Imeretibucht oder in den Zentren rund um Krasnaja Poljana, waren Ausleger riesiger Baukräne zu sehen. Die Generalunternehmerin Olympstroj stand jetzt unter enormem Zeitdruck. Mit vielen Bauprojekten war man in Rückstand geraten. Zum Teil liessen sich auch die örtlichen Gegebenheiten nicht so einfach überlisten. An einem Berghang, dessen Erdschicht immer wieder ins Rutschen geriet, liess sich beispielsweise die grosse Sprungschanzenanlage nur mit grösserem Aufwand und dank zahlreicher baulicher Verankerungen errichten.

RÜCKSICHTSLOSER UMGANG MIT BAUSCHUTT UND DER NATUR

Im Weiler Blinowo, nur wenige Kilometer von den olympischen Arenen in der Imeretibucht entfernt, an einem leicht ansteigenden Berghang, traf ich die Familie Skiba. Ihr zweistöckiges Haus war im Sommer 2010 eines Nachts nach einem Gewitter um ein paar Meter Richtung Talboden gerutscht und geriet dabei – ähnlich wie der Turm zu Pisa – in eine Schieflage.

«Achtung, passen Sie auf...», meinte Tatjana Skiba, als sie mich über die Holztreppe ins Obergeschoss ihres schiefstehenden Hauses führte. Die Möbel in den Zimmern hatten die Skibas mit kleinen Holzstückchen unterlegt, sodass beispielsweise die Tischfläche des Stubentisches trotz des schiefen Bodens im Wohnraum eine waagrechte Fläche bilden konnte. Auch die Kinderbetten waren so mit Holzblöcken unterlegt. Die Aussenmauer des Hauses, aber auch die Zimmerwände wiesen deutliche Risse auf, die offensichtlich durch das Abrutschen und Kippen des Hauses entstanden waren. Einige Innenwände hatte Vater Skiba mit Linoleumplatten provisorisch so verklebt, dass sich später möglichst keine losen Mauerstücke loslösen und von der Wand fallen konnten.

«Jedesmal wenn es regnet oder gewittert, müssen wir uns fürchten», klagte Tatjana Skiba. Denn dann beginne das Haus auf dem unstabilen Untergrund oft wieder leicht zu rutschen.

Schlimmer als ihr eigenes Gebäude allerdings präsentierten sich die Betonrohbauten direkt gegenüber dem Haus der Familie Skiba. Diese Häuser sind kurz vor dem ersten Abrutschen des Berghangs von jenen Einwohnern erstellt worden, die wegen Olympia aus der Imeretibucht wegziehen mussten und hier oben Land erworben oder zugeteilt erhalten hatten. Diese Rohbauten standen nun derart quer und schräg in der Landschaft, dass an einen Weiterbau oder an eine Sanierung der rohen Baukörper nicht mehr zu denken war.

Grund für die Erdrutsche war offenbar, dass Olympstroj (oder eines seiner Subunternehmen) rücksichtslos Bauschutt, Betonreste und schwere Eisenteile von den olympischen Baustellen mitten in den Wald oberhalb der Häuser von Blinowo gekippt hatte. Tag für Tag. Ingenieure und Geologen, die von den Einwohnern mit den Untersuchungen beauftragt worden waren, hätten darauf errechnet, dass der Boden dort durch die illegale Entsorgung mit bis zu 90 Tonnen pro Quadratmeter belastet worden sei, erklärten die Skibas. Deshalb sei ihr Terrain in Bewegung geraten, deshalb seien einzelne Häuser der Siedlung gleich um mehrere Meter den Abhang hinuntergeschoben und leicht gekippt worden.

Auch die Familie Skiba und die Besitzer der Rohbauten wurden von den zuständigen Behörden bloss vertröstet. Man liess sie lediglich wissen, dass man sich ihrer Probleme irgendwann einmal annehmen werde. Aber auch drei Jahre nach dem ersten Hangrutsch hatten sie noch immer keine konkrete Antwort ihrer Gebietsverwaltung erhalten.

KAMPF UM DIE BEZAHLUNG DER ARBEITERLÖHNE

Äusserst beklemmend war für mich ein Besuch beim jungen Juristen Semejon Simonow, dem Leiter des Büros der russischen Menschenrechtsorganisation Memorial in der Stadt Adler, nahe der Imeretibucht.

Bei ihm – dies hatte ich zuvor der liberalen russischen Presse entnommen – hatten sich in den Wochen zuvor Tausende von Fremdarbeitern gemeldet, denen von Subunternehmen der Firma Olympstroj die Gehälter nicht (oder nur zum Teil) bezahlt worden waren. Simonow lud mich ein, einen usbekischen Arbeiter zu treffen, der bereits seit Monaten mit Arbeiten an der Elektroversorgung der Olympia-Arenen engagiert war. Dieser etwa 50-jährige Usbeke schilderte mir, dass zuerst sein Sohn und jetzt auch er unter miserablen Bedingungen auf Lohnzahlungen warteten. Sie seien hier in einem Hausrohbau untergebracht gewesen und hätten während mehrerer Monate hart gearbeitet, seien dafür aber nicht (oder nur zu Teilen) bezahlt worden. Immer wieder habe man sie vertröstet.

Vor ein paar Wochen hätten die russischen Behörden seinen Sohn – ohne einen einzigen Rubel in der Tasche – nach Taschkent ausgeschafft, weil dieser ohne Arbeitsbewilligung angeheuert worden sei. Jetzt versuche er, der Vater, das dem Sohn geschuldete Salär nachträglich mit Hilfe der Menschenrechtsorganisation Memorial einzutreiben. Ihm gelinge dies vielleicht etwas besser, weil er (im Unterschied zu seinem Sohn) Russisch sprechen könne, meinte er. Der Usbeke war deshalb auch für den Memorial-Juristen Simonow eine wichtige Vermittlungsperson.

Im Memorial-Büro bekam ich darauf direkt mit, wie der Jurist Simonow telefonisch in diesem Fall nachrecherchierte. Die Firma, die den Sohn des Usbeken ursprünglich angeheuert hatte, erklärte sich für die ausstehenden Lohnzahlungen deshalb als nicht zuständig, weil die Arbeiten von einer Drittfirma ausgeführt worden seien und der Usbeke letztlich für diesen Betrieb gearbeitet habe. Wo diese säumige Firma zu finden sei, konnte (oder wollte) der kontaktierte Bauunternehmer nicht sagen.

Es sei immer dieselbe Geschichte, meinte Simonow. Firmen, die sich für ein Projekt beworben und für die Projektausführung den Zuschlag erhalten hätten, würden oft Zweit- oder Drittfirmen für die Ausführung der übernommenen Aufträge engagieren. Danach sei oft nicht klar, wer für was zuständig sei. Es werde zwar Geld hin- und hergeschoben. Vor allem aber den des Russischen unkundigen Fremdarbeitern aus Zentralasien werde oft der ihnen zustehende Lohn vorenthalten.

1500 Arbeiter, vor allem Fremdarbeiter aus Tadschikistan und Usbekistan, konnte die Menschenrechtsorganisation Memorial in einem mühsamen juristischen Einzelkampf doch noch unterstützen. Die Arbeitgeberwillkür, so Simonow, habe auch deshalb so sehr um sich gegriffen, weil viel mehr Fremdarbeiter nach Sotschi geholt worden seien als offiziell geplant und bewilligt waren. Für insgesamt 17 000 sei der Aufenthalt bewilligt worden, aber etwa dreimal so viele seien in Sotschi tatsächlich beschäftigt gewesen. Die Mehrheit von ihnen illegal. Von gewissen Baufirmen seien Arbeiter wie Sklaven gehalten worden.

Dass die russischen Behörden die Recherchen und Arbeit von Memorial anfänglich nicht unterstützten, sondern zu behindern versuchten, ist nicht nur vom liberalen Teil der russischen Presse, sondern von andern Menschenrechtsorganisationen und dann auch vom Internationalen Olympischen Komitee (IOC) mit Entsetzen zu Kenntnis genommen worden.

Nach einem heftigen Einspruch des IOC wurde dann im Herbst 2013 immerhin beschlossen, nachträglich Lohnnachzahlungen im Umfang von $ 7 Millionen zu tätigen. Ob all diese Gelder aber jemals an ihrer eigentlichen Bestimmung angelangt sind, darf bezweifelt werden.

REPORTAGE AUS DEM NICHTOLYMPISCHEN BERGGEBIET

Im Februar 2014, die olympischen Spiele waren nun längst im Gang, fragte mich mein Fernsehkollege Peter Düggeli, ob ich bereit wäre, mit ihm das Areal der offiziellen Spiele zu verlassen und eine Reportage für die Sendung «10vor10» zu produzieren. Zuvor hatte ich ihm von den oben erwähnten Unregelmässigkeiten erzählt, von den Schäden, welche die olympische Bauerei in einzelnen Dörfern und bei den Bewohnern der Region hinterlassen hatte.

Drei Tage vor dem Ende der Spiele fuhren wir vom Olympiapark auf der neu erbauten Autobahn zuerst Richtung Krasnaja Poljana. Noch im Gebiet

Gekippte Häuser oberhalb der Imereti-Bucht, 2013

Sommerstimmung in Sotschi

der Imeretibucht bogen wir Richtung Osten zu einer der letzten Siedlungen ab, die mit einer Ein- und Ausfahrt ans olympische Strassennetz angeschlossen war. Schon nach wenigen hundert Metern holperten wir über eine Piste, die zahlreiche Schlaglöcher aufwies. Wir fuhren weiter auf einer kleinen Bergstrasse, die parallel zur Olympia-Autobahn nach Krasnaja Poljana führt. Im ersten Weiler, in dem wir Halt machten, waren von weitem immer noch deutlich die Konturen des Olympiaparks zu erkennen. Hier versuchten wir, uns mit einigen Anwohnern zu unterhalten. Wir wollten von ihnen wissen, ob und wie sich ihr Leben mit dem Bau der olympischen Einrichtungen oder der Spiele verändert hat. Eine ältere Frau meinte, sie setze nach wie vor auf die von der russischen Regierung in Aussicht gestellten Segnungen der olympischen Infrastruktur. Zwar fehle derzeit immer noch der längst versprochene Anschluss ihrer Siedlung an das Gasnetz, demnächst aber – so die Frau –, sicherlich bis spätestens etwa zum Jahr 2020, werde man gewiss inmitten der moderneren Infrastruktur leben.

Ein paar Kilometer weiter, vor einem kleinen Einkaufsgeschäft, beklagten sich die Einwohner, dass sie wegen der neuen Autobahn und der Bahnstrecke von den Siedlungen, die sich am gegenüberliegenden Hang des Tals befinden, verkehrstechnisch abgeschnitten worden seien. Mit der neuen und umzäunten Zug- und Strassenverbindung sei das Tal rücksichtslos zweigeteilt worden. Die Behörden hätten es nicht für nötig befunden, gut zugängliche Querverbindungen von der einen zur andern Talseite zu schaffen. Jetzt sei man eingekesselt zwischen den olympischen Trassen im Westen und der nahen Landesgrenze zum georgischen Abchasien auf der Ostseite. Deshalb stehe es jetzt schlecht um die tägliche Versorgung in ihrem Dorf.

Dann führten uns enge Serpentinen durch ein Waldstück in die Höhe. Bis wir vor einer schier unübersehbaren Steinbruchmulde stoppten. Ein einstiges Waldstück, soweit das Auge reicht, war hier – offenbar mitten im offiziellen Naturschutzpark – rücksichtslos gerodet worden. Wir stiegen aus und filmten. Über weiteste Flächen hatte man hier Erde und Steine für die Olympia-Anlagen weggebrochen. Plötzlich näherte sich uns in einem Lada Niva ein Milizionär. Ja, meinte der Ortspolizist, der in Zivilkleidern in seinem Geländewagen sass, er wohne hier in der Nähe. Die olympischen Spiele seien zwar der Stolz der Nation, aber das, was hier in seiner Gegend geschehen sei, sei sehr bedauerlich. Der Staub und Dreck, welche die Aushubarbeiten und die vielen Lastwagen während der letzten Jahre und Monate im ganzen Gebiet hinterlassen hätten, seien für die Bewohner hier am Berghang eine starke Belastung.

Von hier war die Weiterfahrt versperrt. Ein Verbotsschild wies darauf hin, dass nur speziell Berechtigten die Fahrt in die nächsten Dörfer (und ökologisch bedenklichen Aushubplätze) erlaubt sei. Deshalb machten wir uns gemächlich auf den Rückweg. Doch schon nach wenigen Kurven, wieder im Wald, liessen wir unseren Fahrer stoppen. Zwei Holzhäuser – das eine entsprach mehr einer Kleinbaracke – standen allein auf einer besonnten schmalen Krete. Die 73-jährige Nadjeschda Kutscharenko, eine freundliche Frau mit wachen Augen, blauer Jacke und in hellblauen Gummisandalen, näherte sich uns mit einer Holzkrücke unter dem rechten Arm. Sie schilderte uns, dass sie und die andern etwa fünfzig Anwohner in dieser Waldlichtung seit ein paar Jahren unter stark erschwerten Bedingungen lebten. Der Steinabbau oberhalb ihrer Häuser, die Erdmengen, welche noch bis vor wenigen Wochen von schweren Baumaschinen hin und her bewegt worden seien, hätten ihr Holzhaus immer wieder erzittern lassen. Ihr Terrain, das früher mal viel flacher gewesen sei und ihr als Anbaufläche diente, sei unter dem Druck der Erdarbeiten immer mehr ins Rutschen geraten, jetzt wohne sie hier auf dieser stark abfallenden Krete.

Nadjeschda Kutscharenko führte uns in ihr Holzhaus und streckte ihre Arme zu den Decken der kleinen Zimmer. Überall dringe nun bei schlechtem Wetter Regen oder Schnee in die Räume. Das Dach und die Wände hätten sich verschoben. Es sei ihr nicht mehr möglich, in diesem Haus zu wohnen. Sie nutze es nur noch als Lager und halte sich jeweils bloss für nur kurze Zeit und nur bei trockenem Wetter in ihrem einstigen Schlafzimmer und bei der kleinen Kochnische auf.

Etwa fünfzig Meter von ihrem Haus entfernt, auf etwas stabilerem Gelände, hatten ihr jüngst Verwandte eine kleine Baracke errichtet, die ihr nun als trockener Unterstand dient, als Ersatz für ihr unbewohnbares Holzhaus. Hinter einer Bretterwand im Garten befand sich ihr Klo. Eine Wasser- oder Gasleitung und auch einen Anschluss ans Stromnetz gab es nicht.

Das Schlimmste, so Nadjeschda Kutscharenko, sei für sie und die Anwohner in ihrer Umgebung, dass die Brunnen, an denen sie sich seit Jahrzehnten mit Frischwasser versorgt hätten, wegen der olympischen Bauerei versiegt seien. «Wie soll ich hier überleben?», klagte sie. Wenn am Brunnen mal etwas Wasser fliesse, so sei dieses stark verunreinigt und ungeniessbar. Die regionale Verwaltung versorge die Bewohner in der Waldlichtung nun drei Mal wöchentlich mit Trinkwasser, das sie aus einem grossen Tankwagen in Kanister abfüllen könnten.

Nadjeschda Kutscharenko muss fürchten, dass ihr Gelände samt der neuen Holzbaracke mittelfristig ganz abrutschen wird. Sie, die einfachen Leute, klagte sie, habe man in der Euphorie der Olympiabauerei links liegengelassen. Daran, dass man sich ihrer Probleme nach Abschluss der Spiele mal ernsthaft annehmen werde, mochte sie nicht glauben.

Auf der Rückfahrt zum Olympiapark sahen wir im Abendhimmel schon von weitem die olympische Flamme flackern. Nach einer Gesprächspause meinte Peter Düggeli, der in unserem Kleinbus neben mir sass, es sei irgendwie schade, dass es dem stolzen olympischen Feuer nicht gelinge, etwas Wärme in die Stuben jener Menschen zu bringen, die unter den Infrastrukturbauten für die Spiele besonders arg zu leiden haben. Und als sich nach unserer Einfahrt aufs Olympiagelände hinter uns der Schlagbaum senkte, waren wir wieder mitten in einer Welt, in der alles zu glitzern schien, und wo wenig daran erinnerte, welchen Preis die Prestigespiele vielen Menschen in der Gegend abgefordert hatten.

DIE UKRAINE UND DER MAIDAN – EINE UNABHÄNGIGKEIT UNTER ERSCHWERTEN BEDINGUNGEN

Auf dem «Maidan Nesaleschnosti», dem Kiewer Unabhängigkeitsplatz, haben in den letzten Jahren viele politische Weichenstellungen ihren Anfang genommen, welche die Geschichte der Ukraine nachhaltig geprägt haben. Hier entstand 2004/2005 die orange Revolution gegen den Wahlbetrug bei der Präsidentenwahl 2004.

2013/2014 wurde auf dem Maidan für eine Annäherung der Ukraine an den Westen, dann für den Rücktritt von Präsident Wiktor Janukowitsch, gegen die Justizwillkür, und für Reformen und Freiheit demonstriert. Nicht alle Proteste auf dem Maidan aber erreichten ihre Ziele, nicht alle waren auch gewaltfrei.

DIE UKRAINE

Mit ihren 603 700 km² (ohne Krim: 576 756 km²) ist die Ukraine der zweitgrösste europäische Staat (und etwas kleiner als Frankreich). Im Vergleich zu Russland ist die Ukraine mit ihren 45 Millionen Einwohnern (ohne Krim: ca. 42,5 Millionen Einwohner) verhältnismässig dicht bevölkert. Hauptstadt der Ukraine ist Kiew.

BEWEGTE GESCHICHTE

Die heutige Ukraine blickt auf eine sehr bewegte jüngere Geschichte zurück. Teile des heutigen Landes gehörten mal zu Polen-Litauen, dann zum Habsburgerreich, andere zum russischen Zarenreich, zu Rumänien oder zur Tschechoslowakei. Und einige dieser Gebiete wechselten ihre Zugehörigkeiten gleich mehrmals und gehörten zu gewissen Zeiten zu jedem dieser Reiche. Mit der Eroberung durch die Rote Armee und der Gründung der UdSSR (1922) kam es zur Bildung der Ukrainischen Sozialistischen Sowjetrepublik. Seit der Auflösung der UdSSR im Jahr 1991 ist die Ukraine ein unabhängiger und souveräner Staat.

Die Halbinsel Krim war einst Teil der Russischen SSR. Durch einen Verwaltungsakt des damaligen sowjetischen Generalsekretärs Nikita Chruschtschow ist die Krim 1954 aber der Ukraine zugeschlagen worden (siehe separater Abschnitt).

BEVÖLKERUNG
Die Bevölkerung des Landes setzt sich aus Angehörigen verschiedenster Ethnien, hauptsächlich aus Ukrainern (rund 78 %) und Russen (rund 17 %) zusammen. Ukrainisch ist die offizielle Landessprache. In einigen ukrainischen Regionen gilt auch Russisch als regionale Amtssprache.

WIRTSCHAFT
Wegen ihrer fruchtbaren Ackerflächen galt die Ukraine schon während der russischen Zarenzeit als Kornkammer, später – zur Zeit der Sowjetunion – als «Kornkammer der UdSSR». Auch heute bildet die Landwirtschaft einen wichtigen Pfeiler der ukrainischen Volkswirtschaft. Ein grosser Teil der Ernte geht nach wie vor in den Export. Durch «Land Grabbing» und langjährige Pachtverträge kontrollieren derzeit Firmen verschiedener ausländischer Staaten (China, Länder des Nahen Ostens, Russland und die USA) grössere ukrainische Ackerflächen. Sie profitieren von den vergleichsweise niedrigen Pachtzinsen. Diesen «Landraub» empfinden ukrainische Landwirte und ukrainische Landwirtschafts-Genossenschaften zum Teil als starke Einschränkung.

Wirtschaftlich wichtig in der Ukraine ist auch die Schwerindustrie, dann der Maschinen- und Fahrzeugbau, die Raumfahrtindustrie und die Förderung von Kohle und Stahl.

Die Bergbaugruben im Osten des Landes (Donetsk) müssten allerdings dringend saniert werden. Hier kommt es immer wieder zu bedauerlichen Unfällen.

DIE ORANGE REVOLUTION
Im Winter 2004/2005 hatten sich die Aktivisten der orangen Revolution gegen die Verfälschung des Stichwahlresultats bei der Präsidentschaftswahl aufgelehnt, eine Wiederholung der Stichwahl erzwungen und damit

dem reformerisch orientierten Präsidentschaftskandidaten Wiktor Juscht-schenko und dessen Regierungschefin Julia Timoschenko zum Durchbruch verholfen.

Doch der orangen Regierung war während ihrer ganzen Amtszeit kein Erfolg beschieden. Die Reformparteien waren seit der Wahl so zerstritten, dass im Winter 2010, bei der nächsten ordentlichen Präsidentschaftswahl, der fünf Jahre zuvor gescheiterte konservative Apparatschik Wiktor Janu-kowitsch – diesmal in einer offenbar grösstenteils fair verlaufenen Wahl – zum Nachfolger Juschtschenkos gekürt wurde. Übrigens abermals in einem zweiten Wahlgang. Mit der Wahl Janukowitschs wurde die ehrgei-zige und streitbare Julia Timoschenko, die 2010 gegen Janukowitsch ange-treten war, schroff abgestraft. Die orange Bewegung hatte fast all ihre Kraft verloren, die sogenannten Reformpolitiker hatten ihre einstigen Un-terstützer enttäuscht.

BERICHTERSTATTUNG VOM MAIDAN

«Zum Hotel Ukraina», sagte ich jeweils dem Taxifahrer, wenn ich auf dem Kiewer Flughafen Borispol ankam. Und der Fahrer reagierte – jedenfalls in jenen Wochen, in denen auf dem Maidan demonstriert wurde – meist etwas gereizt und meinte, er könne mich bloss in die Nähe des Hotels fahren, ich müsse dann selbst weitersehen, wie ich das «Ukraina» zu Fuss erreiche. Überhaupt: Die Proteste mitten im Stadtzentrum legten den Verkehr lahm. Deshalb sei es derzeit schwie-rig, die wichtigsten Orte in der Kiewer Innenstadt anzufahren.

Es gibt in Kiew zahlreiche schöne und auch nicht allzu teure Ho-tels. Das «Ukraina» aber war dasjenige, das für meine Zwecke das geeignetste war. Der 66 Meter hohe Hotelkomplex im stolzen stali-nistischen Architekturstil steht wie eine Trutzburg über dem Mai-dan Nesaleschnosti, dem Kiewer Unabhängigkeitsplatz. Von den Zimmern, die dem Platz zugewandt sind, hat man einen hervorra-genden Überblick über das Geschehen auf dem Platz und auch wei-ter zur Altstadt. Kaum jemand aber, der das Hotel von innen kennt, bucht hier freiwillig ein Bett für mehrere Nächte. Die über 370 Zimmer sind zwar gross, haben aber, abgesehen von wenigen «Lu-xuszimmern», fast alle undichte Fenster und können deshalb nicht richtig beheizt werden. So war das jedenfalls im Winterhalbjahr

2013/14. Man war deshalb nicht schlecht beraten, in den kalten Winterwochen einen warmen Schlafsack ins «Ukraina» mitzunehmen.

Wenn man mit dem Lift auf der Etage ankommt, so sitzt dort oft – noch ganz im sowjetischen Stil – eine schlechtgelaunte «Deschurnaja», eine Aufpasserin, die offiziell für das Wohlergehen der Gäste zu sorgen hat, die aber vor allem mit deren Überwachung beauftragt ist.

Am Frühstücksbuffet des Hotels gibt es zwar Brotscheiben, billige Wurst und Nescafé – viele aber, die hier nächtigen, ziehen es vor, den Arbeitstag nicht mit einem Frühstück im «Ukraina», sondern mit dem Besuch eines der italienischen Cafés im Stadtzentrum zu beginnen.

Für Journalistinnen und Journalisten, die im Winter 2013/14 rund um die Uhr über das Geschehen auf dem Maidan berichten mussten, hatte das Hotel aber nicht nur den Vorteil, dass man von seinen Zimmern aus den Maidan überblicken konnte. Das Hotel lag gewissermassen auch innerhalb der Barrikaden, welche die Protestbewegung rund um den Maidan hermetisch angelegt hatte. Vom «Ukraina» aus war man im Nu auf dem Platz oder auch im Pressezentrum der Euromaidan-Bewegung.

Etwas zeitaufwendiger war es aber, wenn man ausserhalb der Barrikaden einen Gesprächspartner treffen und andere Orte der ukrainischen Hauptstadt aufsuchen wollte.

SISYPHUS-EINSÄTZE VOR DER KAMERA
Vor allem viele TV-Journalistinnen und Journalisten wohnten während der Euromaidan-Proteste im «Ukraina». Denn die meisten technischen TV-Teams, welche Liveschaltungen über Satelliten-Links besorgten, hatten sich mit ihren Übertragungswagen und Kameras hier eingerichtet.

Meine Radioreportagen und Radiointerviews hätte ich wohl bequemer von einem anderen Hotel aus übermitteln können. Weil ich während meiner Kiewer Aufenthalte aber neben der Radioarbeit meist auch regelmässig fürs Fernsehen berichtete, verbrachte auch ich zahlreiche Nächte im «Ukraina».

Und dann, wenn in den meisten europäischen Hauptstädten Nachrichtensendungen ausgestrahlt wurden, stand ich oft auf einem der offenen Hotelbalkone und blickte in die schwarz schimmernde Linse der Kamera und ins grelle Scheinwerferlicht, das vom Innern des Hotelzimmers auf mich gerichtet war. Die Musik von der Maidantribüne und der Hintergrundlärm vom Platz waren manchmal so ohrenbetäubend, dass es nicht immer einfach war, die Instruktionen der Regie aus Zürich über den kleinen Kopfhörer mitzubekommen.

Diese Schaltungen, diese «stand ups», sind eine Welt für sich. Man muss sich daran gewöhnen, beispielsweise im -20°C kalten Wind während zwanzig Minuten auf einem Balkon zu stehen, sich dabei möglichst nicht zu bewegen und stets frisch dreinzublicken. Eine noch grössere Herausforderung aber waren diese Schaltungen für das technische Personal, das in den Zimmern arbeiten musste. Denn im Fünfzehnminutentakt mussten bei geöffneter Balkontür immer neue Schaltungen vorbereitet werden – für die deutschen Kolleginnen und Kollegen, jene aus Italien, Österreich, der Tschechei oder Frankreich, um nur einige zu nennen. Wir alle erzählten wohl etwa dasselbe. Wenn wir danach gefragt wurden, wie die jüngste Entwicklung wohl weiter verlaufen werde, konnten wir meist keine zuverlässige Prognose stellen. Also schilderte man das Gesehene und Erlebte, die aktuelle Stimmung, verwies auf Hoffnungen oder auch auf Gefahren, die in der Luft lagen.

Nach diesen Einsätzen ging ich jeweils rasch nach drinnen, rieb mir die Hände warm und überlegte, was ich vielleicht noch besser oder etwas anders hätte sagen können. Manchmal aber hatte ich auch Grund, stolz zu sein. Denn es ist mir bei diesen Schaltungen oft gelungen, wichtige Entwicklungen, die erst ganz knapp zuvor erkennbar geworden waren, in die Berichterstattung einzubauen und sachgerecht zu gewichten.

Etwas ausführlicher und auch etwas differenzierter als in den TV-Schaltungen konnte ich meist in den zahlreichen Radiosendungen berichten, die ich jeweils am gleichen Tag in die Schweiz übermittelte.

Parallel zur Berichterstattung aus Kiew war ich aber auch immer wieder in andern ukrainischen Regionen, in Donetsk, Charkiw, in Dnepropetrowsk oder Lemberg unterwegs.

Kiew aber hat mich stets fasziniert. Und anlässlich jener journalistischen Einsätze in der ukrainischen Hauptstadt, die weniger mit den Maidanprotesten zusammenhingen, habe ich in den mir zur Verfügung stehenden Randstunden ab und zu auch das kulturelle Angebot der Stadt genutzt. Nach Kiew bin ich stets gerne gereist. Als Journalist, aber auch als Privatperson.

DIE EUROMAIDAN-BEWEGUNG

Die Maidanproteste, die im Spätherbst 2013 entstanden, markierten den zweiten grossen Aufstand der letzten Jahre in der Ukraine, der von vielen Menschen mitgetragen wurde. Im Vorfeld der damals geplanten Unterzeichnung des Assoziierungsabkommens (EUAA) der Ukraine mit der Europäischen Union strömten Tausende Menschen auf den Maidan, um damit ihre Unterstützung für einen nach Westen ausgerichteten Kurs ihres Landes kundzutun.

Es waren aber nicht etwa ukrainische Reformer, nein, es war der konservative Präsident Wiktor Janukowitsch, der das Abkommen mit der EU ausgehandelt hatte! Janukowitsch stand zwar im Ruf, «russlandfreundlich» zu sein, er verstand es aber äusserst gut, gleichzeitig auf verschiedenen politischen Registern zu spielen – in Verhandlungen mit der EU, dann wieder in Gesprächen mit Russland.

Im Vorfeld der geplanten Vertragsunterzeichnung mit der EU spitzte sich innerhalb der Ukraine die Debatte darüber zu, inwiefern es zum damaligen Zeitpunkt tatsächlich sinnvoll sei, sich wirtschaftspolitisch der EU anzunähern. Einige Ukrainer fragten sich auch, ob es sich nicht vielmehr ungünstig auswirke, wenn sich die Ukraine mit dem EUAA von Russland und der «Zollunion» (später von der «Eurasischen Wirtschaftsunion») entfernte, die vom russischen Präsidenten Putin gewissermassen als Gegenmodell zur Europäischen Union ins Leben gerufen worden war.

Auch nicht zu Unrecht wurde sowohl in Russland, aber auch im Westen von russlandfreundlichen Kreisen kritisiert, dass sich westliche Politiker wie beispielsweise der damalige deutsche Aussenminister Guido Westerwelle mit ihren Auftritten auf der Maidanbühne in unangebrachter Weise in die ukrainische Innenpolitik einmischten und dabei unter der ukrainischen Bevölkerung unrealistische Hoffnungen weckten. Denn mit einer Unterschrift unter das EUAA, dies stand schon damals fest, blieb die Ukraine vorerst weit von einer EU-Vollmitgliedschaft und den erhofften Segnungen der EU entfernt.

Auch aufgrund meiner eigenen Recherchen bin ich damals zum Schluss gekommen, dass sich die angepriesenen Vorteile eines EUAA für die Ukraine kaum schnell einstellen würden. Im Gegenteil! Der Abkommensentwurf verpflichtete die Ukraine, vorerst mit grossen Aufwendungen ihre Produktionsstandards an jene der EU anzupassen. Von den angepriesenen Vorteilen eines EUAA, so meine damaligen Überlegungen, könnte die Ukraine, wenn überhaupt, erst sehr viel später profitieren.

Doch solche Überlegungen spielten damals im Kreis der Befürworter des Abkommens nicht die wichtigste Rolle. Ihnen ging es vielmehr um die Symbolik, um ein demonstratives Näherrücken der Ukraine an den Westen, um ein Abrücken vom «Russland unter Putin», um freiheitliche Standards, die sich am Vorbild der EU orientierten, aber auch um eine Beendigung der Justizwillkür und der in der Ukraine auch derzeit noch weitverbreiteten Korruption. Diese Wünsche waren auch für mich wiederum sehr gut nachvollziehbar.

DIE ZELTSTADT UND DER WIDERSTAND
VOM WINTER 2013 / 2014

Die EU und Russlands Präsident Putin warben also beide um die Gunst des ukrainischen Präsidenten. Während EU-Exponenten von Janukowitsch nicht zuletzt verschiedene Vorleistungen abforderten – etwa die bedingungslose Freilassung der damals inhaftierten Oppositionspolitikerin Julia Timoschenko – warnte Putin die ukrainische Regierung vor einem möglichen Handelsboykott Russlands und vor einer Verteuerung des Gaspreises, falls die Ukraine der EU näher rücke.

Blick über den Maidan Nesaleschnosti, Winter 2013/14

(grosses Foto © Daniel Wechlin, NZZ)

Die Ukraine und der Maidan – eine Unabhängigkeit unter erschwerten Bedingungen   155

Weil die Ukraine darin eine für ihn und die Organisation wichtige Partnerin wäre, versuchte Putin die Ukraine mit Nachdruck zu veranlassen, der von ihm und Weissrussland gegründeten «Zollunion», und später der «Eurasischen Wirtschaftsunion» beizutreten. Schliesslich stellte Putin der Regierung in Kiew eine Wirtschaftshilfe in Form eines 15-Milliarden-Dollar-Kredits in Aussicht – unter der Bedingung allerdings, dass die Ukraine das westliche EUAA nicht unterschreibt.

Janukowitsch liess schliesslich wissen, dass er das Abkommen vorerst nicht unterzeichnen und erst mal abwarten wolle. Diese Absage bildete den Auftakt zu den grösstenteils friedlichen Massenprotesten des Euromaidans, die sich stets verstärkten, bis Ende Februar 2014 anhielten und in einer gewaltsamen Auflösung gipfelten, die Dutzende von Toten forderte.

Am 8. Dezember 2013 beispielsweise strömten zwischen 500 000 und 800 000 Menschen zum Maidan. Die Zeltstadt, die danach rund um die dortigen Grünanlagen entstand, wurde von Tag zu Tag grösser.

Rund um das Protestcamp, quer über den «Chreschtschatik», die Hauptverkehrsachse im Zentrum der Stadt Kiew, aber auch bei den anderen Zufahrtsstrassen, wurden Barrikaden aus Holz, Autoreifen, Metall- oder Betonteilen aufgehäuft. Mit Holzkeulen bewaffnete Ordner der Protestbewegung überwachten dort das Geschehen. Wer auf den Maidan wollte, musste eine der engen und gut bewachten Lücken durch die Barrikaden benutzen. Oft herrschte hier grosses Gedränge.

Innerhalb der Absperrungen entstanden improvisierte Imbissstände, die Versammelten wärmten sich an offenen Feuern auf oder an solchen, die in Metallfässern loderten. Viele Protestierende äusserten ihre Vorstellungen mit humoristisch gestalteten Plakaten. Zeitweise, wenn auch ausserhalb des Maidans die Stimmung friedlich war, fühlte man sich hier wie auf einer nicht enden wollenden winterlichen Vollversammlung oder auf einem fröhlichen Open-Air-Konzert, das wegen der vielen Holzfeuer und dem starken Rauch atmosphärisch an eine grosse Waldlichtung erinnerte. Vor allem in den Abendstunden traten dann unzählige Rednerinnen und Redner auf einer eigens dafür errichteten, gedeckten Freilichtbühne auf; nachts wurden die Menschen, die auf dem Platz und in den Zelten meist einer eisigen Kälte trotzen mussten, mit Livemusik bei Laune gehalten. Frühmorgens gaben sich auf der Maidanbühne jeweils Kirchenvertreter ein Stelldichein. Gemeinsam wurde gebetet. Die Euromaidan-Bewegung erfreute sich einer spürbar breiten Unterstützung, jedenfalls bei der Bevölkerung in der Hauptstadt Kiew und im Westen des Landes.

Die Forderung nach einer Unterzeichnung des EUAA wurde auf dem Maidan schliesslich immer mehr von der Forderung überlagert, Präsident Janukowitsch müsse umgehend zurücktreten, es müssten sofort Präsidentschaftsneuwahlen stattfinden.

GEWALTTÄTIGKEIT AM RANDE DES MAIDANS

Während innerhalb des Maidans meist grösste Friedfertigkeit vorherrschte, dienten einzelne Randzonen – etwa die Strasse, die vom Kiewer Europaplatz zum Regierungsviertel hochführt – rechtsnationalen Kräften wie den Angehörigen des radikalen «Rechten Sektors» zuweilen als Aufmarschgebiet, wo man sich Gefechte, oder zumindest heftige Scharmützel mit den staatlichen Sicherheitskräften lieferte. Der Wurf von Pflastersteinen oder Molotowcocktails wurde meist mit Tränengas oder Gummischrotsalven beantwortet. An einigen Tagen ging die Staatsmacht äusserst brutal gegen die Demonstrierenden vor. Etwa in der Nacht vom 29. zum 30. November 2013, als protestierende Studenten auf dem Maidan mit Knüppeln geschlagen und von dort vertrieben wurden. Bei den täglichen Handgemengen am Europaplatz aber, oder bei jenen, die ich vor dem Justizministerium beobachten konnte, hielten sich die Polizisten meiner Meinung nach zurück. Nur dank dieser Tatsache haben die Auseinandersetzungen wohl nicht noch mehr Opfer gefordert.

Der radikale, nationalistisch gesinnte «Rechte Sektor», der – im Widerspruch zu ihrer Darstellung in der Propaganda aus Russland – in der institutionellen ukrainischen Politik aber kaum eine Rolle spielt, hatte mehrmals betont, dass er auch zum bewaffneten Kampf bereit sei. Die grosse Mehrheit auf dem Maidan, die meist besonnenen Kräfte, versuchte stets, diese Radikalen zurückzuhalten und forderte sie zum friedlichen, zum demokratischen Kampf auf. Die Rechtsradikalen erwiderten darauf, es sei letztlich ihrer Kampfbereitschaft zu verdanken, dass sich die Maidan-Bewegung auch während der bisher ernsthaftesten Stunden durchgesetzt habe.

FLUCHT DES PRÄSIDENTEN ODER STAATSSTREICH?

Am 21./22. Februar 2014 versuchten die damaligen Oppositionspolitiker Vitali Klitschko, Arsenij Jatsenjuk und Oleh Tjahnybok, Politiker aus drei völlig verschiedenen politischen Oppositionslagern – zum Teil parallel mit den ebenfalls verhandelnden Aussenministern Frankreichs, Deutschlands, Polens und dem Botschafter Russlands – zwischen der Maidan-Bewegung und dem ukrainischen Präsidenten Janukowitsch zu vermitteln. Dieser stimmte schliesslich einer Vereinbarung zu, wonach im Verlaufe des Jahres 2014 vorgezogene Präsidentschaftswahlen stattfinden sollten. Diese Einigung, die unter Vermittlung der offiziellen Vertreter Frankreichs, Deutschlands, Polens und Russlands zustande gekommen war, wurde auf dem Maidan aber nur mit Hohn quittiert. Janukowitsch müsse sofort abtreten, lautete nun ultimativ die Forderung.

Schon kurz zuvor in diesen Tagen hatten sich die Auseinandersetzungen zwischen Teilen der Maidan-Bewegung und den Sicherheitskräften radikalisiert. Die Polizei arbeitete dabei mit sogenannten Tituschkis zusammen, bewaffnete Agenten, die sich unter die Maidananhänger gemischt hatten. Diese, aber auch Teile der Maidan-Bewegung, setzten nun Schusswaffen ein. Die Schusswechsel und Kämpfe zwischen den brutal vorgehenden ukrainischen Sicherheitsorganen und den Protestlern forderten über 80 Tote und zahlreiche Verletzte. Das Hotel «Ukraina» über dem Maidan, das bisher vor allem als Pressezentrum gedient hatte, wurde so vorübergehend zu einem eigentlichen Lazarett. Hier wurden nun vorübergehend auch Tote aufgebahrt. Die Stimmung in Kiew und im ganzen Land war auf einem Tiefpunkt angelangt. Etwa gleichzeitig machte die Nachricht die Runde, wonach Präsident Janukowitsch geflüchtet sei. Er habe seinen prunkvollen Amtssitz Meschigorje verlassen und sich nach Osten, Richtung Russland abgesetzt.

Die Werchowna Rada, das ukrainische Parlament, bestimmte darauf (mit einem qualifizierten Mehr von 328 Stimmen von insgesamt 450 Abgeordneten) Olexander Turtschinow zum ukrainischen Übergangs-Staatspräsidenten. Sie setzten eine ausserordentliche Präsidentenneuwahl an, bei der im Juni 2014 Petro Poroschenko zum neuen Staatsoberhaupt erkoren wurde.

Bei der Wahl des ukrainischen Übergangspräsidenten am 23. Februar 2014, mit der gleichzeitig der bisherige Amtsinhaber Wiktor Janukowitsch für abgesetzt erklärt worden war, setzte sich das ukrainische Parlament übrigens aus einer Mehrheit von Abgeordneten der «Partei der Regionen» und der ukrainischen KP zusammen, die bislang stets Janukowitsch unterstützt hatten. Trotzdem: Ob das vom ukrainischen Parlament gewählte Vorgehen gesetzeskonform war, wird vor allem von vielen Janukowitsch-Anhängern und aus Russland bestritten. Sie stellen die Vorgänge vom 23. Februar 2014 als Putsch dar.

Es stimmt, dass die ukrainische Verfassung kein spezielles Vorgehen für den Fall vorgesehen hat, dass ein Staatsoberhaupt flüchtet. Trotzdem war die Amtseinsetzung von Turtschinow meines Erachtens zumindest legitim, war doch das Parlament gezwungen, für einen Ersatz für den geflüchteten Staatspräsidenten zu sorgen.

Zur allgemeinen Überraschung begannen in diesem Moment die Vorbereitungen für die völkerrechtswidrige Annexion der Halbinsel Krim durch Russland, und bald auch die bewaffnete Besetzung von Rathäusern und ganzen Ortschaften in der Ostukraine. Jetzt ging Russland in die Offensive!

ERINNERUNGEN

Auf dem Maidan verweisen auch heute noch Gedenktafeln auf die Opfer, welche die Euromaidanproteste gefordert haben. Als politische Siegerin dieser Vorkommnisse geht wohl die Protestbewegung in die Geschichtsbücher ein, auch wenn der Ausgang der Demonstrationen die Ukraine schliesslich in eine Situation manövrierte, die ihre Souveränität stark eingeschränkt hat.

Mich persönlich hat in den Wochen, in denen ich mich in der Nähe des Maidans aufhielt, die meist äusserst friedfertige Proteststimmung stark beeindruckt. Aber auch die Tatsache, dass in einem einst sozialistisch regierten Staat einfache Bürgerinnen und Bürger, Studenten, Teile des Mittelstands, aber auch Rentnerinnen und Rentner aufbegehrten und unter schwierigen Bedingungen für Veränderungen, für Freiheit kämpften, hat nicht nur mich als aussenstehenden Beobachter stark bewegt.

Die Euromaidan-Bewegung und auch die später neu ins ukrainische Parlament gewählten Abgeordneten haben allerdings noch längst nicht ihre Ziele erreicht. Noch immer kämpft das Land mit einer immensen Korruption. Die Ukraine steckt nach wie vor in einer schweren Wirtschaftskrise. Zudem belasten nun die Krim-Annexion und die Situation in der Ostukraine die Tagespolitik des Landes schwer.

Wenn die hehren Ziele des Euromaidans dereinst verwirklicht werden sollten, benötigt die Ukraine einen geduldigen europäischen Beistand. Denn die Begehrlichkeiten des grossen Nachbarn im Norden sind unübersehbar und könnten vieles von dem gefährden, was inzwischen wenigstens in Ansätzen erreicht wurde.

Im Kampf gegen die Korruption und gegen die nach wie vor ungebrochene wirtschaftliche und politische Vormachtstellung vieler Oligarchen benötigt die Ukraine aber dringend die Umsetzung (und nicht bloss Ankündigung) eigener Reformen!

Im tiefen Winter in Kiew

MEINE TIPPS FÜR KURZBESUCHE IN KIEW

ALLGEMEINES

- Eine wichtige Annehmlichkeit für Besucher aus der Schweiz oder aus dem EU-Raum ist gewiss, dass für Touristenreisen in die Ukraine kein Visum benötigt wird. Lediglich ein noch sechs Monate über die geplante Reise hinaus gültiger Reisepass ist nötig. Von Zürich aus werden Direktflüge nach Kiew angeboten.

- Die wichtigsten Sehenswürdigkeiten der ukrainischen Hauptstadt liegen fast alle im Zentrum. Viele sind von den im Stadtzentrum gelegenen Hotels auch leicht zu Fuss erreichbar.

SIGHTSEEING-TIPPS FÜR KURZBESUCHER

- Einen ersten Überblick verschafft man sich am besten, wenn man sich auf den Maidan begibt, auf dem sich 2004 und 2013/14 Zehntausende Protestierende versammelt hatten. 2004 anlässlich der «orangen Revolution», die sich gegen die gefälschte Präsidentschaftswahl gerichtet hatte; 2013/14 bei den Protesten, die sich für einen nach Westen ausgerichteten Kurs der Ukraine einsetzten und schliesslich das Ende der Regierung von Präsident Wiktor Janukowitsch einleiteten.

- Vom Maidan ist man innert Minuten bei der wiederaufgebauten blauen Michaelskathedrale, einem wichtigen kirchlichen Zentrum von Kiew.

- In Sichtweite der Michaelskathedrale befindet sich die äusserst sehenswerte Sophienkathedrale. Diese dient derzeit als Museum. Tickets für die eigentliche Kathedrale müssen separat gelöst werden (beim Eingang zum Areal, links).

- Der Maidan wird vom Chreschtschatik durchkreuzt, der eigentlichen Prachtstrasse Kiews. An ihm befinden sich mehrere impo-

Die Michaelskathedrale

sante Gebäude und Luxusgeschäfte. An Wochenenden und an Feiertagen wird ein Teil des Chreschtschatik jeweils in eine breite Fussgängerzone verwandelt.

- Am Südende des Chreschtschatik lohnt ein kurzer Besuch des traditionellen bessarabischen Marktes. An den offenen Ständen im Gebäude werden Gemüse, Früchte, Fleisch und Delikatessen angeboten.

- Keinesfalls verpassen sollte man einen Besuch des Höhlenklosters Petscherska Lawra, das etwas ausserhalb des Stadtzentrums liegt, mit Bussen oder per Taxi aber gut erreichbar ist. Besonders prachtvoll präsentiert sich beim oberen Eingang des Klosters die opulent geschmückte Mariä-Himmelfahrtskathedrale. Wer die eigentlichen Höhlen besichtigen möchte, ist gut beraten, dies wegen des Publikumsandrangs möglichst frühmorgens und nicht an einem kirchlichen Feiertag zu tun. Zeitbedarf für die gesamte Klosteranlage: gut und gerne einen halben Tag!

- Wer sich als Tourist mit landestypischen Mitbringseln (Mützen, Hemden, Schals, Holzfiguren, Souvenirs etc.) eindecken möchte, sollte tagsüber die offenen Verkaufsstände am Andreassteig aufsuchen. (Von der Sophienkathedrale zu Fuss in 5 Minuten erreichbar.)

- Dort, am Steilhang über dem Fluss Dnepr, befindet sich auch die orthodoxe Andreaskirche, ein Barockbau, der für diese Gegend untypisch ist.

- Attraktiv ist auch der Besuch einer Oper im Taras-Schewtschenko-Opernhaus. Am einfachsten (und günstigsten) ist es, wenn man sich dort selbst die Tickets holt (Nähe Goldenes Tor).

Empfohlener kleiner Reiseführer:
City Trip Kiew, Verlag Reise Know-How, Bielefeld, 2013

Begleitliteratur zur Ukraine (und zum Konflikt Russland/Ukraine):
Karl Schlögel: «Entscheidung in Kiew», Carl Hanser Verlag, München, 2015

Im Khan-Palast von Bachtschissaraj

«KRIM NASCH» –
«DIE KRIM IST UNSER»

Es ist März 2014. Die jüngsten Ereignisse in Kiew sind noch ganz frisch. Da richtet sich die Aufmerksamkeit der Weltöffentlichkeit auf die ukrainische Halbinsel Krim.

Noch war zwar wenig bekannt. Bloss, dass es auf der Krim angeblich Spannungen geben soll und dass dort Kundgebungen gegen die neu ins Amt eingesetzte ukrainische Regierung stattfänden. In den russischen Medien war auch von Selbstverteidigungskräften zu hören, welche die russische Bevölkerungsmehrheit auf der Krim schützen wolle.

Unser Flugzeug aus Moskau setzte am 27. Februar 2014 auf dem Flughafen von Simferopol sanft auf. Als ich links aus dem Fenster schaute, staunte ich nicht schlecht. Mehrere russische Militärtransportmaschinen waren offenbar zuvor gelandet. Ich beobachtete, wie diese – etwas abseits des Zivilflughafens – weggeschleppt wurden. Beim Aussteigen aus dem Flugzeug über die Aussentreppe konnte ich von weitem aber nur noch eines dieser Flugzeuge erkennen.

Im Unterschied zu den sonst üblichen ukrainischen Grenzkontrollen stellte der ukrainische Grenzbeamte keine Fragen. Er öffnete vielmehr wortlos meinen Pass, machte von dessen Hauptseite eine elektronische Kopie und drückte wortlos den Einreisestempel auf eine der letzten Seiten meines Reisepasses. Hinter den ukrainischen Grenzbeamten patrouillierten grün uniformierte junge Männer, die schwarze Gesichtsmasken über den Kopf gezogen hatten. Es waren Uniformierte ohne Grad- und ohne andere Abzeichen, die auf eine Organisation, eine militärische Einheit oder auch nur auf den Staat, dem sie angehörten, schliessen liessen. Auffallend an diesen grünen Uniformen war bloss, dass sie offensichtlich neu waren.

Ich war zusammen mit meinem damaligen Korrespondentenkollegen Daniel Wechlin von der NZZ unterwegs. Als wir vor dem Flughafengebäude nach einem Taxi Ausschau hielten, standen dort Dutzende solch' grün Uniformierter auf dem Trottoir. Sie hatten alle eine Kalaschnikow geschultert und trugen ebenfalls Gesichtsmasken, die unter dem Helm Nase und Mund abdeckten. Wir sollten die Strassenseite wechseln, wurden wir bestimmt und freundlich aufgefordert. Hinter dieser Gruppe, die uns diese Trottoirseite versperrte, entdeckte ich hinter einem breiten Gebäudeeingang weitere grün Uniformierte. Später stellte sich heraus, dass wir von Moskau aus etwa gleichzeitig mit rund 2000 russischen Soldaten gelandet waren, die noch an diesem Tag den Flughafen von Simferopol und vor allem das Gebäude des Krimparlaments besetzten.

Es war bekannt, dass auch in den vergangenen Tagen auf der Krim Hunderte solcher grün Uniformierter die wichtigsten Plätze, die Eingänge vor Behörden oder Zugänge zu den Kasernen besetzt hatten. Die Krimbewohner (und die russischen Medien) nannten diese Uniformierten etwas sarkastisch «freundliche grüne Männchen». «Freundlich», weil sie sich zwar stets bestimmt, gleichzeitig aber auch auffallend freundlich verhielten, und «Männchen», weil sie ihre Identität nicht preisgeben wollten. Sie sprachen auch möglichst kein Wort, gaben vor allem keine Auskunft darüber, wo sie herkamen und weshalb sie überhaupt hier waren. Sie markierten bloss überall Präsenz. An den wichtigsten Verkehrsknotenpunkten der Halbinsel, vor allen wichtigen Regierungs- und Verwaltungsgebäuden, vor den Zugängen zu den verschiedenen ukrainischen und russischen Militäranlagen und auf den Flughäfen.

Allein wegen ihrer immer grösser werdenden Zahl und auch aufgrund ihrer Erscheinung war klar, dass es sich bei ihnen nicht um Teile des russischen Marinekontingents handeln konnte, das – völlig legal – an der Krimküste, auf den Schiffen und in den Unterkünften der russischen Schwarzmeerflotte in Sewastopol untergebracht war. Gemeinsam mit der ukrainischen Flotte teilten sich dort Ukrainer und Russen bis zur russischen Krim-Annexion die militärischen Hafenanlagen. Die Ukraine hatte Russland die Nutzung des ukrainischen Militärhafens aufgrund eines Mietvertrages gestattet und dadurch die Fortsetzung der Nutzung des Hafens von Sewastopol durch die russische Marine erlaubt. Bislang hatte es kaum Probleme mit dieser militärischen «Kohabitation» in Sewastopol gegeben, auch wenn die Ukrainer kaum darob erbaut waren, als russische Kampfschiffe während des Georgienkrieges von Sewastopol zur georgischen Küste ausliefen und dort – vor der Küste von Poti – im Krieg mitmischten.

Daniel Wechlin und ich fuhren mit einem Taxi in die Innenstadt der Krim-Hauptstadt Simferopol und bezogen dort unsere vorbestellten Hotelzimmer. Noch beobachteten wir ausser den «grünen Männchen» wenig Aussergewöhnliches. Auf den Treppenstufen, die von der Hotelhalle zu den Zimmern führten, sassen zahlreiche andere Journalisten mit ihren Laptops und nutzten das Hotel-WiFi, um Nachrichten zu empfangen und Text zu übermitteln. Vom Hotel aus waren Megaphon- und Kundgebungsgeräusche aus der Parkanlage vor dem Parlamentsgebäude zu hören. Schon auf dem Weg dorthin versuchten wir, mit den Einwohnern Gespräche zu führen. Die meisten waren etwas irritiert und verunsichert, wussten nicht, was geschah. Irgendwie, so mein Eindruck, herrschte eine Art Ausnahmezustand. Es gab Läden rund ums Parlamentsgebäude, die ihre Eingangstür geschlossen hielten. In andern drängten sich die Leute vor den Ladentischen und versorgten sich mit Lebensmitteln.

Rund um das weiss getünchte Parlamentsgebäude hatten sich so etwas wie Gruppenführer positioniert, die von Leuten begleitet waren, die russische Flaggen und Kleintransparente schwenkten. Eine andere Gruppe verteilte russische Ansteckwimpel. Auf einer Balustrade über dem breiten Eingang zum Parlamentsgebäude war gut sichtbar ein Schütze mit einem Maschinengewehr positioniert. Der Eingang zum Parlamentsgebäude war durch zahlreiche weitere grün Uniformierte abgesperrt. Eine Frauengruppe umrundete das Gebäude und sang patriotische Volkslieder aus der Ära des Zweiten Weltkriegs, des «Grossen Vaterländischen Krieges». Andere Leute verteilten Flugblätter, auf denen die jüngste Politik aus Kiew und die Wahl des Übergangspräsidenten gebrandmarkt und davor gewarnt wurde, dass die Rechte der russischen Bevölkerung auf der Krim bedroht seien. Die Stimmung insgesamt aber schien zu diesem Zeitpunkt friedlich. Zwei Tage zuvor war es hier zu Auseinandersetzungen zwischen pro-russischen Demonstranten und ukrainetreuen Krimtataren gekommen.

Die Taxifahrer auf der Krim hatten schnell verstanden, auf welche Seite sie sich symbolisch schlagen mussten. An den Rückspiegeln und Aussenantennen flatterten nun russische Embleme im Fahrtwind. Und auch an den Glasscheiben der Wechselstuben steckten russische Wimpel. «Krim nasch – die Krim gehört zu Russland» – das war nun das Motto, mit dem überall auf der Halbinsel in den Farben der russischen Flagge für ein Referendum geworben wurde.

Der Abstimmungstermin für das geplante Referendum ist zwei Mal vorverschoben worden. Noch war auch unklar, ob und wie dieses Referendum allenfalls mit der ukrainischen Regierung in Kiew abgestimmt werden sollte, und auch, welche Rolle Russland bei der Abstimmung spielen würde.

Bei der Russischen Schwarzmeerflotte im Hafen von Sewastopol

In den Tagen, nachdem das Krimparlament in Simferopol die Abhaltung einer solchen Referendumsabstimmung zum Anschluss der Krim an Russland beschlossen hatte, reiste ich quer über die Halbinsel. Zuerst suchte ich in Simferopol die Medschlis auf, die Vereinigung der Krimtataren, danach tatarische Bewohner in einer Siedlung in der Region von Bachtschissaraj, dem kulturellen Zentrum der Krimtataren. Diese Tatarensiedlungen liegen hauptsächlich südwestlich der Krimhauptstadt Simferopol, etwa auf halber Strecke auf der Fahrt nach Sewastopol. Sie seien nicht erfreut über das vom Krimparlament eigenmächtig organisierte und nicht verfassungsmässige Referendum, erklärten mir die Tataren. Man habe kein Vertrauen, dass es der tatarischen Minderheit unter russischer Führung besser ergehen könnte als unter dem bisherigen ukrainischen Regime. Vor allem die älteren unter den Tataren, die seinerzeit selbst – damals noch als Säuglinge oder im Kindesalter – nach Zentralasien deportiert worden waren, stehen nach wie vor unter dem Schock der damaligen Ereignisse, die sie am eigenen Leib erlebt hatten. Und sie setzen die Russen oft mit der damaligen Sowjetführung gleich, als deren Opfer sie sich fühlen.

Von der Tatarensiedlung reiste ich weiter in die zum Teil pittoreske Hafenstadt Sewastopol, die aufgrund ihrer wichtigen Bedeutung als Marinebasis eine eigene administrative Einheit der Krim bildet. Hier sorgten prorussische Aktivisten auf den zentralen Plätzen und in den Parkanlagen der Stadt für eine Volksfeststimmung. Auf mehreren Bühnen fanden fast rund um die Uhr Konzerte statt, es wurden Reden gehalten, russische Flaggen und Transparente mit dem Porträt des russischen Präsidenten Putin geschwenkt und Volkslieder gesungen, die vielen auch aus der sowjetischen Vergangenheit in Erinnerung geblieben sind.

Nur ausländischen Journalisten gegenüber waren viele skeptisch. Von den Westlern wusste man, dass sie – im Gegensatz zu den Russen und vielen Krimbewohnern – das Referendum als nicht verfassungskonform, ja als völkerrechtswidrig einstuften. Die «stand ups», die Liveschaltungen fürs Fernsehen aus Sewastopol wurden deshalb manchmal zu kleineren Abenteuern. Denn solche Schaltungen macht man meist nicht aus einer verdeckten Position eines Hinterhofs, sondern möglichst an einer Stelle, von der die Zuschauerinnen und Zuschauer im Hintergrund des Bildes auch die vom Korrespondenten beschriebene Kulisse überblicken können.

Strassenszene in Sewastopol

DIE KRIM-ANNEXION – EIN ÜBERBLICK

- Die Halbinsel Krim war einst Teil der RSFSR, der Russischen Sowjetischen Föderativen Sowjetrepublik. 1954 schlug der damalige KPdSU-Generalsekretär Nikita Chruschtschow die Krim mit einem Verwaltungsakt aber der damaligen Sowjetrepublik Ukraine zu. Dies spielte in der zentralistisch regierten UdSSR nicht wirklich eine grosse Rolle. Russland und die Ukraine gehörten damals beide zur Sowjetunion. Mit der Auflösung der UdSSR aber war die Krim völkerrechtlich Teil der Ukraine, die nun – genauso wie beispielswiese Kasachstan – zu einem (auch von Russland) unabhängigen, souveränen Staat geworden war.

- Die territoriale Zugehörigkeit der Krim zur Ukraine ist von Russland auch mit dem Budapester Memorandum von 1994 bestätigt worden, in dem Moskau unmissverständlich garantiert hat, die (damals bestehende) territoriale Einheit der Ukraine zu respektieren.

- Russland war trotz dieser Faktenlage auch nach dem Zerfall der UdSSR auf der Krimhalbinsel präsent. Es wollte seine Schwarzmeerflotte nicht dislozieren und liess sich durch einen langjährigen Pachtvertrag Nutzungsrechte am Kriegshafen von Sewastopol durch die Ukraine einräumen.

- Während der Amtszeit des früheren ukrainischen Präsidenten Wiktor Juschtschenko (2005 – 2010) war in den Kiewer Sitzungszimmern offenbar immer wieder mal erörtert worden, dass die Ukraine unter Umständen mal der NATO beitreten könnte. Konkrete Verhandlung über einen NATO-Beitritt der Ukraine haben aber nie stattgefunden. Ein NATO-Beitritt wäre damals in der ukrainischen Bevölkerung auf klare Ablehnung gestossen. Dies haben mehrere repräsentative Umfragen ergeben. Die Ukrainerinnen und Ukrainer hätten nämlich befürchtet, mit einer Mitgliedschaft im westlichen Verteidigungsbündnis selbst auch Soldaten für internationale NATO-Missionen stellen zu müssen. Mit Blick auf die seinerzeite Invasion sowjetischer Truppen in Afghanistan erinnert man sich in der Ukraine nämlich nur ungern an die Folgen solcher Missionen.

- Trotzdem war in Russland oft die Befürchtung zu hören, der ukrainische Teil des Krim-Kriegshafens in Sewastopol könnte dereinst mal zu einem NATO-Stützpunkt werden. Auch der Pachtvertrag, mit dem sich die Russen dort ihr Bleiberecht sichern wollten, war nicht für die Ewigkeit garantiert. In Kiew wurde anfangs 2014 auch die Forderung laut, man solle den Mietvertrag für die Hafenanlagen mit Russland vorzeitig, vor der von Präsident Janukowitsch bis 2042 verlängerten Frist, aufkündigen. In Russland hat man deshalb nicht ganz grundlos die Befürchtung gehegt, mittelfristig die Hafenanlagen der russischen Schwarzmeerflotte räumen zu müssen. Für die russische Krim-Annexion mögen verschiedenste Begründungen geltend gemacht werden. Das Nutzungsrecht für den Hafen von Sewastopol aber stand meines Erachtens für die Russen als Anlass für die Annexion im Vordergrund. Der sogenannte Sprachenstreit, wonach den Russen auf der Krim demnächst verboten werde könnte, in offiziellen Angelegenheiten auf Russisch zu kommunizieren, diente meinen Mutmassungen zufolge mehr als vorgeschobenes Scheinargument.

- Auch während der letzten Jahrzehnte stellten Russinnen und Russen (mit etwa 60 %) die Bevölkerungsmehrheit auf der Krim. Die Ukrainer stellten mit ca. 25 % eine gewichtige Minderheit. Die Titularbevölkerung der Halbinsel, die Krimtataren, die während des Zweiten Weltkriegs von Stalin der möglichen Kollaboration mit den Truppen des Dritten Reichs beschuldigt wurden und deshalb nach Zentralasien deportiert worden sind, stellten vor der Krim-Annexion (anfangs 2014) mit 280 000 Personen etwa 12 % der Krimbevölkerung. (Ein Grossteil der unter Stalin deportieren Tataren hatte unter Gorbatschow wieder zurückkehren dürfen.)

- Abgesehen von den Krimtataren, welche wegen der Deportationen unter Stalin ein eher gespanntes Verhältnis zu Moskau hatten, identifizierten sich viele Krimbewohner stets stark mit Russland. Russisch ist auch die meistgehörte Umgangssprache auf der Halbinsel (ähnlich wie übrigens auch in der ukrainischen Hauptstadt Kiew!).

- Am 27. Februar 2014 besetzten «grüne Männchen» (russische Soldaten) zeitweise den Flughafen und dann vor allem das Parlamentsgebäude in der Krimhauptstadt Simferopol.

- Sergej Aksjonow, ein Abgeordneter der damaligen ukrainischen Splitterpartei «Russische Einheit» ordnete eine ausserordentliche Sitzung des Krim-Parlamentes an. Zu dieser Sitzung vom 27. Februar 2014 wurden aber nur jene Abgeordneten zugelassen, deren Anwesenheit von Aksjonow erwünscht worden war. Diesen Parlamentsabgeordneten wurden von bewaffneten «grünen Männchen» am Eingang zum Parlamentsgebäude die Mobiltelefone abgenommen. Die Sitzung fand unter Ausschluss der Öffentlichkeit und in Präsenz bewaffneter Soldaten statt.

- An dieser Sitzung wurde der bisherige Ministerpräsident der Krim, ein Parteigänger des abgesetzten ukrainischen Präsidenten Janukowitsch, abgesetzt. An seiner Stelle liess sich Sergej Aksjonow, der in Moskaus Gnaden stand, zum neuen Krim-Ministerpräsidenten bestimmen.

- Gleichzeitig soll an dieser Sitzung beschlossen worden sein, am 25. Mai, gleichzeitig mit den vorgezogenen ukrainischen Präsidentschaftswahlen, ein Referendum durchzuführen, an dem sich die Krimbewohner dazu äussern sollten, ob sich die Krim der Russischen Föderation anschliessen solle.

- An der Sitzung, die diese Beschlüsse fasste, kam zuverlässigen Quellen zufolge das dazu erforderliche Quorum aber nicht zustande. Einige Quellen sprechen von 43, andere gar von nur 36 Abgeordneten, die der Sitzung beigewohnt hätten. Aus rechtlicher Sicht aber ist das völlig unerheblich, weil die ganze Abstimmung nicht mit der geltenden ukrainischen Verfassung in Einklang zu bringen und damit illegal war.

- Igor Girkin, mit Übernamen «Strelkow», ehemaliger russischer KGB-Offizier, war seinem eigenen Bekunden zufolge vom Moskauer Kreml beauftragt worden, die Vorbereitung des Krim-Referendums vor Ort in die Wege zu leiten. Später bekleidete

Girkin die Funktion des Verteidigungsministers der «Unabhängigen Volksrepublik von Donetsk». Am 23. Januar 2015 erklärte Girkin im russischen Internet-TV-Kanal «NeuroMir» zur Parlamentssitzung vom 27. Februar 2014 in Simferopol: *«Die Abgeordneten mussten gewaltsam gesammelt und in den Sitzungssaal getrieben werden, damit sie die Gesetze (zur Vorbereitung der Krim-Annexion an Russland) verabschiedeten».*

- «Nein, das sind nicht unsere Leute.» Mit diesen Worten stritt Präsident Putin im Mai 2014 ab, dass russische Soldaten auf der Krim interveniert hatten. Ein paar Wochen später, im Juni 2014, erklärte er das Gegenteil und sagte: *«Wie ich schon immer (!) gesagt habe, waren das selbstverständlich unsere Leute.»* In einem Dokumentarfilm aus dem Jahr 2015 schliesslich versuchte Putin den Eindruck zu erwecken, er habe in der Nacht vom 22./23. Februar 2014 spontan (und unmittelbar nach der Absetzung des ukrainischen Präsidenten Janukowitsch) entschieden, auf der Krim zu intervenieren. Die russischen Soldaten, die für die Sonderoperation auf die Krim abkommandiert worden waren, sind von Putin allerdings mit einer Ehrenmedaille ausgezeichnet worden, mit der ihnen für ihren Krim-Einsatz ab dem 20. Februar 2014 (als Janukowitsch noch im Amt war) gedankt wird.

- Das Referendum fand schliesslich bereits am 16. März 2014 statt. Nach offiziellen Verlautbarungen haben sich 96,77 % der abgegebenen Stimmen für einen sofortigen Anschluss der Krim an Russland ausgesprochen. Die Stimmbeteiligung habe 83,1 % betragen. Ich selbst war am Abstimmungstag vor Ort, in der Stadt Sewastopol und in der Region östlich von Sewastopol. Dort hatte ich den ganzen Tag zahlreiche Abstimmungslokale aufgesucht und dabei den Eindruck gewonnen, dass nur wenige Krimbewohner an der Befragung teilnahmen. Dieser Eindruck wurde durch den «Menschenrechtsrat beim Russischen Präsidenten» bestätigt. In seiner Bilanz ist dieses Gremium, das Präsident Putin verpflichtet ist, zum Schluss gekommen, dass an diesem Urnengang lediglich zwischen 30 und 50 % der Abstimmungsberechtigten teilgenommen hätten. Und dass die Zustimmungsrate zum sofortigen Krimanschluss an Russland zwischen 50 und 60 % betragen habe. Nicht ganz unwichtig auch: Die Abstimmenden hatten eigentlich keine Möglichkeit, mit «Nein» zu stimmen!

- Am 17. März stellte die neue Krimregierung gegenüber Russland ein Gesuch um Aufnahme der Krimhalbinsel in die Russische Föderation. Kurz danach, am 21. März 2014, entsprach Russland diesem Gesuch.

- Russlands Präsident Putin hatte noch vor dem Referendum stets erklärt, wie wichtig es sei, die Rechte von Minderheiten zu schützen. Nach der Krim-Annexion durch Russland sind die Rechte der Krimtataren aber massiv eingeschränkt worden. Dem dreisprachigen, von Tataren geführten TV-Sender ATR wurde die Sendekonzession entzogen – angeblich (so die russische Erklärung) wegen formeller Verfahrensfehler der tatarischen Seite. Und im Frühjahr 2016 ist auch der Medschlis, das Parlament der Tataren, von den russischen Behörden als extremistische Organisation eingestuft und verboten worden. Tausende Tataren haben seit der Krim-Annexion ihre Heimat verlassen; die meisten haben in der Ukraine Zuflucht gesucht. Wichtigen Führungsfiguren der Krimtataren wird der Zugang zur Krim durch Russland verweigert.

Ein erstes Mal drohten die geplanten Schaltungen beinahe zu platzen, als die aus Moskau angereiste technische TV-Equipe der European Broadcasting Union (EBU) einen in den ukrainischen Landesfarben angemieteten Übertragungswagen am Quai des Hafengeländes installierte.

Die russische Equipe, die aus Moskau angereist war, hatte zwar das Parken des Wagens und die «stand-up» Position am Ufer des zivilen Hafens mit den örtlichen Behörden, der Polizei und auch mit der Führung der «grünen Männchen» abgesprochen. Doch inzwischen hatten sich auch eifrige Bürgerwehren gebildet, welche die russischen Soldaten unterstützen wollten. Eine Gruppe junger Männer in privaten Tarnanzügen warnte mich und einen tschechischen Kollegen: Wenn wir nicht genehm berichteten, könne man uns beispielsweise über die Hafenmole ins Meer schmeissen. Diese Männer waren bewaffnet, hatten eine eigene Kamera mitgebracht und versuchten zuerst, unsere Arbeit zu blockieren, später dann unsere «stand ups» mit ihrer Kamera mitaufzuzeichnen. Man werde meine Aussagen und jene meines tschechischen Kollegen übersetzen lassen und allenfalls reagieren. Man wisse, in welchem Hotel wir wohnten. Nur dank der Vermittlung durch unsere russischen EBU-Kollegen, mit denen wir auch in Moskau stets freundschaftlich zusammengearbeitet hatten, konnten wir unsere Schaltungen schliesslich wie geplant durchführen.

Unangenehm – und trotzdem ein spannendes Erlebnis – waren die Schaltungen, die ich später direkt von einer stark frequentierten Strasse der Altstadt von Sewastopol vom Trottoir aus machte. Wir hatten unsere Satellitenschüssel demonstrativ in der Nähe des russischen Senders NTV – gewissermassen in seiner Deckung – aufgestellt, in der Hoffnung, von den Passanten vielleicht etwas weniger gestört zu werden. Diese aber hatten unsere Absicht durchschaut. Ihnen war klar, dass wir nicht fürs russische, sondern für ein anderes Publikum berichten würden. Man hat mich dort auf dem Trottoir aber nicht bedroht, bloss – was einem Korrespondenten aber auch am Zürcher Bellevue passieren kann – mit hörbaren Kommentaren während der Liveschaltungen stark zu irritieren versucht.

HOFFNUNG AUF SEGNUNGEN AUS RUSSLAND

Die Mehrheit der Menschen, die ich damals in Sewastopol zu einem allfälligen Anschluss an Russland befragte, befürworteten einen solchen Schritt. Viele verbanden die Annexion mit der Hoffnung, dass ihnen wohl bald höhere Renten in Rubel ausbezahlt würden und überhaupt, dass das Leben unter russischer Führung «besser» werde. Jene, die sich mit der Abstimmung schwertaten, äusserten ihre Skepsis in den Tagen nach Bekanntwerden des geplanten Referendums noch unbeschwert und offen. Als ich zum Abstimmungstermin wieder auf die Krim kam, war diese Offenheit deutlich zurückgegangen. Kritiker der Annexion äusserten ihre Skepsis nun nur noch hinter vorgehaltener Hand oder dann, wenn sie den Eindruck hatten, nicht beobachtet zu werden. Ich entschied mich deshalb, bei der Produktion meiner Radiobeiträge nicht mehr mit ausgestrecktem Mikrofon, sondern nur noch mit diskret in der Hand gehaltenem Aufnahmegerät auf die Leute zuzugehen.

Bei einem Besuch ein halbes Jahr nach der erfolgten Krim-Annexion war noch deutlicher spürbar, dass sich nun viele fürchteten, überhaupt mit westlichen Journalisten zu sprechen. Als ich die im Februar 2014 besuchte Tatarenfamilie bei Bachtschissaraj nochmals aufsuchte, war dieser Besuch der Familie – trotz unserer vorherigen telefonischen Absprache –

spürbar unangenehm. Man könne sich als Tataren kaum mehr erlauben, mit Journalisten gesehen zu werden. Auch nicht von den langjährigen tatarischen Nachbarn, denn man wisse nie, von wem man allenfalls «verpfiffen» werde.

Auch den Muezzin, den ich in der kleinen Moschee des Dorfes wieder aufsuchen wollte, gab's nicht mehr. Er hatte die Krim verlassen. Die kleine Moschee war nun auch zur Gebetsstunde geschlossen.

Bei vielen Russen und Ukrainern gilt die Krim als Sonnen- und Badeparadies. Ähnlich wie das abtrünnige georgische Abchasien, ähnlich wie die Uferanlagen von Sotschi. Landschaftlich ist die Krim tatsächlich ausserordentlich schön. Die touristische Infrastruktur aber hat seit dem Zusammenbruch der UdSSR stark gelitten. Die einstigen staatlichen Erholungsheime entsprechen längst nicht mehr den Ansprüchen russischer und ukrainischer Touristen. Fast überall fehlt es an Investitionen. Vielerorts sind zu allem Elend auch die Strände mit Abfall übersät.

Doch die russische Regierung setzt seit der Krim-Annexion alles daran, die Badezonen der Halbinsel zu einem möglichst attraktiven Ferienziel für Russen aus dem kühlen Norden zu machen. Ein Ferienaufenthalt auf der Krim schlägt für sie derzeit aber meist teurer zu Buche, als wenn sie ein Pauschalangebot in die Südtürkei oder nach Ägypten buchen, wo sie sich gastronomisch meist auch sehr viel besser bedient fühlen.

Die westliche, ja, der grösste Teil der internationalen Staatengemeinschaft war über die Vorgänge auf der Krimhalbinsel, über das russische Vorgehen mit den «grünen Männchen», über die Art und Weise, wie das Annexions-Referendum durchgeführt worden war, schockiert. Das von Russland eigenmächtig gewählte Vorgehen widerspricht aus ihrer Sicht – und übrigens auch aus offizieller Sicht der Schweiz – in krasser Weise dem Völkerrecht. Für die grosse Mehrheit der internationalen Gemeinschaft gehört die Halbinsel Krim deshalb völkerrechtlich nach wie vor zur Ukraine. Sie ist ein derzeit durch Russland militärisch besetztes Territorium, das durch das eigenmächtige russische Vorgehen der Kontrolle durch die Ukraine entzogen ist. Deshalb, aber auch wegen des kriegerischen Eingreifens in der übrigen Ostukraine und vor allem nach dem Abschuss der malaysischen Passagiermaschine über der Ostukraine, haben die EU und die USA noch im Jahr 2014 Sanktionen gegen Russland erlassen.

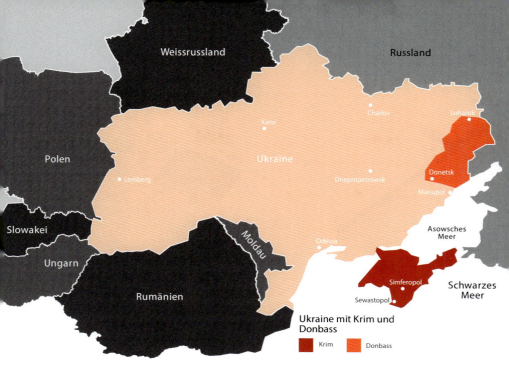

Ukraine mit Krim und Donbass

Krim Donbass

Während viele darauf hoffen, dass Russland seine schweren Waffen aus der Ostukraine abzieht und es im Donbassgebiet bald wieder zu geordneteren Verhältnissen kommt, ist meiner Einschätzung zufolge eine Rückgängigmachung der russischen Krim-Annexion derzeit realpolitisch kaum denkbar! Die internationale Gemeinschaft, aber auch die Ukraine wird wohl kaum darum herumkommen, die Annexion zwar nicht gutzuheissen, sie aber widerwillig irgendwie trotzdem zu akzeptieren. Persönlich denke ich, dass dies unter Umständen etwas besser gelingen könnte, wenn sich Russland gegenüber der Ukraine zu speziellen Kompensationszahlungen für die Übernahme der ukrainischen Krimeinrichtungen bereiterklären würde.

Bis auf weiteres aber gilt die Krim für die meisten Länder der Welt als von Russland besetztes Gebiet. Dieser Status wirkt sich für die direktbetroffenen Krimbewohnerinnen und Krimbewohner erschwerend aus, denen mit dem Referendum geradezu paradiesische Verhältnisse als Teil Russlands versprochen worden waren, ein Paradies, das wohl noch lange auf sich warten lassen wird!

Bergwerk in Donezk

DER «HYBRIDE» KRIEG IN DER OSTUKRAINE

AUCH HIER GING ES SCHLAG AUF SCHLAG – ABER MIT NOCH OFFENEM ENDE!

Etwa gleichzeitig mit dem Eingreifen der «grünen Männchen» auf der Krim kam es im Frühjahr 2014 im Osten der Ukraine zu immer härteren Auseinandersetzungen zwischen Aktivisten, welche die Forderungen des Maidans in Kiew unterstützten, und solchen, die sich gegen diesen Kurs und gegen die Politik der neuen ukrainischen Regierung zur Wehr setzten. Die Anti-Maidan-Aktivisten in der Ostukraine zählen sich meist zu den Anhängern des früheren ukrainischen Präsidenten Wiktor Janukowitsch. Sie sind der Ansicht, dieser sei vor seiner Flucht Opfer eines Staatsputsches geworden.

Im Unterschied zu den Vorgängen auf der Krim aber waren die Auseinandersetzungen in der Ostukraine von Anfang an auch von Gewalt geprägt. Im März 2014 war von pro-russischen «ostukrainischen Volksmilizen» die Rede, die in der Ostukraine – zum Teil mit Unterstützung von Aktivisten aus Russland – Gebäude einzelner Behörden oder Polizeistationen unter ihre Kontrolle brachten und sich dann selbst zu den neuen Exekutiv- und Befehlsorganen der jeweiligen Städte und Regionen ernannten. So, wie sich seinerzeit der Seifenfabrikant Wjatscheslaw Ponomarjow in Slawjansk als neuer Bürgermeister in Szene gesetzt hat, den man wegen der Geiselnahme von OSZE-Beobachtern auf den Bildschirmen der ganzen Welt kennen gelernt hat.

Die Rebellen und deren politische Anhänger in der Ostukraine streben eine politische und wirtschaftliche Wiederannäherung an Russland an. Sie fühlen sich aufgrund ihrer Geschichte und Prägung als Teil eines Russischen Imperiums. Sie behaupten, dass sie als russischsprachige Bevölkerung im Osten der Ukraine durch die neue Politik aus Kiew verraten und im Stich gelassen worden seien.

Nach einigen Wochen entwickelten sich die Auseinandersetzungen in der Ostukraine zu einem Krieg, bei dem immer mehr auch schwere Waffen, Panzer, Artilleriegeschosse und Luftabwehrraketen zum Einsatz kamen. Die offizielle ukrainische Seite wollte die Machtübernahmen der «Volksmilizen» nicht hinnehmen und versuchte, diese mit spontan entstandenen Freiwilligenverbänden und mithilfe der anfänglich schlecht ausgerüsteten ukrainischen Armee zurückzudrängen. Bei den prorussischen Kämpfern waren nun nicht mehr nur Kalaschnikows, sondern auch schwere Kampfpanzer und Artilleriegeschütze zu sehen. Wenig später holten sie mit speziellen Flugabwehrgeschützen ukrainische Militärflugzeuge vom Himmel.

ABSCHUSS DER MALAYSISCHEN BOEING 777

Die Hintergründe über den Abschuss der malaysischen Boeing 777 vom 17.6.2014 über der Ostukraine gelten zwar als noch nicht ganz widerspruchslos geklärt. Die meines Erachtens überzeugendsten Indizien – vorgelegt von einem holländischen Untersuchungsteam – weisen mit sehr vielen überprüften und überprüfbaren Detailangaben darauf hin, dass die Maschine vom Separatistengebiet aus von einem BUK-Flugabwehrraketensystem abgeschossen wurde, das von der russischen Armee verwendet wird und das kurz zuvor von Südrussland über die Grenze ins Separatistengebiet gebracht und danach wieder nach Russland zurücktransportiert worden war.

Unmittelbar nach dem Abschuss des zivilen Passagierflugzeugs hatten ostukrainische Rebellen über Funk frohlockt, dass es ihnen gelungen sei, eine grosse ukrainische Transportmaschine vom Himmel zu holen. Als sie dann an der Absturzstelle feststellten, dass eine Passagiermaschine (mit 298 Menschen an Bord) am Boden zerschellt war, gaben sie sich – ebenfalls über Funk – schockiert. Ein ebenfalls frohlockender Eintrag des russischen Rebellenführers Igor Girkin auf dem russischen Internetportal «VKontakte», in dem auch er sich über den soeben erfolgten Abschuss erfreut zeigte, wurde kurze Zeit später gelöscht.

Das von vielen Seiten beschuldigte Russland legte darauf seinerseits zig «Beweise» vor, wonach die Ukrainer das Passagierflugzeug vom Himmel geholt hätten, mit einem die Boeing verdeckt begleitenden ukrainischen Kampfjet, der von einem russischen Satelliten zweifelsfrei beobachtet worden sei. Dann, nächste Etappe, mit einer Boden-Luft-Rakete, die von einem Territorium abgeschossen worden sei, das unter ukrainischer Kontrolle gestanden habe. Die meisten dieser russischen «Gegenbeweise» sind meist jeweils dann, wenn die niederländische Untersuchungskommission weitere stichhaltige Erkenntnisse vorlegte, von den Russen selbst neu angepasst oder zugunsten neuer «Gegenbeweise» widerlegt worden. Vor allem: Einer internationalen Untersuchung unter Obhut der UNO versucht sich Russland zu entziehen.

Äusserst unschön ist, dass die ukrainische Flugkontrolle in den Tagen des Abschusses der malaysischen Passagiermaschine den Luftraum über der Ostukraine nicht vollständig gesperrt hatte. In den Tagen vor dem Abschuss der Boeing-Maschine waren nämlich bereits mehrere ukrainische Armeeflugzeuge vom Himmel geholt worden. Allerdings aus viel tieferer Flughöhe als die des malaysischen Flugs MH17.

Die Hintergründe des Abschusses – so meine Mutmassung – sollen wohl möglichst nie ganz zweifelsfrei aufgeklärt und aufgedeckt werden. Der gewiss nicht beabsichtigte Abschuss eines zivilen Passagierflugzeugs hat die ohnehin grossen Spannungen zwischen der EU und Russland aber nachhaltig belastet. Der Abschuss der malaysischen Boeing war einer der traurigsten und tragischsten Momente im Verlaufe des Ukrainekrieges.

DER VERDECKTE CHARAKTER DER RUSSISCHEN KRIEGSFÜHRUNG

Es gilt als erwiesen, dass nicht nur die Krim-Annexion, sondern auch die Unruhen und danach der Krieg in der Ostukraine massgeblich von Russland aus dirigiert worden sind (und auch nach wie vor von dort mitdirigiert werden). Die Anführer in den sogenannten unabhängigen Volksrepubliken von Donetsk und Lugansk, die in den ersten Monaten nach dem Beginn der Unruhen zentrale Funktionen übernommen hatten, waren oft ehemalige russische Armeeoffiziere, ehemalige KGB- oder FSB-Mitarbeiter, die in verdeckter Mission diese Funktionen übernahmen. Ein Beispiel für eine solche Figur ist Igor Girkin, mit Übername «Strelkow», der zuerst bei der Krim-Annexion eine zentrale Rolle gespielt hatte und kurz später, in der «Donetsker Volksrepublik», die Aufgabe des Verteidigungsministers übernahm. Girkin steht in Interviews in den russischen Medien offen zu diesem Engagement. Auf diplomatischem Parkett aber versucht die russische Regierung zu behaupten, im Krieg in der Ostukraine keine aktive oder führende Rolle zu spielen, sondern hier vielmehr mit humanitärer Hilfe und vor allem als Friedensvermittlerin zu wirken.

Nur sehr verdeckt operiert Russland in der Ostukraine. Nach Moskauer Sprachregelung ist Russland dort kein aktiver Kriegsteilnehmer, auch wenn dort russische Waffen und russische Panzer zum Einsatz gelangen und russische Soldaten kämpfen. Letztere – so Moskau – seien allenfalls als Freiwillige dort, einem offiziellen Armeeauftrag folgten die russischen Kämpfer dort nicht. Trotz des «hybriden» Charakters dieses Krieges gelangt aber auch auf russischer Seite immer wieder die eine oder andere dieser These widersprechende Tatsache ans Tageslicht. Etwa wenn, wie im Sommer 2015, in russischen Medien darüber berichtet wird, der Krieg in der Ostukraine habe bislang über 2000 russische Soldaten das Leben gekostet und 3200 seien dort bei Gefechten schwer verletzt worden. Oder wenn die Bewohner eines russischen Dorfes aufgerufen werden, an der Beerdigung russischer Soldaten teilzunehmen, die zuvor in der Ukraine gefallen sind. Immer wieder wurden russische Leichentransporte, Militärlastwagen mit angebrachter Frachtbezeichnung «Gruz-200» (Ladung 200 = Leichen) beobachtet, die von der Ostukraine her nach Russland zurückfuhren.

Auch in Russland selbst gilt es mittlerweile als offenes Geheimnis, dass zeitweise gegen 10 000 russische Soldaten in diesem Krieg mitgewirkt haben. Und dass auch derzeit Tausende russischer Soldaten in der Ostukraine selbst oder in nächster russischer Nachbarschaft (etwa bei Taganrog, in der Region von Rostow-am-Don) in Kampfbereitschaft stationiert sind. Die Rede ist dabei unter anderem von Einheiten der 6. Panzerbrigade aus dem Gebiet von Nischni Novgorod, von Einheiten der 138. motorisierten Infanteriebrigade aus dem Leningrader Gebiet oder von der 20. Infanteriebrigade aus Wolgograd. Die Zahl der freiwilligen und mutmasslich von Russland ausgerüsteten und zumindest teilfinanzierten Kämpfer in der Ostukraine wurde zuweilen mit bis zu 35 000 beziffert.

RUSSISCHE SOLDATEN AUF URLAUBSTOUR IN DER OSTUKRAINE

Die russischen Militärangehörigen, die in der Ostukraine gekämpft haben (und zum Teil heute noch dort stationiert sind), seien – so die offizielle russische Sprachregelung – «nicht offiziell im Dienst» gestanden, sie hätten vielmehr als «vom Militärdienst Dispensierte», als «Freiwillige», «in ihrem Urlaub» dort gekämpft. Wie es russischen Diensturlaubern aber gestattet sein soll, mit Artilleriegeschützen oder Panzern der russischen Armee urlaubshalber zum Kampf ins Ausland zu fahren, dazu haben sich die Informationsverantwortlichen in Moskau meines Wissens nie in verständlicher Weise geäussert!

Die UNO spricht von insgesamt gegen 10 000 Toten und von gegen zwei Millionen Menschen, die seit dem Ausbruch des Krieges aus der Ostukraine geflüchtet sind, mehrheitlich als Binnenflüchtlinge in die zentralen oder westlichen Regionen der Ukraine, oder – wie ich das selbst vor Ort beobachten konnte – zum Teil auch auf die annektierte Krim und nach Russland.

«MINSK-I» UND «MINSK-II»

Bei den Friedensgesprächen in Minsk und mit den Minsker Vereinbarungen I und II (vom September 2014 bzw. Februar 2015) wurde stets um einen Waffenstillstand gerungen. Man einigte sich in den Verträgen unter anderem unter Terminvorgaben auf den Rückzug der schweren Waffen von den Frontlinien. Russland wurde aufgefordert, keine Waffentransporte mehr über die russisch-ukrainische Grenze zuzulassen. Zudem solle die OSZE-Beobachtermission die Möglichkeit erhalten, den grenzüberschreitenden Verkehr zwischen Russland und der Ostukraine zu überwachen. Die Ukraine ihrerseits verpflichtete sich, mit einer Verfassungsänderung und einer dafür notwendigen Volksabstimmung dafür zu sorgen, dass den Donbassregionen Donetsk und Lugansk mehr Autonomierechte zugestanden werden. Umstritten ist offenbar, ob es sich dabei um eine weitgehende Unabhängigkeit von der ukrainischen Regierung oder vielmehr (so die ukrainische Lesart) um Autonomierechte unter ukrainischer Gesetzgebung handeln solle. Die Werchowna Rada, das ukrainische Parlament, weigert sich aber bislang, dieser Verpflichtung nachzukommen. Unter anderem weil die Ostukraine derzeit völlig der Kiewer Kontrolle entzogen worden sei und man nicht bereit sei, das Land aufzuspalten.

Die Minsker Vereinbarungen, die im Auftrag der OSZE und mit Unterstützung und unter Anerkennung aller Beteiligten von der renommierten Schweizer Botschafterin Heidi Tagliavini mitausgehandelt worden waren, sind leider nur in wenigen Ansätzen umgesetzt worden. Ein grösserer Krieg aber konnte gestoppt werden, an den Frontabschnitten aber finden nach wie vor ernsthafte militärische Scharmützel statt. Fast jeden Tag! Auch die schweren Waffen sind – auf beiden Seiten – nur teilweise zurückgezogen worden. Von einer dauerhaften Waffenruhe, vor allem von einer Friedenslösung, ist man weit entfernt.

DER WEISSE RUSSISCHE HILFSKONVOI

Im Herbst 2014 sorgte Russland mit der Ankündigung, dass demnächst ein humanitärer Hilfskonvoi mit 280 Lastwagen in die Ostukraine rollen werde, für einige Aufregung. Vor allem in der ukrainischen Hauptstadt Kiew reagierte man mit Skepsis und Unmut. Als die Lastwagen mit ihren weissen Plastikplanen über den Laderäumen in der Ostukraine vorfuhren, haben Beobachter festgestellt, dass die Ladeflächen vieler LKWs zum Teil kaum beladen waren. Weil man sicherheitshalber für genügend Ersatzfahrzeuge habe sorgen müssen, hiess es dazu von russischer Seite. Aufgrund einer Reportage des russischen Nachrichtensenders Rossija 24 kam das Gerücht auf, wonach die LKWs den Russen auch zum Abtransport ganzer Fabrikationsanlagen aus der Ostukraine dienten. Rossija 24 hatte offenbar gefilmt, wie in einer Werkhalle in Lugansk Fabrikationsmaschinen demontiert und verladen wurden, die der Fertigung von Elementen für Waffen und Panzer dienen.

RECHTSRADIKALE UKRAINISCHE «FREIWILLIGENVERBÄNDE»

Während sich die ukrainische Armee und deren Führung in Kiew anfangs schwertat, gegen die Aufständischen und Volksmilizen im Osten des Landes vorzugehen, sind unmittelbar nach Aufflammen des Krieges Schlägertrupps und spontan zusammengestellte Bürgerwehren, bewaffnete ukrainische Freiwilligenverbände, in den Kampf an die Frontlinien zur Ostukraine gezogen. Sie sind dabei nach eigener Regie vorgegangen, haben sich ihren Kurs kaum von der Regierung in Kiew vorgeben lassen.

Diese mehrheitlich nationalistisch und rechtsextrem geprägten Gruppierungen sind von verschiedenen ukrainischen Oligarchen alimentiert worden. Unter anderem vom Industriellen und damaligen Gouverneur von Dnepropetrowsk, Ihor Kolomojskyj. Der Multimilliardär soll das 5000 Mann starke «Bataillon Dnipro» mit 10 Millionen Dollar finanziert haben. Aber auch die Angehörigen des rechtsextremen «Rechten Sektors», die mit ihrer Brutalität bereits rund um den Kiewer Maidan für Schlagzeilen gesorgt hatten, nahmen – völlig offiziell von einem ehemaligen Regierungsgebäude der Stadt Dnepropetrowsk aus! – den Kampf gegen die Separatisten auf.

Bei einem Besuch im dortigen Hauptquartier des «Rechten Sektors» erklärte mir seinerzeit «Major» Petro Burak, der sich mir als der militärische Stratege der Gruppe vorstellte, man werde nicht nur die Ostukraine, sondern auch die Krim mit militärischen Mitteln zurückerobern. Von einem Waffenstillstand, von politischen Verhandlungen, insbesondere von Kompromissen, wie sie der derzeitige ukrainische Präsident Petro Poroschenko schliessen wolle, halte man nichts, Poroschenko sollte man «das Genick brechen». Genauso wenig halte man von demokratischen Wahlen, an denen sich der «Rechte Sektor» aber immerhin – allerdings ohne nennenswerten Erfolg – beteiligt hatte. Anzustreben sei eine bewaffnete ukrainische Revolution, die auch jene wegfegen müsste, die sich nun dem Westen zuwenden wollten. Nationalismus sei gefragt. Die Menschen im Donbass verdienten keine Rücksicht, bei ihnen handle es sich grossmehrheitlich bloss um «degradierte Elemente». Burak wurde in unserem Gespräch von einem weiteren Kämpfer in schwarzer Ledermontur sekundiert, der meinte, die ukrainischen Nationalisten würden überdies alles daransetzen, das russische Imperium zu zerstören.

In einem Obergeschoss des Gebäudes, in dem sich diese regionale Kommandozentrale des «Rechten Sektors» in Dnepropetrowsk befand, wurden die Freiwilligenverbände in der Waffenhandhabung geschult und ausgerüstet. Ich konnte dies in diesen Räumen selbst beobachten.

In Werkstätten verstärkten die Kämpfer ihre Kleinlastwagen oder ausgediente Geldtransporter, die ihnen für ihren Kampf zur Verfügung gestellt wurden, mit zusätzlichen Metallverschalungen und bauten sie so zu gepanzerten Kriegsfahrzeugen um. Das «Bataillon Dnipro» oder die Trupps des «Rechten Sektors» waren jedenfalls damals, als ich sie besuchte, nicht etwa einfache, spontan zusammengestellte Bürgerwehren, sondern ernstzunehmende und radikal gestimmte Kampfverbände!

POROSCHENKO IN POLITISCHER GEISELHAFT?

Weil die ukrainische Regierung anfänglich nur mit sehr beschränkten Mitteln mit ihrer Armee an der Frontlinie Präsenz zeigen konnte, war sie gewissermassen gezwungen, den Kriegseinsatz der radikalen Freiwilligenverbände zu tolerieren und auch zu verdanken. Sie bemühte sich, diese radikalen Gruppierungen dem Oberkommando des ukrainischen Innenministeriums oder der Nationalgarde zu unterstellen. Wirklich eingliedern aber liessen sich diese Gruppierungen kaum. So ist die Regierung in Kiew gewissermassen auch zu einer politischen Geisel dieser Verbände geworden. Auch, weil diese vor allem anfänglich mit grösseren Erfolgen als die offizielle Armee an der Front kämpften und so in der ukrainischen Bevölkerung viel Anerkennung und Lob holen konnten. Vor allem aber, weil sich die Mitglieder dieser Kampfverbände oft Beschlüssen nicht fügen wollten und so die Einlösung beschlossener Kompromisse zum Teil stark erschwerten. Ähnlich wie die pro-russischen «Volksmilizen» im Osten.

ALS UM DIE MINSK-II-VEREINBARUNG GERUNGEN WURDE

Im Januar 2015 – unmittelbar vor dem Abschluss der «zweiten Minsker Vereinbarung» – drohte ein militärischer Flächenbrand. Die ukrainische Armee, unterstützt von «Freiwilligenverbänden», begann mit einer Grossoffensive unter anderem auf den von den Separatisten gehaltenen Flughafen von Donetsk. Die Separatisten ihrerseits gaben zu erkennen, dass sie nun im Süden, am Asowschen Meer, die Frontlinie durchbrechen und als erstes die von den Ukrainern gehaltene Hafenstadt Mariupol einnehmen könnten. Sie kündigten ihrerseits eine Verstärkung ihrer Kämpfer auf 100 000 Mann an. Die USA wiederum, Verbündete der gegenwärtigen ukrainischen Regierung, dachten laut über Waffenlieferungen an die Ukraine nach. Jetzt, quasi im allerletzten Moment, gelang es, sich auf das «Massnahmenpaket Minsk II» zu verständigen.

Russland, das am Verhandlungstisch offen die Interessen der Separatisten unterstützte, kämpfte dabei um eine möglichst lange Hinauszögerung des Inkrafttretens des im Abkommen vereinbarten neuen Waffenstillstandes. Das Ziel der Hinhaltetaktik lag für alle Beobachter auf der Hand: Den Separatisten sollte ausreichend Zeit zur Verfügung gestellt werden, um noch vor dem Inkrafttreten von «Minsk II» den wichtigen ostukrainischen Verkehrsknotenpunkt Debalzewe zu erobern. Die Stadt ist dann auch tatsächlich – zwei Tage nach Inkrafttreten des Waffenstillstands – nach massiven Kämpfen in die Hände der Separatisten gefallen.

ZERSTÖRUNG EINER BISLANG GUTEN NACHBARSCHAFT
Es wäre zu kompliziert, alle Vorgänge in der Ostukraine auf diesen paar Buchseiten zu schildern. Vor allem: Der Konflikt (und letztlich auch der Krieg) ist noch längst nicht zu Ende.

Die meines Erachtens allerwichtigste Folge dieses zumindest zum Teil von aussen befeuerten Konflikts ist: Der Krieg und die Kriegspropaganda haben das einst gute und meist sehr freundschaftliche Verhältnis zwischen den beiden Nachbarvölkern, den Russen und den Ukrainern, wohl für längere Zeit zerstört! Aus heutiger Sicht wird es mittelfristig kaum mehr möglich sein, dass die Menschen in diesen beiden Ländern, dass vor allem deren Regierungen wieder zu einem vorbehaltlos guten und für alle Seiten erspriesslichen Verhältnis finden!

VERSUCH EINER PERSÖNLICHEN ZWISCHENBILANZ
- Zwar wünscht sich die Rebellenführung in der Ostukraine – nach dem Vorbild der Krim-Annexion – einen Anschluss ihrer Regionen an Russland. Doch Russland zeigt dazu wenig Bereitschaft. Wohl deshalb, weil Moskau nicht erbaut wäre, die zerstörten Infrastrukturanlagen mit eigenen Mitteln wiederaufzubauen. Auch hat der Kreml erfahren müssen, dass die Separatisten Leute

verpflichtet haben, die man in Russland letztlich bekämpft – etwa radikale Kämpfer aus Tschetschenien. Mit ihnen möchte Moskau – jedenfalls auf Dauer – keine gemeinsame Sache machen.

- Mit dem jetzt «eingefrorenen» Zustand der Donbassregion (Ende des massiven Kriegs ohne einvernehmliche Friedenslösung) ist die Ukraine nach geltenden NATO-Grundsätzen kein NATO-beitrittsfähiges Land. Dieser Fakt dürfte in Russland vorerst für Genugtuung sorgen. In Moskau aber ist man bestrebt, jede Annäherung der Ukraine an die NATO mit allen Mitteln zu verhindern.

- Der Konflikt kann jederzeit wieder hochgefahren werden. Er ist ein Mittel der Machtpolitik. Der Schlüssel zu einer Friedenslösung in der Ostukraine läge – so meine Einschätzung – bei einer Person: beim russischen Präsidenten Wladimir Putin. Er hat auch die zuweilen chaotisch agierende Separatistenführung unter seiner Kontrolle.

- Vom Tisch ist offenbar – jedenfalls vorläufig – die Idee der Schaffung eines «Neurusslands». In den ersten Monaten des Ukrainekrieges wurde darüber spekuliert, dass die von Russland unterstützten Kämpfer noch weitere Teile der Ukraine, die südlichen Regionen entlang des Asowschen und Schwarzen Meeres, unter ihre Kontrolle bringen könnten – von Mariupol über Odessa bis zum abtrünnigen moldawischen Transnistrien, das seit Jahren unter indirekter russischer Kontrolle steht. Mit der Eroberung «Neurusslands» bekäme Russland unter anderem einen direkten Landzugang zur Krim. Doch allein schon die Einnahme der südukrainischen Hafenstadt Mariupol – dies haben westliche Staatschefs gegenüber Putin offenbar äusserst deutlich signalisiert – würde der Westen nicht tatenlos hinnehmen und würde zu einer weiteren nachhaltigen Verschlechterung der Beziehungen des Westens mit Russland führen.

- Mit der jetzt «eingefrorenen» Situation werden meines Erachtens vor allem die im Donbass zurückgebliebenen Menschen auch in Zukunft stark leiden. Auch die Ukraine hat sich von ihrer Verantwortung für ihre dortigen Bürger stark zurückgezogen.

Die verantwortlichen ukrainischen Innenpolitiker äussern sich verbal zwar stets dahingehend, dass ihnen sehr daran gelegen sei, das Donbassgebiet (und auch die Herzen der dortigen Menschen) zurückzugewinnen. Solche Äusserungen sind für sie patriotische Pflicht. Hinter vorgehaltener Hand aber haben mir beispielsweise politisch Verantwortliche aus der ukrainischen Region Dnepropetrowsk erklärt, dass man auf die wirtschaftlich darniederliegende Donbassregion auch verzichten könnte. Man habe in den letzten Monaten mit Erfolg viele motivierte und arbeitsfähige Menschen aus dem Donbass bei sich angesiedelt. Im Donbass zurückgeblieben seien nebst kranken, bedürftigen und alten Menschen vor allem «Ewiggestrige», die der untergegangenen UdSSR nachtrauerten.

Sie, diese Menschen, die Zurückgebliebenen in den Ruinen des Donbass, könnten – so meine Befürchtung – bald zu den vergessenen Hauptopfern des Krieges und Konfliktes in der Ostukraine werden!

«Sewastopol antwortet der NATO», Plakatwerbung im Vorfeld des Krim-Referendums, März 2014. Das in roter Farbe gedruckte Zeichen symbolisiert einen äusserst deftigen Kraftausdruck!

DISPUT UND MYTHEN RUND UM DIE NATO-OSTERWEITERUNG

Russland (als wichtigster Nachfolgestaat der UdSSR) sei mit der Auflösung der UdSSR gepeinigt worden, ja, Präsident Putin bezeichnet die Auflösung der Sowjetunion gar als «die grösste geopolitische Katastrophe des zwanzigsten Jahrhunderts». Zudem werde Russland durch die NATO-Osterweiterung bedrängt. Mittlerweile aber habe sich Russland «von seinen Knien erhoben». Es zeige nun der Weltgemeinschaft, dass man sich im Kreml aussen- und sicherheitspolitisch nicht mehr ducken werde. Allzu sehr nämlich, so Putin, sei Russland anfangs der 90er-Jahre vom Westen «in die Knie» gezwungen worden.

Nach dem Fall der Berliner Mauer und im Vorfeld der deutschen Wiedervereinigung hatten die Siegermächte des Zweiten Weltkriegs mit den Regierungen der Bundesrepublik Deutschland und der damaligen DDR darüber beraten, ob ein vereintes Gesamtdeutschland bündnispolitisch neutral werden, ob das Territorium der DDR allenfalls zu einer entmilitarisierten Zone werden sollte oder ob – was dem Wunsch des Westens entsprach – das vereinigte Deutschland, wie die BRD bisher, der Nato angehören dürfe.

Auch aus heutiger Sicht ist es keine Selbstverständlichkeit, dass die damalige Sowjetführung unter Michail Gorbatschow und seinem Aussenminister Eduard Schewardnadse grünes Licht für die deutsche Wiedervereinigung gegeben und insbesondere der NATO-Mitgliedschaft für das ganze neue deutsche Gebilde zugestimmt hat. Die Deutsche Demokratische Republik stand ja seit dem Ende des Zweiten Weltkriegs unter der Kontrolle Moskaus und war sicherheitspolitisch Teil des Warschauer Paktes. In der DDR waren deshalb auch sowjetische Soldaten stationiert.

Einigen nicht ganz klar zuzuordnenden Quellen zufolge sollen damals sowohl der westdeutsche Aussenminister Hans-Dietrich Genscher wie auch sein amerikanischer Amtskollege James Baker in internen Gesprächen und internen Papieren erörtert haben, dass man – mit Rücksichtnahme auf allenfalls zu erwartende Sensibilitäten im Kreml – in Zukunft aber von einer weiteren NATO-Osterweiterung absehen solle. Vertraglich aber ist dies – entgegen anderslautenden Behauptungen – offensichtlich nicht vereinbart worden! Weder mündlich noch schriftlich. Michail Gorbatschow erklärte im November 2014 anlässlich seines Besuches in Deutschland unmissverständlich, dass es keine solche Vereinbarung gegeben habe. (Gorbatschow am 8. 11. 2014 im ZDF: *«... Diese Frage stellte sich gar nicht... Das ist wirklich ein Mythos.»*)

Viele Beobachter sind heute der Meinung, dass man damals im Kreml die NATO eben kaum als direkte Bedrohung empfunden habe. Die UdSSR gibt es heute nicht mehr, aber Russland sieht sich hier als wichtigsten Nachfolgestaat der untergegangenen Sowjetunion. Und unter dem russischen Präsidenten Putin hat sich die sicherheitspolitische Gefühlslage deutlich verändert. Einerseits, weil es heute das östliche Gegengewicht zur NATO, den Warschauer Pakt nicht mehr gibt. Aber auch, weil Putin und seine Silowiki (die Vertreter der russischen Machtministerien) heute die NATO unter anderen Vorzeichen wahrnehmen, als dies bei Gorbatschow oder dem damaligen sowjetischen Aussenminister Schewardnadse der Fall war.

NATO-Osterweiterung

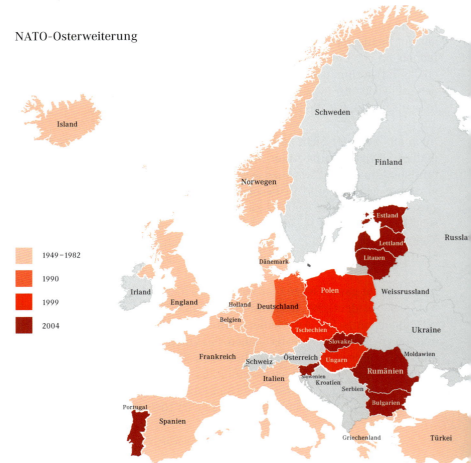

Nach der deutschen Wiedervereinigung überschlugen sich aber bald die Ereignisse, von denen zuvor kaum jemand geträumt hätte, dass sie eintreten würden: 1990 erklärten die baltischen Länder (Estland, Lettland, Litauen) ihre Unabhängigkeit. Zuerst allerdings mit eher symbolischer Wirkung. Ende 1991 wurde als Folge des Putschversuchs gegen Gorbatschow die UdSSR aufgelöst. Jetzt waren die baltischen Staaten wirklich unabhängig, ebenso wie alle andern bisherigen Sowjetrepubliken. Die damals gegründete Gemeinschaft Unabhängiger Staaten (GUS) war kein Commonwealth, in dem seine Mitglieder eine neue stark strukturierte Zusammengehörigkeit suchten, die GUS diente meines Erachtens vielmehr dazu, vor allem das Erbe der untergegangenen UdSSR möglichst einvernehmlich untereinander aufzuteilen.

Neun Jahre nach der deutschen Wiedervereinigung traten die Tschechische Republik, Ungarn und Polen der NATO bei, 2004 folgten ihnen die Balten (Estland, Lettland, Litauen) sowie die Slowakei, Slowenien, Rumänien und Bulgarien. Die NATO ist damit sehr viel näher an Russland (den wichtigsten Nachfolgestaat der ehemaligen Sowjetunion) herangerückt, als dies unmittelbar nach der deutschen Wiedervereinigung der Fall war.

Zwar grenzen nur die neuen NATO-Länder Estland und Lettland direkt an Russland, das Vorrücken des westlichen Verteidigungsbündnisses an die Grenzen Weissrusslands, an jene der Westukraine und an Moldawien nimmt die russische Führung aber als einen Eingriff in seine gewissermassen geschichtlich gewachsene Interessenssphäre wahr!

Was immer man aus heutiger Sicht über die NATO-Osterweiterung denken mag: aus der Sicht des «Selbstbestimmungsrechts der Völker», aber auch auf der Grundlage der «Schlussakte von Helsinki» muss man den Polen, Tschechen oder den Balten das Recht einräumen, einem Militärbündnis ihrer Wahl beizutreten.

Mit zeitlich leicht verzögerter Wirkung aber hat sich die NATO-Osterweiterung sehr nachteilig auf das politische Klima zwischen dem Westen und der Führung in Moskau ausgewirkt. Die Aufnahme der osteuropäischen Länder ins westliche Militärbündnis wird von der heutigen Führung gar als Aggression interpretiert. Vor diesem Hintergrund wären – so denke ich – die NATO-Strategen vielleicht gut beraten gewesen, Moskau stärker in ihr Vorgehen, in ihre Entscheidungen miteinzubeziehen.

Auf dem Heldenfriedhof in Baku werden in den Kriegstagen 1992 zahlreiche Gräber für die jeweils neu gefallenen Kämpfer ausgehoben.

BEGEGNUNGEN AM RANDE DES KARABACH-KRIEGES

Ja, es sei gewiss spannend, wenn ich mich in der aserbaidschanischen Hauptstadt Baku und auch auf den Demonstrationen der oppositionellen «Volksfront» ein wenig umsehen könne, hiess es in der Radioredaktion in Bern, als ich 1992 meine erste Reise nach Aserbaidschan plante. Zudem: In Baku könne ich mich auch über das florierende Ölgeschäft orientieren. Vom Kriegsgeschehen in Nagorni Karabach aber, so der Rat der Redaktionsleitung, solle ich mich besser fernhalten; man wolle nicht, dass Korrespondenten unnötige Risiken eingingen.

In Baku angelangt kam dann alles anders. Mit wem auch immer ich über das Energiepotential des Landes sprach, die Rede verschob sich jeweils schon im zweiten Satz auf den Konflikt um Nagorni Karabach. So war das, ich mag mich noch gut erinnern, bei meinen Gesprächen im Aussenministerium, wie auch bei meinen Kontakten mit Beamten im Wirtschaftsministerium. Wen auch immer man auf der Strasse oder in den Redaktionsräumen der regionalen Zeitungen ansprach, alles drehte sich um diesen Konflikt.

Auf der Hauptverkehrsstrasse in Baku, die der Promenade des Kaspischen Meeres entlangführt, fuhren regelmässig dunkelgrüne Militärlastwagen mit Uniformierten hin und her. Die Menschen am Strassenrand winkten ihnen zu. Die Lastwagen transportierten Freiwillige, die sich − zur Verstärkung der wenigen aserbaidschanischen Soldaten − als Kämpfer zur Verfügung stellten und im Zentrum von Baku gesammelt und provisorisch ausgerüstet wurden. Eine richtige aserbaidschanische Armee gab es damals noch nicht und so standen an der Kriegsfront im eigenen Land weitgehend unausgebildete aserbaidschanische Milizen den vergleichsweise besser gerüsteten armenischen Karabach-Kämpfern, dem armenischen Militär und vor allem den Soldaten des 366. Motorschützenregimentes der russischen Armee gegenüber, welches schon damals in Armenien stationiert war und das christliche Armenien mehr oder weniger offen im Kampf um Karabach unterstützte.

An meinem ersten Abend in Baku beobachtete ich, wie Militärlastwagen von der Front zurückkehrten. Sie brachten unter anderem Leichen mit, die in den nächsten Stunden auf der südlichen Anhöhe über der Stadt in bereits vorsorglich freigeschaufelten Gräbern auf dem Märtyrerfriedhof beigesetzt wurden.

Nach zwei Tagen beschloss ich, mit der Eisenbahn etwas näher an die Kriegsfront, in die Stadt Ağdam zu fahren.

DER KONFLIKT UND KRIEG UM NAGORNI KARABACH

Der nach wie vor ungelöste Konflikt und Krieg um Nagorni Karabach löste die grössten Vertreibungen im Kaukasus seit dem Zweiten Weltkrieg aus. Nachdem sich die beiden ehemaligen Sowjetrepubliken Armenien und Aserbaidschan nach dem Zerfall der UdSSR unabhängig erklärt hatten, beanspruchte auch die armenische Bevölkerungsmehrheit im damals autonomen aserbaidschanischen Gebiet Karabach ihre eigene Republik und Unabhängigkeit. Sofort entbrannte ein Krieg zwischen den von Armenien unterstützten Freischärlern aus Karabach und der im Aufbau befindlichen Armee Aserbaidschans. Der Krieg um Karabach hat bis heute etwa 50 000 Tote gefordert. Der Waffenstillstand aus dem Jahr 1994 ist brüchig.

Auf armenischer Seite wird betont, dass die Kultur Karabachs letztlich auf christliche Wurzeln verweise. Auf aserbaidschanischer Seite wird an das Völkerrecht erinnert und daran, dass das einst multiethnisch bewohnte Karabach-Gebiet unumstösslich zur Republik Aserbaidschan gehöre.

Durch den Krieg sind etwa 50 000 Personen getötet und geschätzte 800 000 Aserbaidschaner und etwa 300 000 Armenier vertrieben worden. Noch heute, über 20 Jahre nach Kriegsende, leben noch etwa 500 000 aserbaidschanische Karabachvertriebene – beziehungsweise deren Nachfahren – als IDPs («Intern Vertriebene») in speziellen Zonen in Aserbaidschan.

Sie werden vom aserbaidschanischen Regime veranlasst, auf eine Rückkehr in ihre angestammten Gebiete zu setzen. Um den Rücksiedlungsdruck aufrecht zu erhalten, wird den IDPs offenbar zum Teil verwehrt, im übrigen Aserbaidschan Grundstücke oder eine

Liegenschaft zu erwerben. Die intern Vertriebenen dienen der Regierung in Baku gewissermassen als politisches Pfand. Mit dem Hinweis auf deren Schicksal soll gegenüber internationalen Vermittlern Druck gemacht werden.

2012 und 2016 habe ich selbst solche IDPs besucht, die in der Nähe der aserbaidschanischen Stadt Sheki in einfachsten Holzhütten leben. Es gibt dort kein fliessendes Wasser, keinen Strom.

Seit der Unterzeichnung des Waffenstillstandes scheiterten insbesondere auch jene internationalen Vermittlungsversuche, welche die armenische Seite aufgefordert hatten, wenigstens die von ihnen besetzten zusätzlichen Gebiete rund um Nagorni Karabach zu räumen, die sie eigenmächtig als «Sicherheitszonen» bezeichnen. Diese Gebiete umfassen eine ähnlich grosse Fläche wie das eigentlich umstrittene Karabachgebiet. Diese «Sicherheitszonen» waren zudem vor dem Krieg praktisch ausschliesslich von Aserbaidschanern bewohnt. Zusammen mit den eigentlichen Karabachdistrikten halten die Armenier aus völkerrechtlicher Sicht etwa 20 % des Gesamtterritoriums Aserbaidschans besetzt.

Im Zugsabteil mir gegenüber hatte es sich ein freier Kameramann des amerikanischen TV-Senders CNN bequem gemacht. Er fahre, so erklärte er mir, bereits seit einigen Wochen regelmässig nach Ağdam, um von dort Filmmaterial über den Krieg zu drehen. Seine Mission sei nicht ganz ungefährlich, aber von CNN werde er für seine Arbeit gut entschädigt.

Im damals noch nicht kriegszerstörten Ağdam angekommen, befand ich mich plötzlich mitten in einer heftigen Demonstration. Vor allem Frauen, offensichtlich Vertriebene und Gestrandete aus Nagorni Karabach, demonstrierten lautstark vor der lokalen Behörde. Sie schwenkten Kleidungsstücke, hielten Fotos von Angehörigen in der Hand und forderten von den Behörden Ağdams Unterstützung. Viele weinten. Ich versuchte, mit meinem Mikrofon Kurzinterviews aufzuzeichnen, bis ich feststellen musste, dass ich selbst im Fokus der Demonstrantinnen stand.

Ich sei gewiss ein Amerikaner, der die Armenier unterstütze, ein westlicher Feind oder Spion. Auch meine Akkreditierungskarte – es galt noch

Kurz vor dem Übergang nach Nagorni Karabach, bzw. vor der Grenze zu Aserbaidschan

In der Nähe von Scheki, Aserbaidschan, 2016. Mittlerweile leben auch die Enkelkinder von aserbaidschanischen Karabach-Vertriebenen in den Notsiedlungen.

immer jene des «sowjetischen» Aussenministeriums, obwohl die UdSSR nun nicht mehr existierte – half kaum mehr weiter. Ich versuchte, mich im Gedränge zu erklären, klarzumachen, dass es mir darum gehe, über das Schicksal der Menschen hier zu berichten, dass ich ein Journalist aus der neutralen Schweiz sei, der sich jetzt von hier, von dieser Seite der Front, ein möglichst vorurteilloses Bild der Situation machen wolle. Schliesslich war es ein freundlicher Polizist, der mich aus der Menge befreite. Etwas abseits des Geschehens erklärte er mir, dass die Situation in Ağdam bislang noch nie so angespannt gewesen sei.

Die Stadt Ağdam mit einst etwa 50 000 Einwohnern liegt knapp ausserhalb des eigentlichen Karabachgebietes, auf einem flachen Talboden, auf der einstigen nordöstlichen Zufahrt zum Karabach-Hauptort Stepanakert.

Im Juni 1993 ist Ağdam von den Armeniern eingenommen, geplündert und weitgehend zerstört worden. Heute liegen die Ruinen der Geisterstadt mitten in einer «Sicherheitszone», welche die Armenier rund um Karabach besetzt halten.

Erst nach und nach hatte ich begriffen, dass ich hier mitten in einem Kriegsdrama aufgetaucht war. Die meisten Vertriebenen, die vor der Behörde demonstrierten, hatten grosse Taschen mit ihren letzten Habseligkeiten bei sich. Sie waren erst in den letzten Stunden in Ağdam angekommen, waren Überlebende, die – nur ein paar Tage vor dem noch viel schlimmeren «Massaker von Chodschali» – aus der nahegelegenen 3000-Einwohner-Siedlung Malibejli vertrieben worden waren. Viele suchten in Ağdam nach Angehörigen, baten um Hilfe, protestierten gegen die angebliche Laschheit der aserbaidschanischen Behörden. Während Monaten zuvor seien sie in ihrer Siedlung, in Malibejli, von den aserbaidschanischen Behörden im Stich gelassen worden.

EIN WICHTIGES ERLEBNIS – EINE SCHRECKLICHE ERINNERUNG
Jemand auf der Strasse erzählte mir von der Psychiatrieklinik, die sich damals am westlichen Stadtrand von Ağdam befand. Dort könne ich das Schicksal besonders Hilfsbedürftiger eindrücklich dokumentieren.

Zusammen mit einer Krankenschwester, die gerade dort ihren Dienst antreten musste, fuhr ich mit einem Taxi zu diesem Spital. Beim Aussteigen aus dem Auto, etwa 100 Meter vom Klinikeingang entfernt, sah zuerst alles noch entspannt aus. Doch plötzlich, als wir um eine Hecke bogen, streckte mir ein Kämpfer drohend den Lauf seiner Kalaschnikow vor den Kopf. Er war Teil eines Beobachtungs- und Wachpostens am Rande der Zufahrtstrasse. Nach einem kurzen Wortgefecht und mit der Fürsprache der Krankenschwester liess man mich unbehelligt weitergehen. Erst jetzt sah ich, dass sich auf der Ostseite des Krankenhauses etwa zwei Dutzend aserbaidschanische Kämpfer verschanzt hielten. Diese hatten Waffen und Abschussvorrichtungen zum Teil mit Tarnnetzen zugedeckt und kauerten im Schatten der hohen Büsche und Bäume, welche das Klinikareal einzäunten. Die Krankenschwester drängte zur Eile. Wir sollten uns nicht auf dem Verbindungsweg aufhalten, mahnte sie. Sie schloss die Tür der Klinik auf und wir stiegen durch ein schmales Treppenhaus ins erste Obergeschoss. Hier traf ich auf Schockierendes.

In etwa vier grossen Krankenzimmern lagen je etwa acht dürftig bekleidete Männer in schmutzigen Laken auf ihren Betten. Einige waren an ihr Bettgestell angebunden. Viele stöhnten, wirkten dabei aber ausserordentlich apathisch. Alle erhielten relativ starke Medikamente, meinte die Krankenschwester. Es stank abscheulich.

Die Fensterscheiben in den Zimmern wiesen zum Teil Risse auf und waren an den beschädigten Stellen mit Verbandstoff provisorisch gesichert. An mehreren Stellen in den Krankenzimmern wies das Mauerwerk brüchige Stellen auf – Merkmale, die nicht nur auf den schlechten Bauzustand, sondern auch darauf hinwiesen, dass die Aussenmauer der Klinik beschossen worden war. Jetzt streckte die Krankenschwester ihren Arm aus, zeigte durch eins der Fenster Richtung Südosten, und lenkte meine Aufmerksamkeit auf eine Baumgruppe, die etwa 300 Meter von der Klinik entfernt war. Und tatsächlich konnte ich dort etwas, was sich leicht bewegte, erkennen. Dies sei die Vorhut, ein Beobachtungsposten der armenischen Karabachmilizen, die das Gebiet genau bis hierher unter ihre Kontrolle gebracht hätten. Nur ab und zu, so die Schwester, werde geschossen. Das kleine Spital selbst sei aber bislang «nur» von Fehlschüssen oder Querschlägern in Mitleidenschaft gezogen worden.

Die Klinik stehe deshalb unter besonderer Beobachtung der Karabachmilizen, weil sich im Schatten, auf der Rückseite des Spitals, die aserbaidschanischen Kämpfer verschanzt hielten und ab und zu von dort die armenische Vorhut unter Feuer nähmen.

Jedes Mal wenn draussen, in unmittelbarer Nachbarschaft die Schiessereien losgingen, müssten die Klinikinsassen sicherheitshalber im Untergeschoss in Sicherheit gebracht werden. In der Eile auf dem Weg dorthin aber, durch den Flur und hinunter durchs enge und dunkle Treppenhaus, komme es dabei meist zu einem Gedränge, bei dem sich die Insassen immer wieder auch Verletzungen oder gar Brüche holen. Auch dort, im Untergeschoss, stank es nach Urin und Kot.

Sie sei eine der wenigen Angestellten, die sich getrauten, regelmässig zur Klinik zu fahren und die bedürftigen Insassen zu versorgen und zu betreuen. Hier werde offensichtlich: In einem Krieg seien Gefängnisinsassen und die Psychiatriepatienten wohl jene, die am ehesten vergessen würden und sich im Notfall auch nicht retten könnten. Die Krankenschwester selbst empfand es deshalb als äusserst zynisch, dass die aserbaidschanischen Milizen die Klinik als Schutzschild nutzten und so die Patienten immer wieder in neue Angst versetzten und gefährdeten.

Nach etwa einer halben Stunde verliessen wir die Klinik. In diesem Moment überflog ein Kampfhubschrauber im Tiefflug das Gelände. Auch diesen Moment werde ich wohl nie vergessen. Zum ersten Mal spürte ich am eigenen Leib, wie bedrohlich diese grossen «Insekten» sind, wenn sie sich einem mit lautem Getöse nähern.

TRAUMA FÜR ASERBAIDSCHAN –
DAS «MASSAKER VON CHODSCHALI»
VERSUCH EINER FAKTENREKONSTRUKTION:

In der Nacht vom 25. auf den 26. Februar 1992 griffen armenische Soldaten, unterstützt durch das 366. Motorschützenregiment der russischen Armee, die von muslimischen Aserbaidschanern bewohnte Stadt Chodschali (im Nordosten des Karabach-Hauptorts Stepanakert) an. Der Angriff und die anschliessenden Gefechte forderten je nach Quelle bis zu 600 Tote und zahlreiche Verletzte. Von vielen Menschen fehlt auch jede Spur. Das «Massaker von Chodschali» gilt als schlimmste armenische Gräueltat im jahrelangen Krieg und Kampf um die Enklave Nagorni Karabach. (1988 waren es Aserbaidschaner, die sich beim Massaker in Sumgait an Armeniern schuldig machten.)

Die verschiedenen Untersuchungen, Berichte und Zeugenaussagen zum «Massaker von Chodschali» widersprechen sich teilweise. Auch Beweismaterial soll zum Teil nachträglich manipuliert worden sein. Es ist deshalb schwierig, die damaligen Ereignisse ganz sachgerecht zu beschreiben und zu bewerten.

POLITISCHE HINTERGRÜNDE:
Chodschali galt bei den Armeniern als militärischer Vorposten der Aserbaidschaner. Die heute fast vollständig zerstörte Stadt lag militärstrategisch günstig zwischen der aserbaidschanischen Stadt Ağdam und dem Karabach-Hauptort Stepanakert. Deshalb war sie für die Armenier ein wichtiges Eroberungsziel.

Bereits Wochen vor ihrem schweren Angriff auf Chodschali hatten armenische Karabach-Milizen sowie armenische und russische Soldaten mit Panzern die Kleinstadt umzingelt und die Stadtregierung aufgefordert, einen Fluchtkorridor für die Zivilbevölkerung zu schaffen. Doch die aserbaidschanischen Verteidiger versperrten beim armenischen Angriff auf die Stadt der dort verbliebenen Zivilbevölkerung offenbar die Fluchtwege. Gewissen Quellen zufolge sollen Aserbaidschaner, denen die Flucht trotzdem gelang, noch auf der Flucht – also ausserhalb von Chodschali – regelrecht niedergemetzelt worden sein.

Ein Teil der Leichen ist – dies gilt als unbestritten – geschändet worden. Offiziell heisst es in Aserbaidschan, es seien die Armenier gewesen, welche die Leichen getöteter Aserbaidschaner zerstückelt hätten. Gewissen armenischen Quellen zufolge soll sich aber auch die aserbaidschanische Opposition die Leichen «zunutze» gemacht haben, um mit nachträglichen Leichenschändungen zusätzlichen politischen Druck auf die Regierung unter Präsident Mutalibov zu erzeugen. Es kursierten tatsächlich Filmaufnahmen, auf denen Leichen aus Chodschali zuerst in ungeschändetem Zustand zu sehen waren, und Filmaufnahmen, die wenig später gemacht worden sein mussten, auf denen dieselben Leichen in geschändetem Zustand zu sehen sind.

Das «Massaker von Chodschali» hat nicht nur zu weltweitem Entsetzen, sondern letztendlich auch zu einem politischen Machtwechsel in der aserbaidschanischen Hauptstadt Baku geführt. Nach grösseren innenpolitischen Turbulenzen floh Präsident Mutalibov nach Moskau und am 16. Juni 1992 wurde in einer harten Ausmarchung zwischen der oppositionellen «Volksfront» und der Kommunistischen Partei schliesslich der Kandidat der Volksfront, Abulfaz Elchibey, zum neuen aserbaidschanischen Präsidenten gekürt.

(Elchibey blieb gut ein Jahr im Amt und musste nach einem Staatsstreich im Juni 1993 das Zepter dem Vater des heutigen aserbaidschanischen Präsidenten, Heydar Aliev, einem langgedienten sowjetischen Politiker mit Geheimdiensterfahrung, übergeben.)

Nach meiner Exkursion in die Psychiatrieklinik führte man mich zur Moschee von Ağdam. Dort, in einem Vorraum, lagen auf einer seitlichen Sitzbank Kleider, Taschen und andere Utensilien, die im Gebiet von aserbaidschanischen Privatpersonen gesammelt worden waren und Vertriebenen oder Gefallenen gehören mussten. Auf einigen dieser Gegenstände waren dunkle Blutspuren zu sehen. Und besonders schrecklich: Zwischen einer Tasche und einer Jacke lag eine abgetrennte Hand, dort ein Ohr; angeblich Zeugnisse von Verstümmelungen, die an getöteten Flüchtenden verübt worden seien. Man bewahre diese Zeugnisse kurze Zeit auf, um anhand dieser Merkmale und mithilfe Überlebender Zuordnungen vornehmen und feststellen zu können, wer aus den umkämpften Gebieten gefallen sei. Die Körperteile würden bald vergraben.

Kurz vor dem Eindunkeln traf ich wieder jenen Polizisten, den ich anlässlich der morgendlichen Protestdemonstration im Zentrum Ağdams kennen gelernt hatte. Er war jetzt nicht mehr uniformiert. Wir beschlossen, gemeinsam etwas zu essen. Der Zug, der mich nach Baku zurückbringen sollte, fuhr erst kurz vor Mitternacht.

Unser Abendessen fand im Innenhof eines Restaurants, hinter hohen Mauern statt. Während sich der Himmel über uns unter der Abendsonne gelbrot verfärbte, hörte man von Weitem immer wieder Schüsse von Gefechten. Das sei jeden Tag so, erklärte der Polizist. Im Moment seien das bloss kleinere Scharmützel, Warnschüsse, die wir zu hören bekämen. Bei

In der Psychiatriklinik der einstigen Stadt Ağdam

grösseren Offensiven seien unablässig Schüsse und auch Artilleriefeuer zu hören. Die bestellten Schaschliks wollten mir nicht schmecken – mir war nicht nach Essen zumute, und ich war froh, diesen Ort bald mit dem Nachtzug verlassen zu können.

Der Konflikt um Nagorni Karabach

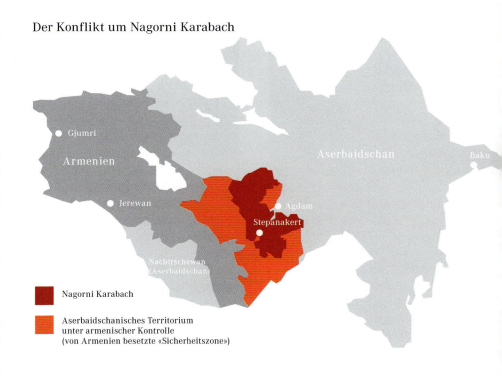

■ Nagorni Karabach

■ Aserbaidschanisches Territorium unter armenischer Kontrolle (von Armenien besetzte «Sicherheitszone»)

Gedenkstätte Zizernakaberd in Jerewan

ARMENIEN – LAND IM WÜRGEGRIFF

Wenn Touristen über Armenien ins Schwärmen geraten, so tun sie dies meist wegen der zahlreichen Kirchen und Klosteranlagen, die sie auf ihrer Reise quer durch das ganze Land besucht haben. Aber auch die mehrheitlich karge Landschaft dieser Hochgebirgsregion fasziniert. Man mag auch über die armenische Gastfreundschaft ins Schwärmen geraten oder über den armenischen Cognac. Letzterer ist vor allem unter russischen Besuchern sehr beliebt.

Wer bei gutem Wetter auf dem Flughafen von Jerewan landet, hat meist eine klare Sicht auf den Gipfel des Ararats. Dieser steht allerdings – entgegen oft gehörter Aussagen – nicht in Armenien, sondern auf türkischem Boden und ist derzeit von Armenien aus trotz seiner geografischen Nähe nicht auf direktem Landweg erreichbar. Von den zerklüfteten Hochgebirgsplateaus Armeniens aus öffnet sich der Blick der Besucherinnen und Besucher aber auch auf immer wieder andere, ebenfalls faszinierende Gipfel des südlichen Kaukasus, etwa auf die schneebedeckten Ausläufer des 4090 m hohen Aragaz. Die Landschaft der hochgelegenen Gebiete wirkt oft etwas rau und karg. Hier wachsen meist keine Bäume, nur ab und zu sind neben Schafherden niedrige Buschgruppen zu sehen, eine Hochspannungsleitung und ab und zu das Rohr einer Gasleitung, welche die Strassen überquert.

NORAVANKH – KLOSTERANLAGE IN EINER ENGEN BERGSCHLUCHT

Mich persönlich, um nur ein Beispiel herauszugreifen, fasziniert vor allem die Reise von Jerewan zum Klosterensemble von Noravankh. Dieses liegt in einer Distanz von rund 120 Kilometern südöstlich der armenischen Hauptstadt, in der engen «Bergschlucht des Amaghu», in der Nähe des berühmten Weindorfs Areni. Wenn man sich dem Kloster vom Tal her nähert, so säumen zuerst steile Felswände die Bergstrasse, bis man nach ein paar Kilometern überraschend an einem Berghang den rötlich schimmernden Fassaden des Klosterensembles gegenübersteht. Nichts, gar nichts, stört hier die stille Idylle. Die Klostergebäude aus dem 13. Jahrhundert sind 1840 von einem Erdbeben stark beschädigt, später aber sehr sorgfältig instand gestellt worden.

Wer sich nur kurz in der Nähe der armenischen Hauptstadt aufhalten kann, dem empfehle ich vor allem den Besuch der nur 20 Kilometer westlich von Jerewan gelegenen armenisch-apostolischen «Muttergotteskirche von Etschmiadsin». Aber auch in Jerewan selbst gibt es zahlreiche kulturhistorisch interessante Sehenswürdigkeiten, etwa die Zoravar-Kirche oder die Festung Erebuni (aus dem 8. Jahrhundert v. Chr.) mit den Überresten einer Tempelanlage und einer Zitadelle.

DIE GEDENKSTÄTTE ZIZERNAKABERD

Jeder Besucher, jede Besucherin Jerewans wird wohl auf den Stadthügel fahren, auf dem sich die Gedenkstätte befindet, die an den Völkermord an den Armeniern im Jahr 1915 erinnert. Die Gedenkstätte ist dort in einer Parkanlage, etwa 100 Meter über der Stadt, errichtet worden und besteht aus einem hohen Obelisken und einem ewigen Feuer, das von zwölf Stelen aus grauem Basaltstein geschützt wird. Die Einrichtung Zizernakaberd erinnert an die Vertreibung der Armenier aus dem Osmanischen Reich, von der – je nach Quelle – zwischen 300 000 und 1,5 Millionen Armenier betroffen waren und bei der viele den Tod fanden.

Die Gedenkstätte erinnert aber nicht nur an die damaligen Ereignisse, sie macht gleichzeitig darauf aufmerksam, dass über dieses Erinnern auch heftig gestritten wird. Die Türkei als wichtigster Nachfolgestaat des Osmanischen Reiches weigert sich, die damaligen Geschehnisse und damit eine Mitschuld am damaligen Leid der Armenier anzuerkennen. Und die politischen Konsequenzen dieses Streits sorgen wiederum bei vielen Armenierinnen und Armeniern, die selbst im Land leben, für einige spürbare Nachteile, ja für Leid.

Wenn man es ein bisschen verkürzt zusammenfasst: Wegen des politischen Streits um die geschichtlichen Fakten leben die Armenier heute, über 100 Jahre nach den Vorkommnissen von 1915, in einem Land, von dem aus sie derzeit zu wichtigen Nachbarstaaten keinen Austausch pflegen können, in einem Land, das über weite Strecken von geschlossenen Grenzen umgeben ist. Nur über das nördliche Nachbarland Georgien kann man Armenien auf dem Landweg erreichen, oder – ganz im Südosten – über einen Bergpass vom Iran aus. Die Grenzen zur Türkei, aber auch jene nach Aserbaidschan, sind seit über 20 Jahren geschlossen.

Es war der Krieg in Nagorni Karabach, der dazu geführt hat, dass Aserbaidschan und die Türkei (letztere aus Solidarität gegenüber den ihnen besonders nahestehenden Aserbaidschanern) die Grenzen geschlossen haben. Zahlreiche internationale Initiativen, diese Situation zu ändern, waren bislang von keinem Erfolg gekrönt.

Das gestörte Verhältnis zwischen Armenien und der Türkei ist zudem – wie erwähnt – aber vor allem in der türkischen Weigerung begründet, den Völkermord an den Armeniern anzuerkennen. Oder – man kann es auch so sehen – in der Haltung Armeniens, auf einer unwiderruflichen Anerkennung des Völkermords durch die Türkei zu bestehen. 1993 schloss die Türkei ihre 268 Kilometer lange Grenze zu Armenien. Seither findet kein direkter Handelsaustausch mehr zwischen der Türkei und Armenien statt.

ARMENIEN UND NAGORNI KARABACH

Durch den Krieg von 1992–1994 sind geschätzte 300 000 ethnische Armenier aus Nagorni Karabach vertrieben worden. Die meisten von ihnen haben damals in Armenien Zuflucht gefunden. Nur ein Teil dieser Geflüchteten ist später wieder nach Karabach zurückgekehrt.

Die Armenier investieren viel in den Wiederaufbau der Ortschaften und der Wirtschaft in Nagorni Karabach. Dort leben derzeit ca. 140 000 Einwohner, hauptsächlich ethnische Armenier.

Etwa 20 000 Soldaten (Streitkräfte der international nicht anerkannten Republik Bergkarabach, armenische Soldaten, aber auch russische Truppen) überwachen dort im Auftrag der Karabach-Armenier den Waffenstillstand rund um das besetzte Gebiet. Sie stehen dort der ebenfalls kampfbereit gerüsteten Armee Aserbaidschans gegenüber. Dort, an den Frontlinien, kommt es auch derzeit immer wieder mal zu kleineren Schiessereien und Gefechten.

Weitere Hintergründe zum Krieg um Nagorni Karabach: siehe Kapitel «Begegnungen am Rande des Karabachkrieges», Seite 197.

RUSSLANDS STREITKRÄFTE IN ARMENIEN

Die Grenzanlagen Armeniens zum NATO-Land Türkei werden hauptsächlich von russischen Soldaten bewacht. Einst verlief hier eine wichtige Südgrenze der Sowjetunion und des Warschauer Pakts. Der militärische Schutz durch Russland bringt Armenien aber gleichzeitig auch in gewisse Abhängigkeiten von Moskau – zusätzlich zu den

Landschaft zwischen Gjumri und Jerewan

energiewirtschaftlichen Bindungen mit Russland oder den Verpflichtungen, die mit der Mitgliedschaft Armeniens in der von Russland dirigierten Eurasischen Wirtschaftsunion einhergehen.

Offiziell heisst es, die russischen Soldaten schützten Armenien vor allem vor allfälligen Übergriffen der Türkei oder Aserbaidschans. Mit seiner Militärpräsenz in Armenien markiert Russland aber auch seine geopolitischen Interessen im Südkaukasus.

EISKALTE WINTER IN ARMENIEN

Im Winter 1992 war ich ein erstes Mal in Armenien. Ich wollte mir selbst ein Bild über die Energiekrise machen, unter der Armenien damals litt. Es gab kaum Strom, kaum Gas. Das armenische Atomkraftwerk Mezamor, das bislang das Land mit einem Grossteil seines Elektrizitätsbedarfs versorgt hatte, war nach dem Erdbeben von Spitak 1988 vorläufig ausser Betrieb gesetzt worden. Die Türkei hatte ihre Gaslieferungen eingestellt, aber auch jene aus Russland, die das Land über eine Pipeline durch Georgien versorgen sollten, blieben wegen der kriegerischen Auseinandersetzung in Georgien, zum Teil aber auch wegen Sabotage aus.

Als ich damals zu später Nachtstunde in Jerewan in einem Hotel einchecken wollte, wurde mir in der dunklen Hotelréception eine brennende Kerze überreicht, mit der ich mich über das hohe Treppenhaus auf die Suche nach meinem Zimmer machen musste. Weil – wie in der ganzen Stadt – auch die mit Gaskraftwerken betriebene Fernheizung nicht mehr funktionierte, war ich froh, mich mit meinem mitgebrachten Schlafsack vor der eisigen Kälte im Zimmer schützen zu können.

Gemeinsam mit einem Kollegen des Österreichischen Rundfunks (ORF) besuchte ich am Tag darauf mehrere Familien, die sich angesichts der klirrenden Kälte einen kleinen Holzofen beschafft und diesen mitten in ihrer Wohnung installiert hatten. Wenn man den Fassaden der Wohnhäuser entlangging, sah man, wie aus den Küchenfenstern vieler Wohnungen ein Abzugsrohr hervorlugte, aus dem der weisse Rauch der behelfsmässig installierten Holzöfen entwich. Unter dem Protest der Stadtregierung hatten Bewohner in den

Parkanlagen eigenmächtig Bäume gefällt, um sich so mit Holz zu versorgen. Tagsüber fanden in diesen Tagen vor den Regierungsgebäuden am Republiksplatz von Jerewan grosse Protestdemonstrationen statt.

Derzeit ist die Energieversorgung besser sichergestellt. Doch die Preise, die von den Bürgern für den Energiekonsum bezahlt werden müssen, sorgen derzeit immer wieder für Proteste der Bevölkerung.

Mit Aserbaidschan gibt es seit dem Karabach-Krieg (1992–1994) keine direkten diplomatischen Kontakte mehr.

In internationalen Verhandlungen – zum Teil auch unter Vermittlung der Schweiz – hatte man sich in den letzten Jahren vor allem darum bemüht, das Verhältnis zwischen der Türkei und Armenien zu verbessern. Beinahe wäre es dabei vor ein paar Jahren zu einem Durchbruch gekommen. Die Massnahmen, die mit den sogenannten «Zürcher Protokollen» ausgehandelt worden waren, wurden damals zwar durch die Aussenminister der Türkei und Armeniens unterzeichnet, sie konnten aber nicht umgesetzt werden, weil sich beide Parlamente, jenes Armeniens, aber auch jenes der Türkei, weigerten, die Protokolle zu ratifizieren und umzusetzen. Aserbaidschan hatte damals die Türkei unter Druck gesetzt und gefordert, von einem diplomatischen Handel mit Armenien so lange abzusehen, bis sich im Konflikt um die Region Karabach eine Lösung im Sinne Aserbaidschans abzeichne. Die armenische Regierung ihrerseits musste sich von der armenischen Diaspora schwere Vorwürfe gefallen lassen. Die Zürcher Protokolle – so die Exilarmenier – seien bezüglich des Völkermordes an den Armeniern zu wenig eindeutig formuliert. Eine Ratifizierung der Protokolle käme einem «Verrat an der armenischen Sache» gleich.

Die Exilarmenier, die vorwiegend in den USA oder in Frankreich leben, haben einen grossen Einfluss auf die armenische Politik. Meiner persönlichen Einschätzung nach einen zu gewichtigen Einfluss! Ein Auslandsarmenier, der in Kalifornien an seinem Whiskeyglas nippt, hat es einfach, armenische Maximalforderungen gegenüber der Türkei zu formulieren. Er, der weitab im Ausland lebt, leidet weniger an den Folgen einer kompromisslosen Haltung als die Bevölkerung in Armenien. Kompromisslose Haltungen sind meist auch mehr von Ideologie und weniger von Pragmatismus geprägt.

ARMENIER, DIE WEITGEHEND SICH SELBST ÜBERLASSEN SIND

Etwa zehn Kilometer westlich der Stadt Gjumri, der einstigen Stadt Leninakan, ganz im Nordwesten des Landes, kann man noch heute die Eisenbahnschienen sehen, die einst in die Türkei führten. Die Gleise und Eisenbahnschwellen sind jetzt von Gras und Buschwerk überwachsen. Seit über 20 Jahren endet die Bahnstrecke, die einst im Handel zwischen der Türkei und dem ganzen Kaukasus eine wichtige Rolle spielte, am Grenzzaun der Türkei. Als ich 2011 in der Nähe dieser Grenze eine ältere Bewohnerin auf die gesperrte Grenze ansprach, sagte sie mir, sie wisse nicht mehr, wie es auf der anderen Seite des Grenzzauns aussehe. Als Kind sei sie mal dort gewesen, heute sei das Gebiet auf der anderen Seite des Zauns aber für sie ein «Niemandsland».

Gjumri und die Nachbarstädte Spitak und Kirowan erlitten 1988 einen schweren Schicksalsschlag. Bei einem starken Erdbeben wurden hier über 25 000 Menschen getötet, d.h. lebendig unter den Trümmern ihrer Häuser begraben. Heute, bald 30 Jahre nach diesem Erdbeben, sind die Spuren leider noch immer deutlich zu sehen. Am südlichen Stadteingang – in der Nähe der Eisenbahnlinie, die von Jerewan nach Gjumri führt – leben nach wie vor viele armenische Familien in den etwas zurechtgerückten und provisorisch restaurierten Trümmern ihrer zerstörten Häuser. Während gut betuchte Exilarmenier mit Geldspenden oder Investitionen den modernen Ausbau der armenischen Hauptstadt Jerewan oder auch Neubauten in Nagorni Karabach unterstützen, scheint die notleidende armenische Bevölkerung in Gjumri in Vergessenheit geraten zu sein.

Ich besuchte im Dezember 2011 mehrere Familien, die damals, im kalten Winter, in dicke Decken eingepackt auf den Matratzen in diesen ebenerdigen einstöckigen Häuser sassen und mir erklärten, ihnen fehle leider das Geld für eine Gebäudesanierung, vor allem auch das Geld, um die Gas- oder Stromkosten ihrer Heizungen zu bezahlen. *«Wenn es kalt ist, ziehe ich mir all meine Kleider an und verkrieche ich mich unter einer Decke»*, erklärte mir eine 54-jährige Frau in diesem Wohnviertel in Gjumri. *«Wir kämpfen noch immer mit den Folgen des Erdbebens!»* Nur aus ein paar wenigen dieser Behausungen ragte ein Abzugsrohr, aus dem der Rauch eines kleinen Holzofens oder einer Feuerstelle entwich.

Diese Häuser weisen eine Grundfläche von etwa 40 m² auf. Die beim Erdbeben zerstörten Dächer wurden durch einfache Bleche ersetzt und sind zum Teil undicht. Mehrköpfige Familien teilen sich den einzigen Wohnraum des Hauses, der gleichzeitig als Schlaf- und Wohnraum und als Küche dient. Der männliche, arbeitsfähige Teil der Familie, so hiess es bei meinem Rundgang meist, sei im Ausland und gehe dort einer Arbeit nach, um die Familie zuhause zu unterstützen.

Aber auch im Zentrum der Stadt Gjumri, wo sich Touristen schöne und gut restaurierte Bürgerhäuser aus dem 19. Jahrhundert ansehen können, liegen immer noch auffallend viele Häuser, die im Erdbeben von 1988 stark beschädigt worden waren, in Trümmern.

Aus eigener Anschauung weiss ich, wie beispielsweise kriegsversehrte Quartiere in Bosnien oder im Kosovo innert kurzer Zeit wiederaufgebaut wurden. An einem ähnlichen Aufbau fehlt es offensichtlich im Nordwesten Armeniens. Dies ist wohl auch der Grund, weshalb diese Region besonders stark unter der Abwanderung des arbeitsfähigen Teils der Bevölkerung leidet.

Jerewan, die Hauptstadt Armeniens, präsentiert sich vor allem im Stadtzentrum als moderne Hauptstadt. In den Fussgängerzonen, die von Restaurants und Luxusboutiquen gesäumt sind, weist nichts darauf hin, unter welch einfachen Bedingungen der Grossteil der armenischen Wohnbevölkerung lebt.

In Jerewan erklärte mir seinerzeit der Parlamentsabgeordnete Levon Zourabian, Chef des Oppositionsbündnisses «Armenischer Nationalkongress», dass Russland in der ganzen Region über grosse Einflussmöglichkeiten verfüge, und dass es Russland letztlich in der Hand hätte, zu einer umfassenden und stabilen Friedenslösung im ganzen Kaukasus beizutragen.

Dies mag – mit dem Blick auf die Situation im ganzen Kaukasus –zutreffen. Aber mit Blick auf Armenien – so mein Eindruck – bräuchte es zudem vielleicht auch etwas mehr Kompromissbereitschaft seitens der Exilarmenier. Vardan Amaryan, der heutige Finanzminister des Landes, wollte aber diesen Einwand nicht gelten lassen. Er erklärte mir im Dezember 2011 im Interview für die Sendung «International» von Schweizer Radio SRF: *«Wenn es um Armenien geht, dann betrifft dies die ganze armenische Gemeinde, nicht nur unsere drei Millionen Einwohner hier, sondern die weit über zehn Millionen Armenier auf der ganzen Welt. Diese werden deshalb in alle wichtigen Entscheide miteinbezogen.»*

In der Klosteranlage von Noravankh

Strassenszene in Gjumri

Bergschlucht des Amaghu

Ein Holzsteg führt die Fussgänger im Winter von der Uferpromenade von Archangelsk auf die gefrorene Dwina

Hafenbecken bei der Fischfabrik in Maimaksa

ARCHANGELSK – SCHWIERIGES WIRTSCHAFTEN IN RUSSLANDS HOHEM NORDEN

Im Januar 2009 wollte ich in der Stadt Archangelsk den Lebensalltag im winterlichen Eis erkundigen. Es war bitterkalt. Das Delta des Flusses Dwina, an dessen Ufer die Stadt Archangelsk liegt, war von einer dicken Eisschicht bedeckt. Auch nachts waren im Hotel, das sich in Ufernähe befindet, deutlich die Hörner der Eisbrecher zu hören, die sich etwa 500 Meter vom Ufer entfernt regelmässig eine Fahrrinne durch die Eisschicht bahnten. Dort wollte ich hin!

Der Mond erhellte die Eisfläche über der Dwina so hell, dass ich meine Stirnlampe nicht benutzen musste. Vom Flussufer führte ein Holzsteg runter zur Eisschicht, die dick über dem Wasser lag. Ich folgte den Fussgängerspuren, die zu einem der winterlichen Dwina-Übergänge über die Eisbrecherroute bis zum gegenüberliegenden Ufer und dort zur Insel Kego führte. Auch ein paar andere Fussgänger waren jetzt – mitten in der Nacht – noch unterwegs.

Der Eisbrecher mit den hellen Scheinwerfern, den ich bereits vom Hotelfenster aus gesichtet hatte, näherte sich äusserst langsam, mit kurzen Vor- und Rückwärtsbewegungen. Ich stand nun dort, wo die Fussgänger jeweils die freigebrochene Fahrspur überqueren, um von der Stadt Archangelsk über die dick zugefrorene Dwina zum anderen Ufer, oder von diesem in die Gegenrichtung, nach Archangelsk zu gelangen.

Hier, an dieser Stelle, oblag es zwei Eiswächtern, die Qualität des Eises zu überwachen. Sie mussten dafür sorgen, dass die Fussgänger nach der Durchfahrt der Eisbrecher die Fahrspur möglichst bald und möglichst sicher wieder queren konnten. Hier stand auf einem Rost ihr Holzhaus, in dem sie sich an einem Ofen etwas aufwärmen konnten. Von hier aus hatten die Eiswächter auch Funkkontakt zu den nächsten Häfen und zu den Schiffen.

Jetzt, in der Nacht, wirkte der Eisbrecher, der immer näher auf mich zukam, wie ein Ungetüm. Links und rechts des Bugs brach er die Eisfläche auf. Es krachte und man hörte nun auch das Gurgeln und Plätschern des Wassers, das mit der Bewegung des Eisbrechers ins Schwappen kam. Hinter dem Eisbrecher schwammen die weggerissenen Eisklumpen zunächst locker auf der Wasserfläche. Das Eis links und rechts der aufgebrochenen Fahrspur aber blieb unbeschädigt. Man durfte sich während der Durchfahrt des Eisbrechers bis auf etwa fünf Meter der Fahrspur nähern. Das war eindrücklich.

Doch schon wenige Minuten nachdem sich der Eisbrecher seine Spur freigebrochen hatte, verbanden sich die Eisklumpen, die der Eisbrecher zuvor losgebrochen hatte, auf der Fahrrinne zu einer dichten Eisschicht. Die Eiswächter legten nun lange Gehbretter über die Fahrrinne, damit den Passanten ein Klettern und Rutschen über die Eisklumpen erspart blieb. Eine etwa 50-jährige Frau in dickem Fellmantel erklärte mir, sie gehe im Winter jeden Tag zwei Mal zu Fuss von einem Ufer zum andern. Etwa eine Stunde und zwanzig Minuten sei sie dann – bei jedem Wetter – unterwegs.

Im Sommer, wenn die Eisschicht aufgetaut sei, fahre sie jeweils mit der Fähre vom gegenüberliegenden Dwina-Ufer, von der Insel Kego, nach Archangelsk und abends wieder zurück. Das Klima im Winter sei äusserst rau, meinte sie, aber überleben könne man hier trotzdem.

Nicht nur auf der gefrorenen Dwina, auch in der Stadt Archangelsk selbst ist der tiefe Winter deutlich spürbar. Die Strassen und Trottoirs sind von einer Eisschicht bedeckt, es wehen kalte und feuchte Winde. Im Zentrum der Stadt stehen historische und idyllisch wirkende Holzbauten typisch sowjetischen Betonplattenbauten gegenüber.

Am Lenindenkmal, auf dem Platz vor der Stadt- und Gebietsverwaltung, hingen rote Schleifen. Dort traf ich den Chef der örtlichen KP, den Lehrer und ehemaligen Schuldirektor Wassili Bassajev. Er wunderte sich, hier einen interessierten Ausländer anzutreffen. Auf meine Frage, wie er den Alltag in seiner Stadt empfinde, meinte er:

«Nirgends in Russland ist das Leben schlechter als hier. Ich sage das, obwohl ich mich gegenüber einem Ausländer eigentlich so nicht äussern sollte.»

Das grösste Rätsel, mit dem er sich seit Jahren auseinandersetze, sei für ihn die Frage, weshalb die Sowjetunion wirklich auseinandergebrochen sei. Die Menschen hier litten sehr unter dem politischen und wirtschaftlichen Systemwechsel. Sie seien in den letzten Jahrzehnten gleich zwei Mal Opfer geschichtlicher Umbrüche geworden. Ein erstes Mal 1991, als die UdSSR aufgelöst wurde, und nun, weil sie auch jetzt wieder zu den Verlierern und Betrogenen einer neuen Ordnung würden.

VERALTETE TECHNOLOGIE

Auch bei einem Besuch in der Fischfabrik von Archangelsk war wenig von Aufbruch zu spüren. Juri Nikulin, ihr Generaldirektor, erläuterte, dass sein Unternehmen eben gegen ganz besondere Schwierigkeiten anzukämpfen habe. Sein Betrieb, der über 20 Fischfangkutter, eine Werft und zwei kleinere fischverarbeitende Betriebe umfasst, habe einst gegen 2000 Mitarbeiterinnen und Mitarbeiter beschäftigt; seit ein paar Jahren sei die Existenz des Staatsbetriebes aber bedroht. Viele Mitarbeiter hätten in Zwangsurlaub geschickt werden müssen, andere Mitarbeiter, die in Pension gingen, würden in jüngster Zeit meist nicht mehr durch jüngere Mitarbeitende ersetzt.

Das winterliche Eis auf dem Wasser, Stürme und schlechtes Wetter seien besonders grosse Herausforderungen für seinen Betrieb. Gegenüber den Fischfangflotten der Isländer oder Norweger komme man Jahr für Jahr in einen stets noch grösser werdenden Rückstand. Die skandinavischen Konkurrenten lieferten im Frühsommer allein über die Hafenanlagen von Archangelsk rund 100 000 Tonnen Fischprodukte für den russischen Markt. Seine eigene Flotte, die nach dem Auftauen der Dwina etwa sechs Monate in internationalen Gewässern unterwegs sei, und die ebenfalls auf dem Meer die gefangenen Fische zu gefrorenen Halb- oder Fertigprodukten verarbeite, könne wegen der winterlichen Schwierigkeiten im Hafen von Archangelsk jeweils erst Wochen nach den Skandinaviern ihren Fang an Land bringen. Zudem seien die russischen Fischkutter technologisch im Rückstand; man habe deren Modernisierung verschlafen und liege – im Vergleich zur internationalen Konkurrenz um zwei Generationen zurück. Seit Jahren kämpfe er, so der Generaldirektor, um Unterstützung aus Moskau. Ohne weitere staatliche Zuschüsse werde sein Betrieb auf dem freien Markt immer chancenloser.

Beim Besuch in einer der beiden Fischfabriken des Unternehmens bei Maimaksa konnte ich mich von der Rückständigkeit des Betriebs überzeugen. Die Fischfabrik wirkte auf mich eher wie eine Kleinmanufaktur. Etwa drei Dutzend Frauen und ein Dutzend Männer sortierten von Hand Heringe,

Makrelen, Dorsch, Barsch, Lachs und Forellen. Es waren die Überreste, die – aus irgendeinem Grund – nicht auf den Fischfangkuttern selbst verarbeitet worden waren. 60 verschiedene Fischprodukte, so der Lebensmittelingenieur Denis Dorwin, würden in seinem Betrieb gefertigt. Ich beobachtete Frauen, die um einen Holztisch sassen und dort – in Schürzen und mit weissen Hauben auf dem Kopf – kleinen Fischen den Kopf und die Schwanzflosse abschnitten und die gekürzten Fischkörper alsdann über ein Förderband zur nächsten Bearbeitungsstelle – etwa in die Fischräucherung – schickten. Bis zu fünf Tonnen Fisch würden hier täglich verarbeitet, meinte Denis Dorwin. Das meiste werde hier in Handarbeit gemacht. Dies sei vergleichsweise aufwändig, garantiere aber eine besonders hohe Qualität. Die Nachfrage nach Fisch sei wohl stets gegeben, erklärte mir eine Frau. Sie sei deshalb glücklich, hier, in der Fischfabrik zu arbeiten.

Eher deprimierend wirkte hingegen ein Besuch im nahegelegenen Ortszentrum der Archangelsker Vorstadt Maimaksa. Dass hier viele Betriebe ganz stillstehen, wurde schon dadurch deutlich, dass – mit Ausnahme der Lebensmittelgeschäfte – die meisten anderen Geschäfte, etwa ein Möbelladen, geschlossen hatten. Ja, meinte eine wartende Frau an der Bushaltestelle, die Zahl belaufe sich derzeit auf mehrere Tausend, die von den umliegenden Holzwirtschaftsbetrieben in den Zwangsurlaub geschickt worden seien. Sie selbst arbeite als Krankenschwester, ihr Mann aber, und auch ihr Sohn, seien zuhause und erhielten von ihren Betrieben bloss eine Kompensationsentschädigung, die aber zur Bezahlung der täglichen Lebenskosten kaum ausreiche.

Aus zwei Kaminen der Holzfabrik Nr. 26 stieg zwar etwas Rauch auf. Am Eingang zum Betrieb traf ich auf zwei Wärter, die gelangweilt Wache hielten und ihr Wachhäuschen mit dem Rauch ihrer Zigaretten einnebelten. Die Fabrik produziere bereits seit Wochen nicht mehr. Alle hier in Maimaksa, so meinte einer, suchten derzeit nach einer Ersatzarbeit. Viele stünden auf der Strasse, doch das Leben werde, ja, es müsse irgendwie weitergehen.

ARCHANGELSK

Ziemlich genau 1100 Kilometer nördlich von Moskau – im hohen Norden Russlands – liegt die («Erzengel»-) Stadt Archangelsk. Ihre 340 000 Bewohner leben hauptsächlich von der Fischfangindustrie, von der Hochseeschifffahrt oder von der Holzwirtschaft. Das Leben in Archangelsk gilt als eher rau. Die jährliche Durchschnittstemperatur beträgt nur gerade + 1°C. Archangelsk liegt nur gerade 225 Kilometer südlich des Polarkreises. Im Winter leiden deshalb die Einwohner unter der äusserst flachen und damit schwachen Sonneneinstrahlung. Die von Schnee, Eis und einer feuchten Kälte bestimmten Winter dauern jeweils von November bis April.

Vielen Touristen ist Archangelsk als Ausgangspunkt für Reisen zu den Solowezki-Inseln mit den berühmten Klosteranlagen bekannt. Vor der Gründung der Stadt St. Petersburg bildeten die Anlegestellen bei Archangelsk den wichtigsten Handelshafen Russlands. Heute haben die Hafenanlagen im Norden Russlands nicht mehr die Bedeutung von einst, sie bilden aber nach wie vor einen wichtigen Verkehrsknotenpunkt zwischen dem nördlichen Eismeer und Zentralrussland. Vor allem Metalle, Kohle, Container, Holz- und Fischprodukte werden von dort auf den Schienen Richtung Zentralrussland geführt.

In den Wintermonaten liegt das Dwinadelta bei Archangelsk unter einer dicken Eisschicht. Damit die Frachtschiffe passieren können, brechen regelmässig Eisbrecher für kurze Zeit die gewünschten Fahrrinnen frei.

Russlands Regierung möchte in Archangelsk mittelfristig einen Tiefseehafen errichten, in dem Schiffe mit einer Fracht von bis zu 750 000 Tonnen abgefertigt werden sollen. Geplant war die Fertigstellung dieses Grossprojekts einst bis zum Jahr 2030.

Weil die ehemaligen sowjetischen Industriebetriebe im Raum Archangelsk nicht mehr konkurrenzfähig sind, leiden viele Stadtbewohner unter Arbeits- und Perspektivlosigkeit.

Alexander Iwanov, ein sozialpolitischer Berater im Bürgermeisteramt der Stadt Archangelsk meinte, die Wirtschaftsstruktur hier in der Gegend sei eben noch geprägt von den Vorgaben der einstigen sowjetischen Planwirtschaft. Nur schon wegen der klimatischen Bedingungen hier im hohen Norden hätten die hiesigen Betriebe wenig Chancen auf dem Weltmarkt.

Fischfabrik in Maimaksa, 2009

Die meisten Fabriken seien technologisch völlig überaltert. Immerhin: Für die Holzverarbeitungsfabrik Nr. 26 in Maimaksa habe sich kürzlich ein privater Investor gemeldet, der allenfalls bereit sei, den Grossbetrieb zu modernisieren und konkurrenzfähiger zu machen. *«Russland erlebt solche Krisen immer wieder. Unsere Wirtschaft hat sich stets in Zyklen entwickelt und nach Krisen meist wiederaufgerichtet.»*

Der Schiffsfriedhof vor den Stadttoren von Murmansk, 1994.

MURMANSK – BESUCH IM ATOMABFALLLAGER

Angeregt, ja eigentlich aufgeschreckt durch den Bericht der norwegischen Umweltorganisation Bellona reiste ich 1994 zusammen mit meinem damaligen Korrespondentenkollegen Roman Berger nach Murmansk. Wir wollten uns selbst ein Bild machen von den atomaren Altlasten der atombetriebenen U-Boote und Eisbrecher, denen sich nun, nach dem Zusammenbruch der UdSSR, auch die internationale Gemeinschaft annehmen wollte.

Schon auf dem Weg vom Flughafen zu unserem Hotel kamen wir am berühmt-berüchtigten Murmansker Schiffsfriedhof vorbei. Dutzende von Schiffsrümpfen lagen hier hinter Absperrungen kreuz und quer am Ufer und rosteten vor sich hin. Zwischen den Wracks ab und zu ein Hinweisschild, dass es verboten sei, hier durchzugehen oder zu fotografieren. Doch der Anblick der Wracks war so überwältigend, dass wir uns nicht zurückhalten konnten!

Unser Besuchsprogramm hatten wir gut vorbereitet. Wir interviewten in vertraulichem Rahmen einen Umweltexperten, der einst selbst als Experte bei der Flotte gearbeitet hatte, aber auch russische Greenpeace-Aktivisten, welche vor allem die Zusammenarbeit mit der norwegischen Umweltorganisation Bellona koordiniert hatten. Eine dieser Aktivistinnen schilderte uns, dass es unweit von Murmansk in Richtung der norwegischen Grenze ein Lager für schwach- und mittelradioaktive Abfälle gebe, das nicht im militärischen Sperrgebiet liege und in dessen Nähe wir uns völlig legal begeben könnten.

ATOMARE ABFÄLLE IN RUSSLANDS NORDEN UND IN DER KARASEE

In den Fjorden der russischen Hafenstadt Murmansk, an den Molen der russischen Nordmeerflotte in Sewermorsk, auf der Insel Nowaja Semlja in der Karasee und auch auf dem Meeresgrund lagerten und lagern verunfallte und versenkte atombetriebene U-Boote. Dazu mehrere Atomreaktoren und zahlreiche Container und Fässer mit ausgedienten Brennstäben oder anderen radioaktiven Abfällen. Dabei handelt es sich weitgehend um ökologische Altlasten der einstigen Sowjetarmee oder um Reaktoren und nukleare Bestandteile sowjetischer Eisbrecher, die ebenfalls atomar betrieben wurden.

Im russischen Flottenhafen Sewermorsk (bei Murmansk) lagen noch bis vor kurzem über 50 ausrangierte Atom-U-Boote an den Molen – zum Teil mit ihren Atomreaktoren – die dort still vor sich herrotteten.

Die ins Meer gekippten Reaktoren, Brennstäbe oder Nuklearwaffen könnten, wenn sich deren Strahlung ungeschützt mit dem Meerwasser vermischt, zu einer grossen Gefahr für die Fischerei und die Umwelt in der Arktis werden.

Beim 1989 havarierten U-Boot Komsomolets ist es inzwischen mit Unterwasserarbeiten gelungen, die Luken der Torpedoschächte provisorisch zu versiegeln. Das im Jahr 2000 verunfallte russische U-Boot Kursk ist nach seiner Havarie mit Hilfe norwegischer Spezialisten geborgen worden.

Russland, die internationale Gemeinschaft, internationale Experten und Hilfswerke sind seit anfangs der 90er-Jahre gemeinsam bemüht, diese nuklearen Zeitbomben zu entschärfen. Eine Sisyphusarbeit, die noch längst nicht vollbracht und abgeschlossen ist!

Es war anfangs Juni, und weil Murmansk etwa 250 Kilometer nördlich des Polarkreises liegt, strahlte auch nachts die Sonne. Und wir, die wir es überhaupt nicht gewohnt waren, bei hellstem Sonnenschein zu Bett zu gehen, entschieden uns mitten in der Nacht, mit einem Taxi zu diesem Lager zu fahren. Nachts, so dachten wir, werde man dort wohl kaum Besucher erwarten.

Die steppenartige Gegend lag noch unter einer dünnen Schneedecke. Schliesslich hielt unser Fahrer vor einem braungestrichenen Holzhäuschen, der Pforte zum Lager. Daneben ein zweiteiliges hohes Tor, das an seinen stählernen Streben locker mit einer Kette umwickelt und mit einem Schloss gesichert war. Links und rechts am Tor je ein angerostetes Warnschild mit dem Hinweis, dass es hier schädliche nukleare Strahlung gebe. Der Eingang zum Atomabfalllager hätte in einer Theater- oder gestellten Filmszene, welche die Lockerheit des russischen Umgangs mit den nuklearen Altlasten auf die Schippe nimmt, kaum zynischer dargestellt werden können!

Da sich nichts regte, klopften wir an die Tür des Wärterhäuschens und begannen zu lärmen, bis ein Wächter die Tür öffnete und sich wunderte, dass Besucher angekommen waren. Wir stellten uns vor und er lud uns freundlich in sein Hüttchen ein, in dem ein ausgedienter Kühlschrank als Kleiderkommode diente, wo es einen Holztisch, zwei Stühle, eine Liege und eine einfache Kochstelle gab. Sein Kollege, erklärte uns der Wächter, sei mit seinen Langlaufskier und dem Wachhund auf seiner Runde unterwegs, während er hier am Eingang zum Atomlager Wache halte. Eigentlich sei hier nie was los. Wir erkundigten uns, was er denn täte, wenn etwa Unberechtigte Einlass ins Lager begehrten. Er war etwas verwundert, zeigte mit seiner Hand auf einen schwarzen Telefonapparat und sagte, er könne uns gerne demonstrieren, wie er in einem solchen Fall mit seinem Kommandoposten in Verbindung trete.

Mehrmals und kräftig hämmerte er mit seiner Hand auf die Gabel seines Telefonapparates. Er schrie ein lautes «hallo, hören Sie mich?» in den Hörer, «hört mich denn niemand?», bis sich auf der Gegenseite jemand meldete und unser Wächter ihn wissen liess, dass bei ihm Ausländer angekommen seien und sich bei ihm über seine Alarmierungsmöglichkeiten erkundigten. Das Telefongespräch dauerte nicht lange. Wohl auch deshalb, weil die Person am andern Ende festgestellt haben musste, dass unser Wächter – jetzt, mitten in der Nacht – angetrunken war. Wir fragten den Wächter schliesslich, ob er, für den Fall der Fälle, bewaffnet sei. Dieser streckte seine Hand aus und zeigte auf eine Bauaxt, die an der gegenüberliegenden Wand hing.

Wir liessen uns noch den Eingang zum gesperrten Lager zeigen, verabschiedeten uns freundlich, und fuhren mit unserem Taxi wieder in die Stadt in unser Hotel zurück.

Am nächsten Tag bot man uns an, uns in Uniformen russischer Marineoffiziere in die für Ausländer gesperrte Flottenstadt zu schmuggeln. Wir zogen es aber vor, uns legal im zivilen Bereich der Region aufzuhalten. Wir besuchten im Hafen von Murmansk den atombetriebenen, inzwischen aber ausser Dienst gestellten Eisbrecher Lenin, der auch heute noch als

Freundlicher Empfang durch den Wächter der Anlage

Eingang zum Gelände des Atomabfalllagers

Museum dient. 1957 war die «Lenin» vom Stapel gelaufen, 1989, nach mehreren Zwischenfällen, zog man sie als Besucherattraktion in den Hafen von Murmansk.

Einer seiner Reaktoren lag zur Zeit unseres Besuchs jedenfalls noch völlig unkontrolliert in der Arktis auf dem Meeresgrund. Man hatte den defekten Reaktor der Einfachheit halber gleich dort entsorgen wollen. Ganz nach dem Motto: «aus den Augen, aus den Sinn». In der Nachbarschaft zur Lenin besuchten wir noch das Serviceboot Lepse, auf dem – mit dem Frischwasser aus der Bucht – ausgediente Brennstäbe gekühlt wurden.

Schliesslich machten wir noch einen Ausflug nach Süden, in die Mono-Stadt Montschegorsk. Die dortige Nickelfabrik hatte in der ganzen Region äusserst eindrücklich für ein Busch- und Pflanzensterben gesorgt. Roman und ich bekamen so mit, was es heisst, wenn die Umwelt abstirbt und die Natur völlig vergraut. Schon etwa 50 Kilometer vor der Stadt wies nur noch dürres Astwerk in der kahlen grauen Landschaft darauf hin, dass hier mal Büsche gewachsen sein mussten.

Tief beindruckt flogen wir nach Moskau zurück. Und uns beiden ist nach wie vor in bester Erinnerung, mit welcher Bordmusik uns die Aeroflot auf dem Flughafen von Murmansk bei Laune zu halten versuchte: mit Bobby McFerrins «Don't worry, be happy»!

August 1989

August 2006

August 2001

August 2007

August 2005

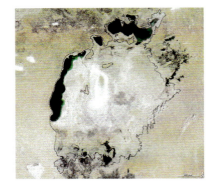

August 2009

Satelitenfotos des Aralsees, NASA, EOSNAP

LANGE REISEN ZUM ARALSEE

Zusammen mit einer Kollegin der Frankfurter Rundschau, einem Moskauer Team des finnischen Fernsehens und einem Korrespondenten der Nachrichtenagentur Associated Press reiste ich im Frühsommer 1992 zu einem «Runden Tisch» in die damalige kasachische Hauptstadt Alma Ata. Dort wurde – zuerst im nüchternen Konferenzsaal eines Hotels – über mögliche Rettungsmassnahmen für den vom Austrocknen bedrohten Aralsee, dem einst viertgrössten Binnenmeer der Welt, debattiert. Mit dabei waren Wissenschaftler verschiedener internationaler Gremien sowie Delegierte ausländischer Hilfswerke, die sich vor allem um die menschlichen Opfer der Aralseekatastrophe kümmern wollten.

Wir Journalisten hofften, über unsere Präsenz an diesem Runden Tisch vielleicht einen direkten Zugang zum Aralsee zu erhalten. Der Aralsee galt damals für die meisten Ausländer als Sperrgebiet. Jetzt, mit dieser internationalen Konferenz, so dachten wir, eröffne sich für uns vielleicht die damals einzigartige Gelegenheit, vor Ort einen Augenschein zu nehmen.

Zwei Tage hatten wir der Konferenz beigewohnt. Die Vertreterin eines amerikanischen Kinderhilfswerks, eine jüngere Ärztin, hatte immer wieder betont, konkrete Hilfe und Unterstützung für die Menschen am Aralsee anbieten zu wollen. Voraussetzung dazu aber sei, dass wir uns direkt vor Ort ein authentisches Bild über die katastrophale Situation machen könnten. Etwa in der kasachischen Hafenstadt Aralsk, in einem Spital und in den Fischerdörfern am Aralsee selbst.

Wir hatten Glück – grosses Glück! Einer der Initianten der internationalen Konferenz, der Dichter, Journalist und Politiker Muchtar Schachanow, der selbst aus der Aralseeregion stammt, setzte sich mit grosser Energie und schliesslich auch mit Erfolg bei den zuständigen kasachischen Sicherheitsbehörden durch; uns wurde erlaubt, an einem der nächsten Tage zusammen mit dem Dichter und Politiker Schachanow mit einem eigens für uns zusammengestellten Sonderzug zum Aralsee zu fahren. Alle, die mit dabei waren, werden diese Reise wohl kaum je vergessen!

DAS ARALSEE-DESASTER

Der Aralsee mit einer Fläche von einst rund 70 000 km² war mal weltweit das viertgrösste Binnenmeer und flächenmässig knapp doppelt so gross wie die Schweiz. Zwischen den Hafenstädten am Aralsee verkehrten seinerzeit grosse Frachtschiffe, die zum Teil Baumwolle auf der alten nördlichen Seidenstrasse von Ost nach West transportierten.

Vor fünfzig Jahren aber begann der Aralsee massiv zu schrumpfen. Auf dem Höhepunkt seiner ökologischen Krise, ums Jahr 2009 herum, nahm er nur noch einen kleinen Teil seiner ursprünglichen Fläche ein. Sein Wasservolumen – man muss sich das mal vorstellen! – hatte sich um etwa 90 % reduziert. Heute ist der Aralsee kein zusammenhängendes Gewässer mehr, das einstige Binnenmeer besteht jetzt aus zwei grösseren Seen, dem Nordaralsee und dem kleinen Rest des Südaralsees, schliesslich aus zahlreichen Seen und voneinander unabhängigen Tümpeln. Dort wo einst Schiffe verkehrten, traben heute Kamele. Niedrige Büsche wachsen auf dem Sand des ausgetrockneten Meeresbodens.

Nach dem Zweiten Weltkrieg und der Zwangsumsiedlung zahlreicher Bevölkerungsgruppen vom Kaukasus nach Zentralasien hatte die damalige Sowjetführung ein gigantisches Baumwoll-, Reis- und Obstanbauprojekt im bislang unfruchtbaren Ferghanatal veranlasst. Auf Stalins Geheiss wurden grosse Wassermengen aus den beiden Aralsee-Zuflüssen, den Flüssen Syrdarja und Amudarja, durch Bewässerungskanäle ins bisher unkultivierte Steppenland abgeleitet. Unter massivem Pestizideinsatz ist es dort schliesslich gelungen, immer umfangreichere Baumwollmengen zu ernten. Das aus den Flüssen abgeleitete Wasser für die Bauwollplantagen und Reisfelder versickerte dort zum Teil aber auch nutzlos. Und das Restwasser, das schliesslich aus den Plantagen wieder dem Syrdarja und dem Amudarja zugeleitet wurde, war stark mit Pestizidrückständen und mit Rückständen hochgiftiger Entlaubungsmittel belastet, die von den Pflanzbetrieben zur Vereinfachung der mechanischen Ernte eingesetzt wurden.

Der Schadstoffeinsatz im Ferghanatal führte bei den Menschen, die in den dortigen Plantagen arbeiteten, zum Teil zu grossen Gesundheitsstörungen. Im Aralsee, wo die Restrückstände dieser Pestizide schliesslich landeten, zerstörten sie zahlreiche Fischarten oder führten bei diesen zu Anomalien. Auch die Bevölkerung am Aralsee ist wegen der Pestizidrückstände stark in Mitleidenschaft gezogen worden. Ärzte berichteten in den 1980er- und 1990er-Jahren von schweren Lungen- und Nierenerkrankungen, über eine immer höhere Kindersterblichkeit und über Fehl- und Missgeburten.

Die Reduktion der Wassermenge im Aralsee hat den Salzgehalt des Gewässers vervielfacht. An den Ufern dieses Meeres, im Sand, kommt es deshalb immer wieder zu Salzablagerungen, die bei starkem Wind zusammen mit Sandkörnern in die Dörfer verfrachtet werden.

Mit dem Rückgang des Wasservolumens hat sich auch das regionale Klima verändert. Es verdunstet immer weniger Feuchtigkeit; die einst gewohnten Niederschläge in der Region bleiben aus. Deshalb trockneten auch die Gebiete rund um den Aralsee immer mehr aus.

RETTUNG DES NORDARALSEES

Nach dem Zusammenbruch der UdSSR riefen die zentralasiatischen Länder Kasachstan, Usbekistan, Kirgistan, Tadschikistan und Turkmenistan eine Stiftung zur Rettung des Aralsees (die IFAS) ins Leben. Jetzt ist nicht mehr die (UdSSR-) Regierung in Moskau dafür verantwortlich, die Katastrophe am Aralsee ins Lot zu bringen.

An verschiedenen Konferenzen gelang es, sich auf einen reduzierten Pestizideinsatz in den Baumwollanbaugebieten zu einigen. Zudem wurden an einigen Stellen die Wasserläufe der Aralsee-Zuflüsse korrigiert und optimiert, sodass seit etwa 2010 über den Fluss Syrdarja vor allem dem nördlichen Aralsee wieder mehr Wasser zugeführt wird. Dort, bei dessen Mündung, errichtete man – unterstützt von Geldern der Weltbank – zwischen der Kokaral-Landzunge und dem gegenüberliegenden Festland in den Jahren 2003 bis 2005 eine künstliche Dammanlage, mit der das meiste Frischwasser aus dem Syrdarja im Nordaralsee zurückgehalten wird. Mit dieser Massnahme gelang es, den nördlichen Aralsee teilweise zu retten. Das Wasservolumen im Nordaralsee hat stark zugenommen, seine Wasser-

Schiffe im Sand, 1992

238   Peter Gysling – Andere Welten

fläche vergrössert sich und nähert sich allmählich wieder der Stadt Aralsk. Im Nordaralsee findet nun auch wieder ein gewerblicher Fischfang statt.

Mit dem Wasserrückstau am Kokaral-Damm wird aber gleichzeitig dem Südaralsee kaum mehr Frischwasser aus dem Syrdarja zugeleitet. Die Restwassermengen, die im Frühjahr jeweils über den Damm Richtung Süden abfliessen, versickern und verdunsten dort nach etwa 30 Kilometern im einstigen Seebecken im Sand, das sich dort wohl für immer in Steppe und Wüste verwandelt hat. Den Nordaralsee konnte man teilweise retten, indem man durch die Errichtung des Kokaral-Damms den Südaralsee seinem traurigen Schicksal überliess. Die Errichtung dieser Dammanlage war wohl auch die einzige Möglichkeit, um wenigstens einen Teil des zentralasiatischen Binnenmeeres zu retten.

Das Flussbett und das Delta des einst wichtigen südlichen Aralsee-Zuflusses, des Amudarja, ist in der usbekischen Region um die einstige Hafenstadt Muynak schon seit Jahrzehnten meistens vollständig ausgetrocknet. Und dies auch jetzt, nachdem man seit den 1990er-Jahren bei den Bewässerungsanlagen im Ferghanatal gewisse Korrekturen bei der Wasserentnahme vorgenommen hat.

Nach diesen Verbesserungsmassnahmen wird insbesondere der Wasserhaushalt des Amudarjas durch andere Projekte neu beeinträchtigt, etwa wegen des Ausbaus des Karakum-Kanals, der quer durch Turkmenistan, vorbei an dessen Hauptstadt Aschchabad und bis zum Kaspischen Meer fliesst. Höchst umstritten ist auch das von Tadschikistan geplante Rogun-Stauwerk, welches – falls die 335 Meter hohe Talsperre wirklich gebaut werden sollte – grosse Wassermengen des Flusses Wachsch zurückhalten soll. Hier versucht nicht zuletzt auch die Weltbank mit Gesprächen und gezielten Kreditvergaben für einen möglichst geschickten Interessensausgleich zwischen Tadschikistan, das mit den Stauanlagen möglichst viel Strom exportieren möchte und den andern zentralasiatischen Ländern, die auf eine regelmässige Wasserversorgung angewiesen sind, zu sorgen. Denn der Stauwehrbau würde während der Zeit, in der das Wasser hinter den Wehrmauern gesammelt würde, die Länder westlich von Tadschikistan (Usbekistan und Turkmenistan) sehr empfindlich von den bislang gewohnten Frischwasserzufuhren des Amudarjas abschneiden.

Mit Rücksicht auf die über 20 Millionen Menschen, die im Ferghanatal von Arbeiten auf den Baumwollplantagen oder vom dortigen Obst- und Reisanbau leben, können für das dortige Gebiet keine Radikalkuren, wie sie für eine etwas umfassendere Rettung des Aralsees nötig wären, durchgeführt werden.

FRÜHERE «RETTUNGSPLÄNE»

Bereits in den 1970er-Jahren wollte sich das damalige Sowjetregime um die Rettung des Aralsees kümmern. Die politische Führung in Moskau glaubte – wie so oft – an die Bezwingbarkeit der Natur und an eine schier grenzenlose Korrigierbarkeit von Fehlentscheiden und verabschiedete ihr als «Jahrhundertplan» gefeiertes Rettungskonzept. Es ging dabei um ein Konzept, das vorsah, die sibirischen Flüsse Ob und Jenissej über künstliche Kanäle nicht mehr Richtung Norden fliessen zu lassen, sondern in den Süden umzuleiten. Eine andere, noch irrwitzigere Idee, die damals diskutiert wurde, sah vor, die Gletscher des Pamir- und des Tien-Shan-Gebirges abzuschmelzen und so dem Aralsee neue Wassermengen zuzuleiten.

Nachdem sich die Situation am Aralsee selbst immer mehr verschlimmerte, entschied man in den 80er-Jahren, Arbeitsplätze in der dortigen Fischereiindustrie zu retten, indem nun ein Teil des sowjetischen Fischfangs aus dem weit entfernten Japanischen Meer, dem Kaspischen Meer und aus der Ostsee per Bahn in die Fischfabriken nach Aralsk verfrachtet wurden. 1992 bekam ich dort selbst mit, wie Frischfische aus dem Kaspischen Meer angeliefert und dann aus der Aralsker Räucherei wieder per Bahn wegtransportiert wurden.

Trotz solch verzweifelter Rettungsaktionen wurde Aralsk immer mehr zu einer Geisterstadt. Viele Einwohner verliessen damals die Stadt. In den kleineren Fischersiedlungen aber harrten viele Familien aus. Sie arbeiten heute nicht mehr in der einstigen Fischfangindustrie, sondern halten sich als Selbstversorger mit einem sehr viel bescheideneren Fischfang im Rest-Aralsee oder in einem der entfernteren Süsswassertümpel «über Wasser».

Wenn man mit ihnen spricht, so geben viele zu erkennen, dass sie insgeheim glauben, dass das verschwundene Meer wieder «zurückkehren» könne – sie hoffen auf eine göttliche Fügung. Solche Hoffnungen können sich allenfalls die Bewohner im Umfeld des nördlichen Aralsees machen. Jene aber, die weitab von den Restwassern des Binnenmeeres siedelten, waren gezwungen, sich anderswo nach einer besseren Zukunft umzusehen.

Wir wussten nur, dass wir irgendwann in der kasachischen Hafenstadt Aralsk ankommen sollten. Und dass wir in Zugabteilen untergebracht und verpflegt würden. Ein genauerer Fahrplan wurde uns nicht mitgeteilt. Der Redaktion in Bern konnte ich wegen der schlechten Kommunikationsmöglichkeiten bloss mit einem kurzen Telex von der Hotelréception in der damaligen kasachischen Hauptstadt aus mitteilen, dass ich während unbestimmter Zeit zum Aralsee unterwegs sein und mich nach abgeschlossener Mission zurückmelden werde.

Frühmorgens wurden wir zu einem Couchettewagen geleitet. Vorne in unserem Waggon waren die Wissenschaftler und Vertreter der internationalen Organisationen und Hilfswerke untergebracht, wir Korrespondenten in den beiden letzten Abteilen. Der über die Grenzen Kasachstans hinaus bekannte Dichter und Politiker Schachanow reiste in einem ihm speziell zugeteilten Eisenbahnwagen. Zwischen ihm und unserem Waggon wurde ein Küchen- und Gepäckwagen eingehängt. Den Abschluss unseres Zuges bildeten ein Güterwagen und ein Waggon mit kasachischen Beamten, die uns einerseits überwachten, die uns andererseits aber auch den Zugang zum Aralsee ermöglichen sollten. Diese Aufpasser mussten sich – das wurde während der Reise immer wieder deutlich – den oft wechselnden Dispositionen Schachanows meist beugen. Der Dichter und Politiker sah nämlich die einzigartige Chance für sich gekommen, der Rettung des Binnenmeeres einen neuen Impuls zu verschaffen.

Es wurde eine lange Reise. Schachanow liess unseren Eisenbahnzug in mehreren Städten immer wieder anhalten um dort mit Auftritten vor der lokalen Bevölkerung bei den dortigen Würdenträgern auf seine Mission und auf unseren ideellen Beistand aufmerksam zu machen.

Ein erstes Mal hielten wir in der Stadt Taras, wo Schachanow ein spontanes Treffen mit dem Personal des Regionalspitals anberaumte. In einem grossen Konferenzsaal erklärte er, dass es ihm gelungen sei, internationale Hilfswerkvertreter, Wissenschaftler und Journalisten aus dem Ausland zu versammeln. Bald werde sich wohl ein internationales Netzwerk den Problemen des Aralsees annehmen. Ergreifend schilderte er gegenüber den Anwesenden die Probleme, mit denen die Bewohner am Aralsee seit ein paar Jahrzehnten zu kämpfen hatten. Diese seien von den sowjetischen Behörden und Befehlsgebern ihrem schlimmen Schicksal überlassen worden, ein grösserer Teil der Karakalpaken, ein Volk, das rund um den Aralsee siedelt, sei gar in seiner Existenz bedroht. Er erzählte von den Krankheiten, die sich immer mehr ausbreiteten, vom schier ausweglosen Kampf der Aralseebevölkerung, die mehr nationale Solidarität verdiene und auch auf internationalen Beistand angewiesen sei. Dann zitierte er mit bewegter Stimme aus seinem Gedichtband – Hilferufe zugunsten des Lebens am Aralsee.

HILFERUF MIT AUSGIEBIGEN TRINKGELAGEN

Wir Korrespondenten, die Wissenschaftler und Hilfswerkvertreter mussten dabei jeweils neben ihm, oben auf den Podien Platz nehmen. Er stellte jeden von uns vor und bat bei der Menge im Saal um Applaus. Anschliessend wurden wir von örtlichen Würdenträgern zu ausgiebigen Gelagen in eines der örtlichen Restaurants eingeladen.

Dort gab es literweise Wodka. In mannigfachen Trinksprüchen wurde auf die Völkerfreundschaft angestossen, auf ein glücklicheres Schicksal für die Aralseebewohner, auf deren Frauen, deren Kinder.

Als wir in der Stadt Turkistan Halt machten, wurden wir gleich zwei Mal Opfer von Trinkgelagen. Ein zweites Mal, nachdem wir uns bereits Schlafen gelegt hatten.

Wir waren bereits ziemlich nervös. Wir wollten endlich am Aralsee ankommen und befanden uns noch immer über 800 Kilometer von unserem ersehnten Etappenziel entfernt.

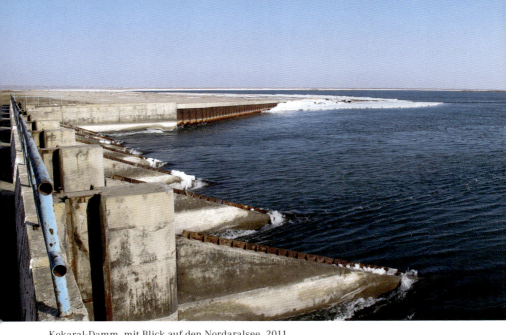

Kokaral-Damm, mit Blick auf den Nordaralsee, 2011

Das Restwasser des Flusses Syrdarja fliesst vom Kokaral-Damm noch ein paar Kilometer Richtung Süden, bis es dort in der Wüste versickert.

ER STELLE DAS STRECKENSIGNAL AUF GRÜN, WENN DIE WODKAFLASCHE LEER SEI

Eigentlich war der Zug abfahrbereit, doch er bewegte sich nicht. Bei einem Gang zur Toilette stellte ich fest, dass die Waggontür, die stets vom Zugspersonal geschlossen wurde, immer noch offenstand. Ich stieg aus, ging dem Perron entlang zu einem kleinen Gebäude, das sich etwa auf der Höhe unserer Lokomotive befand. Die kleinen Fenster des Häuschens waren hell erleuchtet. Ich klopfte an die Tür und sah, wie der Dichter und Politiker Schachanow, unser Zugführer, der Lokomotivführer und ein örtlicher Bahnverantwortlicher rund um eine Flasche Wodka sassen. Etwas verunsichert erkundigte ich mich, wann denn unser Zug losfahren werde. Der Bahnchef war nicht verlegen. Er stelle das Signal dann auf grün, wenn die Wodkaflasche leer getrunken sei. Wenn wir uns am Leeren beteiligten, werde dieser Prozess verkürzt, meinte er lachend.

Zwar hätte ich gewarnt sein sollen! Aber ich holte ein paar meiner Kolleginnen und Kollegen aus dem Bahnwaggon und geleitete sie zum Bahnwärterhaus. Als wir dort eintrafen, standen mehrere Flaschen bereit ...

Viele Stunden später näherten wir uns endlich der Hafenstadt Aralsk. Jetzt also ... Aber nein, ein Polizeijeep mit Blaulicht empfing uns und man geleitete uns in ein Restaurant, das sich direkt neben einer Pier der Aralsker Hafenanlage befand. Wir hätten gewiss Hunger. Man kredenzte uns ein ausgiebiges Frühstück – mit Wodka notabene.

Von den Fensterplätzen des Gasthauses aus bot sich uns ein guter Überblick über den Hafen. Vor uns standen zwei kleinere Fischerboote im Sand. Vor dem Bug, wo einst das Meerwasser schwappte, spielten Kinder. An der gegenüberliegenden Wand des Restaurants, hoch über uns, hing ein grosses Ölgemälde mit einer kitschigen Darstellung einer Aralsee-Idylle: das Meer mit Wasservögeln, mit Badenden, Fischern, Kindern. Alles mitten in einer grünen Landschaft. Ja, so etwa muss es hier mal ausgesehen haben!

Dass wir nun abermals gezwungen waren, vor Tellern und Gläsern zu sitzen, war irgendwie unerträglich. Aber es gab kein Entrinnen. Auch diesmal mussten wir uns wieder der Regie von Schachanow beugen. Doch dann – wir hatten kaum noch daran geglaubt – ging alles Schlag auf Schlag.

VERROSTETE SCHIFFWRACKS, DIE IM SAND STECKEN

Nahe beim Hafen, im Sand, bestiegen wir eine Antonow-Doppeldecker-Maschine. Die Fenster liessen sich glücklicherweise öffnen und wir flogen relativ tief. Mit meiner Kamera konnte ich die Wüstenlandschaft unter uns einfangen, die Kamele, die dort unterwegs waren. Schliesslich überflogen wir bei der Fischersiedlung Sigubaj zwei verrostete Schiffwracks, die dort im Sand steckten. Hier setzte der Pilot zur Landung an. Kinder aus der Siedlung rannten auf uns zu und geleiteten uns zu den Lehmhäusern. Schachanow erklärte den erstaunten Dorfbewohnern den Zweck unserer Reise. Wir konnten uns umsehen, Interviews machen, filmen, fotografieren.

Es war ergreifend, mitanzusehen, unter welch erbärmlichen Verhältnissen die Leute hier wohnten. Die meisten Männer des Dorfes, so erklärte man uns, seien jetzt tagsüber an einem Süsswasserteich, weit entfernt von der Siedlung Sigubaj, bei ihrer Arbeit. Ihr Fang aber sei in der Regel bescheiden und vermöge lediglich die Selbstversorgung ihrer Familien knapp zu sichern. Sauberes Trinkwasser, Lebensmittel und wichtige Produkte des täglichen Bedarfs würden gelegentlich mit Lastwagen über die Steppe hergebracht.

Einst hatte man sich hier vor allem mit dem Boot von Dorf zu Dorf bewegt, jetzt ersetzten veraltete Motorräder, Kleinlastwagen oder gar Kamele die Schiffe. Im Dorf selbst gab es einen Kindergarten und eine bescheidene Dorfschule. Eine alleinstehende, ältere und zahnlose Frau öffnete mir die Tür zu ihrem Vorgarten. Das Kamel, das hier angebunden war, sichere ihr mit seiner Kamelmilch das Überleben. Ihr Häuschen und das Kamel seien, klagte sie mit leiser Stimme, neben der Nachbarschaftshilfe das Einzige, was ihr geblieben sei.

ZWANZIG JAHRE SPÄTER

Im Frühjahr 2011 machte ich mich abermals auf, den Aralsee aufzusuchen. Wieder von Nordosten her, durch den kasachischen Teil des Katastrophengebietes. Diesmal aber nicht mehr per Bahn, sondern von der Stadt Qysylorda aus, auf dem Strassen- und Pistenweg bis zu jener Landzunge und Engstelle, welche den Nord- und Südaralsee trennt und wo heute der Kokaral-Damm das meiste Frischwasser des Flusses Syrdarja im Nordaralsee zurückhält. Ich wollte sehen, was die Rettungsmassnahmen konkret bewirkt hatten, mich vergewissern, ob der Nordaralsee, den ich 1992 während einer seiner ökologisch schlimmsten Phase besucht hatte, tatsächlich zum Teil gerettet werden konnte.

Yermek Aitbajew, ein Experte der Internationalen Stiftung zur Rettung des Aralsees (IFAS) begleitete mich und meine Kollegin Anna Kuritsyna auf dieser Rundtour. Schon bei Qysylorda, rund 500 Kilometer vor dem Ufer des Nordaralsees, hatte sich in den letzten Jahrzehnten das Klima mit der Austrocknung des Binnenmeeres nachhaltig verändert. Wo früher in der grünen Natur Bäume und Büsche wuchsen, prägt heute eine öde Steppe die Landschaft. Niederschläge sind rar geworden. Vor allem in den Regionen entlang der Verkehrsrouten zum Aralsee, die schon immer dünn besiedelt waren, passten die Bauern jetzt aber ihre Landwirtschaft an das veränderte Klima an. Mit neuen Anbaumethoden, aber auch, indem sie ihre Produktion zum Teil auf andere Pflanzen, anderes Gemüse umstellten. Oder indem sie anstelle des Gemüseanbaus Viehzucht betrieben. Dank der Unterstützung durch die staatliche deutsche Entwicklungsorganisation GIZ, der «Deutschen Gesellschaft für Internationale Zusammenarbeit», konnten viele auch auf eine Gemüseproduktion in modernen Gewächshäusern umstellen.

Je mehr wir uns dem Aralsee näherten, umso mehr beeindruckte uns aber auch jetzt wieder die immer kargere Einöde der Steppe. Etwa hundert Kilometer, nachdem wir das Gelände des Weltraumbahnhofs Baikonur passiert hatten, fuhren wir quer durch die Aralwüste, zum neu erstellten Kokaral-Damm, der den nördlichen Teil des Aralsees wenigstens teilweise retten konnte.

Mehrere Kilometer vor der Mündung des Syrdarja in den Nordaralsee kamen wir an zahlreichen neu errichteten Stauwehren vorbei. Der Zufluss des Aralsees wird jetzt hier kanalisiert; die Wassermengen werden, mehrere Kilometer vor seiner Mündung ins Binnenmeer, stark reguliert.

Abgesehen von einigen Schleusenwärtern, die mit Jeeps unterwegs waren, begegneten wir hier kaum Menschen. Wir fühlten uns wie in einem gespenstisch wirkenden Niemandsland. Nur der Syrdarja, der zuvor über Hunderte von Kilometern im breiten Flussbett gemächlich gen Westen floss, war nun nach der Schneeschmelze im April zu einem reissenden Bach geworden. Seine Wassermassen schossen mit lautem Getöse über die verschiedenen Wehranlagen des kanalisierten Flusses in die Tiefe, Richtung Nordaralsee.

Noch war hier vom Aralsee gar nichts zu sehen. Wir fuhren weiter, auf einer nur leicht markierten Sandpiste. Nach etwa einer Stunde Fahrt er-

Peter Gysling − Andere Welten

kannten wir von Weitem die Umrisse eines blauen Holzbootes; dann auf einer etwas erhöhten Sandfläche kleinere Fischerboote, auf der noch Schneereste lagen. Hinter den Booten: das blau schimmernde Meer. Endlich hatten wir den Aralsee erreicht!

Nach ein paar hundert Metern standen wir auf dem Damm, der über eine Länge von 13 Kilometern vom Festland zum gegenüberliegenden Ufer der Halbinsel Kokaral führt. Die Dammanlage wirkt auf den ersten Blick enttäuschend unspektakulär. Im Norden des Damms blickten wir über den riesigen Nordaralsee, in dem sich die Sonne spiegelte. Das gegenüberliegende Ufer bei Aralsk aber war von hier aus von blossem Auge nicht zu sehen.

Weil der Syrdarja besonders viel Wasser führte, vermochte die Sperranlage des Kokaral-Damms nicht alles Frischwasser auf seiner nördlichen Seite zurückzuhalten. Riesige Wassermassen plätscherten deshalb über den Überlauf der Dammanlage in Richtung Süden, wo dieses «Restwasser», so erklärte uns der Aralsee-Experte Aitbajew, im völlig ausgetrockneten Becken des Südaralsees nach etwa 30 Kilometer im Wüstenboden versickere.

200 m³ Wasser pro Sekunden gingen dabei für die Rettung des Nordaralsees verloren, klagte er. Wenn man die Dammanlage um ein paar Meter erhöhen würde, könnte man die einstige Grösse des Nordaralsees beinahe wiederherstellen.

Immerhin, auch jetzt hatte sein Wasservolumen im Vergleich mit der Situation im Jahr 1992 stark zugenommen. Seine Fläche breitete sich seit der Errichtung des Dammes wieder aus, die einstige Hafenstadt Aralsk liegt jetzt nicht mehr 100, sondern vielleicht noch 15 Kilometer vom eigentlichen Ufer entfernt. Jetzt wird hier auch wieder gewerblich gefischt.

Bild links: Der Bajterekturm, das Wahrzeichen von Astana. In der heutigen kasachischen Hauptstadt ist wenig von den Problemen am Aralsee und den anderen ökologischen Altlasten der UdSSR (etwa vom einstigen Atomwaffentestgelände Semipalatinsk) zu spüren. Astana präsentiert sich als postmoderne Metropole. Im Sommer 2017 findet hier die Weltausstellung EXPO 2017 statt, die sich dem Thema «Future Energy: Action for Global Sustainability» (Energie der Zukunft: Massnahmen für weltweite Nachhaltigkeit) widmet.

Oben im Bajterekturm können Besucher ihre Hand in einen goldenen Abdruck der Hand von Präsident Nasarbajew halten und sich dabei fotografieren lassen. Man könne sich dabei etwas Spezielles wünschen, heisst es, und oft ginge dieser Wunsch dann auch in Erfüllung…

KARATEREN – EIN FISCHERDORF, DAS DEN SCHWIERIGKEITEN TROTZT

Wir hielten noch einige Zeit auf der Dammanlage inne, hörten dem Tosen des Wassers, dem Pfeifen der Wasservögel zu und fuhren dann wieder landeinwärts, ins etwa 20 Kilometer vom neuen Aralseeufer entfernte Dorf Karateren, der nächstgelegenen Fischersiedlung.

In Karateren wohnen etwa 3000 Menschen in einstöckigen Lehmhäusern. Zwischen den Häusergruppen sind weisse Zisternen zu sehen, an denen die Einwohner ihre Kanister mit Trinkwasser füllen können. Regelmässig liefern die Behörden frisches Trinkwasser nach. Auch die medizinischen Ambulatorien sind in den letzten Jahren modernisiert und ausgebaut worden und per Funk mit dem nächsten Regionalspital verbunden. Der kleine Dorfladen wird mit den wichtigsten Gütern des täglichen Bedarfs versorgt.

Ja, die Lebensverhältnisse in Karateren hätten sich in den letzten Jahren verbessert, versicherte uns auch Nurja Ulikbanova, die Leiterin der Dorfschule. Es würden auch neue Häuser für Familien errichtet. Trotzdem: Nach der Abwanderung eines Teils der Einwohner lebten jetzt in dieser Region nur noch etwa drei Personen pro Quadratkilometer.

Um dem Wegzug weiterer Anwohner zuvorzukommen, ist in der Nähe von Karateren, am Ufer eines grösseren Süsswasserteiches, eine moderne Fischzuchtanlage errichtet worden. Mit Stolz führte uns der Bürgermeister von Karateren durch diese Anlage. Man versuche mit allen Mitteln, den wirtschaftlichen Herausforderungen gerecht zu werden.

Die meisten Familien in Karateren halten Hühner, andere auch Kamele. Letztere dienen der Versorgung mit Milch, aber auch als Transportmittel. Für den täglichen Bedarf aber bewegt man sich meist mit Offroadern oder Kleinlastwagen. Wir sahen auch einige Motorräder mit Seitenwagen. Weil es an öffentlichen Verkehrsmitteln fehlt, sind jene, die kurz die nächstgelegene Kleinstadt aufsuchen wollen, oft auf einen Platz in einem Privatfahrzeug Dritter angewiesen und müssen für ihren Trip halbe Tagesreisen in Kauf nehmen.

Auch an den patriarchalischen Traditionen wird in den Fischersiedlungen streng festgehalten. Es gibt einen Ältestenrat, bestehend nur aus Männern, der sich fast täglich beim «Akim», dem Dorfbürgermeister, trifft. Hier würden die Probleme der Siedlung und die Sorgen der einzelnen Familien und einzelner Einwohner besprochen. Man unterstütze die Bewohner gemeinsam, nach den Empfehlungen und Beschlüssen des Ältestenrats.

Auch dieser zweite Besuch am Aralsee führte uns in eine Welt, die mit dem Alltag in den grossen zentralasiatischen Zentren wenig gemein hat. Während sich etwa das Leben in der kasachischen Hauptstadt Astana oder auch in Taschkent, der Hauptstadt Usbekistans, auf die Moderne ausrichtet, trotzen die Aralseebewohner äusserst tapfer den ihnen auferlegten Schwierigkeiten und orientieren sich dabei weitgehend an den überlieferten Traditionen. Aber sie sind auch jetzt, nachdem gewisse Rettungsmassnahmen zu greifen begonnen haben, nach wie vor weitgehend auf sich alleine gestellt.

Weite Landschaft im Norden von Wiljuisk

Peter Gysling – Andere Welten

SONNWENDFEIER IN JAKUTIEN

Im Juni 1991 fand in Jakutien ein von der UNESCO unterstütztes internationales Maultrommelfestival statt. Für mich als Radiojournalist, der stets nach attraktiven Tönen Ausschau hielt, war dieses Festival eine einzigartige Gelegenheit, mich ins abgelegene Jakutien zu begeben.

JAKUTIEN – DIE RUSSISCHE TEILREPUBLIK SASCHA

Die Republik Sascha – im Volksmund meist Jakutien genannt – liegt im nordöstlichen (sibirischen) Teil der Russischen Föderation. Sascha ist der ausgedehnteste Verwaltungsbezirk Russlands und bildet gleichzeitig die grösste nicht unterteilte Verwaltungseinheit der Welt. Jakutien (oder die Republik Sascha) umfasst über 3 000 000 km², zählt aber wegen der dünnen Besiedlung nur knapp eine Million Einwohnerinnen und Einwohner.

Das Gebiet ist im 14. Jahrhundert von Turkvölkern aus dem Gebiet des Baikalsees besiedelt worden. Diese beschäftigten sich vor allem mit dem Fischfang, der Jagd, der Rentier- und Pferdezucht. Die Jakuten sprechen auch heute ihre eigene Sprache, Jakutisch.

Im 17. Jahrhundert und später, während der sowjetischen Ära, zogen zahlreiche Russen, Ukrainer und Angehörige anderer Nationalitäten der UdSSR nach Jakutien. Sie wurden dort angesiedelt, um sich in Jakutien dem industriellen Abbau der Bodenschätze (Diamanten, Metalle, Öl, Gas oder Kohle) zu widmen. Die auch von den grossen Zentren Sibiriens weit entfernte Region diente aber auch als Verbannungsgebiet.

Wegen der Wirtschaftskrise und den schwierigen klimatischen Bedingungen sind in den letzten Jahrzehnten viele Nichtjakuten wieder weggezogen, sodass die Jakuten derzeit wieder knapp die Hälfte der Einwohner ihrer Republik stellen.

Der Humus in der ganzen Region liegt auf einer dicken Permafrostschicht. Nur im Sommer taut jeweils eine dünne, etwa anderthalb Meter dicke Humusschicht leicht auf.

JAKUTSK

Jakutsk gilt als die weltweit kälteste Grossstadt. In der jakutischen Hauptstadt fallen die Temperaturen im Winter auf unter -50°C. Bei solcher Kälte ist es ratsam, einen Automotor, den man im Spätherbst bei noch gut erträglichen Minustemperaturen gestartet hat, während der darauffolgenden Wochen durchlaufen zu lassen, bis im Frühjahr wieder wärmere Temperaturen vorherrschen. Ein Neustart des Motors wäre nach dessen Abkühlung meist nicht mehr möglich. Jakutsk liegt sieben Flugstunden von Moskau entfernt. Wichtigstes Verkehrsmittel für eine Reise nach Jakutien ist das Flugzeug.

Jakutsk ist eine Stadt, die einerseits von traditionellen Holzhäusern, andererseits aber auch von typisch sowjetischen Plattenbauten geprägt ist. Damit diese Plattenbauten und mehrstöckigen Betongebäude nicht in den Baugrund, auf dem sie errichtet wurden, absinken, werden diese Gebäude grösstenteils auf hohen Stelzen errichtet. Diese Stelzen sorgen dafür, dass der Permafrostboden vor allem im Winter nicht mit den beheizten Baukörpern in direkte Berührung kommt und aufschmilzt. Ohne solche Stelzen würden die Grossgebäude mit der Zeit immer mehr in den aufgetauten Baugrund absinken.

DIE SONNWENDFEIERN

Jeweils am 21. Dezember freut man sich, dass die Sonne während sechs Monaten wieder jeden Tag etwas länger scheinen wird. Ein halbes Jahr später, am 21. Juni, wird dankbar der Sonnenstrahlen gedacht, die einem in den vergangenen sechs Monaten geschenkt wurden.

Aufgrund der geografischen Lage ihrer Region und auch wegen der besonderen Lebensbedingungen fühlen sich die Jakuten der Natur besonders eng verbunden. Und sie pflegen ihre schamanischen Rituale, mit denen sie der Bedeutung der Sonne, ihrer Wärme, ihrer Strahlen auf besondere Weise Ausdruck verleihen.

Gemeinsam mit einem britischen Korrespondentenkollegen flog ich von Moskau nach Jakutsk. Äusserst warmherzig wurden wir dort von Maultrommlern und Mitgliedern des Organisationskomitees empfangen. Der von überall her angereisten internationalen Gästeschar wollte man alles bieten, was es in Jakutien an touristischen oder kulturellen Attraktionen zu bieten gab.

Man führte uns ins Museum, in dem Mammut-Skelettteile zu sehen sind, die in der Region aufgefunden worden waren. Mit einem Passagierschiff fuhren wir zu den berühmten Lena-Säulen, einer mehrere Kilometer langen, bis zu 200 Meter hohen Kalksteinwand, die das naturbelassene Lena-Flussufer idyllisch säumt.

Auf dem Schiff, auf den Plätzen der Stadt, in den Hoteleingangshallen, in den Stadien ... Überall fanden in diesen Tagen Volksfeste mit Tanzdarbietungen und musikalischen Einlagen von Maultrommelspielern statt, die sich von Harmonikaklängen oder von dumpfen und meditativ wirkenden schamanischen Schlagtrommelspielern begleiten liessen. Diese Darbietungen waren einerseits Teil des Maultrommelfestivals, sie dienten aber auch der Einstimmung zur Sonnwendfeier, die im Winter und im Sommer überall in der russischen Teilrepublik als wichtigster Feiertag des Jahres begangen wird.

Mein britischer Kollege und ich wurden dann am zweiten Tag unseres Aufenthalts eingeladen, mit einem Passagierflugzeug etwa 500 Kilometer nach Nordwesten, in die Stadt Wiljuisk, zu fliegen.

Während wir uns in Jakutsk in einer Stadt befunden hatten, landeten wir in Wiljuisk auf der Piste eines grösseren Dorfes. Hier gab es kaum mehr Plattenbauten zu sehen, hier prägten vorwiegend niedlich wirkende Holzbauten das Ortsbild. Auch die Jakuten selbst waren hier − im Unterschied zu jenen in Jakutsk − keine assimilierten Städter, sondern Dorfbewohner, die vom Landleben und deutlich spürbar von der Natur geprägt sind.

In Wiljuisk lernte ich Lena kennen, eine äusserst sympathische, bildhübsche Jakutin mit schwarzem, langem Haar. Sie war Lehrerin, bis zu ihrer Scheidung mit einem Piloten verheiratet, eine junge Mutter. Lena war uns als Führerin beigestellt worden. Ihr lag viel daran, meinen britischen Kollegen und mich in die Geheimnisse des jakutischen Lebens einzuführen.

Hausbau in Jakutsk

Gleich zu Beginn unseres Aufenthalts in Wiljusik führte sie uns zu einem Schamanen und Mediziner, der uns mit sehr dezidierten Aussagen erklärte, wie sehr die Jakutinnen und Jakuten unter dem Sowjetregime gezwungen worden waren, ihr Wirtschaften und ihren Alltag auf sowjetische Vorgaben umzustellen, die kaum Rücksicht auf die speziellen regionalen oder kulturellen Eigenheiten Jakutiens, auf das Leben im Permafrostgebiet nahmen. So sei beispielsweise den Jakuten verordnet worden, Schweine oder Kühe zu halten, die überhaupt nicht in die Region gehörten. Jetzt versuche man, sich gegen das Gleichmachertum zu wehren, unter dem man während Jahrzehnten gelitten habe. Denn die Jakuten hätten doch eine ganz andere Natur als die Russinnen und Russen in Zentralrussland, in Moskau oder in St. Petersburg. Aufgrund der tiefen Wintertemperaturen hätten sich die Jakuten auf besondere Weise der Natur angepasst. Während die durchschnittliche Körpertemperatur eines westeuropäischen Städters um die 36,6 °C betrage, liege diese bei den meisten Jakuten bei nur 36 °C. Schweine- und Rindfleisch sei den Jakuten nicht bekömmlich. Sie hielten sich besser an Fische und ans Fleisch von Pferden. Der hochprozentige Wodka, der ebenfalls von den Russen nach Jakutien gebracht worden sei, habe auf sein Volk eine ähnlich verheerende Wirkung wie der Whiskey, das berüchtigte Feuerwasser, auf die Indianer Nordamerikas.

Später besuchten wir mit Lena eine Dorfschule, einen Kindergarten und eine Bauernsowchose, einen gemeinschaftlich geführten Landwirtschaftsbetrieb, wo wir in unseren Halbschuhen mehrmals so tief im aufgetauten Morast des Zufahrtswegs einsanken, dass man uns von dort beinahe hatte befreien müssen. Wenn der Boden entweder trockener oder fester gefroren sei, dann seien diese Fahrrinnen auch zu Fuss gut begehbar, meinte Lena, jetzt aber sollte man sich besser mit einem Traktor durch den Morast bewegen.

Dann ging es eine Etappe weiter. Während etwa zwei Stunden mit einem Grossraumhelikopter immer weiter gen Norden. Wir überflogen eine endlos scheinende Steppe. Zwischen dem Buschwerk der Steppe sah man Flussadern, Tümpel und kleine Seen. Und nirgends Spuren der Zivilisation. In diesem Moment erinnerte ich mich an die sechsteilige Fernsehserie «So weit die Füsse tragen», die ich mir 1959 als Primarschüler am Schwarzweissfernseher bei unseren damaligen Nachbarn angeschaut hatte. Der Film hatte mich damals irritiert und zutiefst schockiert. Er handelt von der schwierigen Flucht eines Kriegsgefangen aus einem sibirischen Arbeitslager. Jetzt, als ich diese Gegend vor mir sah, glaubte ich, irgendwie nach-

Einladung zum Internationalen Maultrommelfestival

vollziehen zu können, wie schier unmöglich es sein muss, sich im Sommer-halbjahr, wenn die Flüsse und Tümpel aufgetaut sind, zu Fuss durch eine solche Region durchzuschlagen.

Schliesslich landeten wir etwas abseits einer kleinen jakutischen Sied-lung auf einer Grasböschung. Wir waren hier erwartet worden. Zum Sonn-wendefest hatte man einen dicken, mit Schnitzereien verzierten Holzpfahl in den Boden gerammt, der mich an die Marterpfähle erinnerte, die ich als Jugendlicher im Kino in Indianerfilmen gesehen hatte.

Eine Gruppe Jakuten, die von ihren umliegenden Siedlungen mit Motor-rädern hergefahren waren, breiteten ein riesiges Plastiktuch mit verschie-densten Esswaren vor sich aus. Gemeinsam setzten wir uns an den Rand dieses Speiseangebots. Wir kosteten von allem. Auch von der Pferdemilch.

Mit Lena sass ich später ein bisschen weiter weg auf einer Böschung. Wir beobachteten still das stundenlange Treiben. Weil der weite Himmel über uns − wie an den Abenden zuvor − auch um Mitternacht noch hell erleuch-tet war, schien es mir, als ob es hier derzeit gar keine Tageszeiten gebe. Man ergab sich der Stimmung, beobachtete, sinnierte, und liess die wun-derbare Umgebung auf sich wirken. Ausser uns, den Feiernden, gab's rund um uns nur die Natur.

Ich war ausserordentlich glücklich und fühlte mich plötzlich so, wie wenn ich in einer ganz anderen Welt angekommen wäre. In einer Umgebung, die von niemandem irgendetwas abzuverlangen schien, einer Welt, in der vor allem auch niemand etwas von mir erwartete, einer Umgebung, weit ab von allem, von der aus es scheinbar auch keine erkennbare Verbindung mehr gab zu jener Welt, aus der ich hergekommen war. Einfach leben, sich von den Fischen im nahen Gewässer ernähren, von den Beeren… Ich begann gedanklich zu träumen und glaubte zu spüren, dass ich jetzt, in diesem Moment, vielleicht gar die einzigartige Möglichkeit hätte, ein ganz neues Leben zu beginnen, in einer neuen Welt.

Gegen Mitternacht begann eine Männerrunde zum Rhythmus mehrerer Schlagtrommeln mit heiseren Stimmen laut summend um den Holzpfahl zu tanzen. Immer in derselben Richtung, mit schweren, langsamen und leicht wippenden Schritten. Den Klang dieses Tanzes und dessen Bewegung werde ich nie vergessen! Die Stimmung hatte etwas Beschwörendes, strahlte eine ganz besondere Kraft aus. Schliesslich tanzte ich mit. Runde um Runde. Und ich verfiel dabei in eine Art Trance.

Nur dank Lena, dem Helipiloten und meinem britischen Kollegen, die mich etwas unsanft an meiner Baumwolljacke zerrten, sass ich danach etwas perplex wieder im Hubschrauber, der uns nach Wiljuisk zurückflog.

Dort spazierte ich mit Lena – Mitternacht war mittlerweile wohl einige Stunden vorbei – an der reich verzierten Holzfassade eines Kindergartens vorbei. Wir blickten durch die Fenster in den Innenraum, der von der nächtlichen Sonne deutlich erleuchtet war und entdeckten an einer Wand Kinderzeichnungen, die mich sofort auch an Kinderzeichnungen aus «meiner Welt» erinnerten.

So bin ich sanft wieder in meiner ursprünglichen Umgebung angekommen. In einer hellen Nacht nach der Sonnwendfeier, mitten in Jakutien.

Nicht mal die Adresse von Lena hatte ich nach Moskau mitgenommen. Nur Erinnerungen. Und jakutische Geschenke, die mir das Festivalkomitee mitgegeben hatte. Vor allem aber das Geschenk der erlebten Träumereien, das mit seinen speziellen und wunderbaren Facetten über all die Jahre stets in mir wach geblieben ist, die etwas naive aber gleichsam faszinierende Idee, dass ich damals – in der unübersichtlichen Landschaft Jakutiens, fernab von meinem bisherigen Alltag – vielleicht ein ganz neues Leben hätte beginnen können.

Usbekin vor ihrem zerstörten Wohnhaus in Osch

ERLEBNISREICHES KIRGISTAN

Kirgistan ist jener Staat der ehemaligen Sowjetrepubliken in Zentralasien, den ich am häufigsten und fast immer äusserst gerne bereiste, obwohl es nicht immer erfreuliche Ereignisse waren, die mich in diese Bergrepublik führten!

Meist fühlte ich mich schon bei der Landung auf dem Flughafen Manas, der sich ein paar Kilometer ausserhalb der kirgisischen Hauptstadt Bischkek befindet, äusserst wohl und ich freute mich, kirgisischen Boden zu betreten. Vor allem wegen der einzigartigen Landschaft und der Atmosphäre im Land, die ich fast immer als äusserst angenehm und entspannt erlebte. Die Kirgisen sind in der Regel freundliche, unkomplizierte und unprätentiöse Menschen.

Die kirgisische Hauptstadt Bischkek hat Besuchern allerdings wenig Historisches oder kulturell besonders Interessantes zu bieten. Die Stadt geht auf eine ehemalige Karawanenstation der Seidenstrasse zurück. Heute wird sie vor allem von grauen Betongebäuden im typisch sowjetischen Architekturstil geprägt. Die Fassaden der grossen Regierungsgebäude sind mit hellen Marmorplatten bekleidet und wirken vergleichsweise modern. Mitten in der Stadt gibt es eine grosse Grünanlage mit zahlreichen Brunnen und einen Park mit vielen Bäumen, die im Sommer angenehme Kühle und Schatten spenden. Bei klarem Wetter öffnet sich dem Besucher vom Stadtzentrum aus der Blick auf die umliegenden, auch im Sommer mit Schnee bedeckten Berge.

In Bischkek gibt es auch zahlreiche Restaurants, die den Gaumenfreuden westlicher Besucherinnen und Besucher sehr entgegenkommen, weil sich hier verhältnismässig viele Hilfswerke und Entwicklungsorganisationen niedergelassen haben. Die kirgisische Küche ihrerseits ist stark auf Fleisch ausgerichtet. Vor vielen kirgisischen Restaurants oder Imbissstuben dampft ein Grill, auf dem Schaschliks (Fleischspiesschen) mit Schaf-, Pferde-, Rind-, Kaninchen- oder Hühnerfleischstücken grilliert werden. Zu den wichtigsten kirgisischen Speisen gehört die Nudelsuppe Laghman oder die klare Bouillon Beschbarmak, die beide mit gekochten Fleischstücken angereichert werden.

Unterwegs (v.l.n.r.) mit den Korrespondentenkollegen Markus Ackeret, NZZ, und Robert Baag vom Deutschlandradio

Farbenfroh präsentiert sich im Stadtzentrum der sogenannte «Osch-Markt», ein Bazar, auf dem frisches Obst, Gemüse, Fleisch, Blumen und Güter des täglichen Bedarfs angeboten werden. Wie die Bezeichnung andeutet, kommen vor allem die Früchte auf diesem Markt aus dem südwestlich von Bischkek gelegen Ferghanatal, das in einer breiten Talsenke, westlich des hohen Tian-Shan-Gebirges liegt.

Etwa 30 Kilometer ausserhalb von Bischkek befindet sich der grosse Dordoi-Markt, auf dem vor allem chinesische Haushaltsgeräte, Elektronik, Fernseher, Textilien, Schuhe oder Nahrungsmittel aus China feilgeboten werden. Dieser Bazar erstreckt sich über eine Länge von über anderthalb Kilometern und besteht vor allem aus Übersee-Containern, die auf dem Markt so zusammengefügt und mit einer Überdachung versehen wurden, dass sie eine kleine Handelsstadt bilden. Hunderte von Chinesen bieten hier ihre Produkte feil. In der einen Ecke des Markts werden frische chinesische Nudeln angeboten, in einer anderen bietet ein Chinese Reparaturen an Elektrogeräten an. Handelssprache ist hier Russisch, die Chinesen versuchen mehrheitlich, sich mit Handzeichen zu verständigen. Der Dordoi-Markt gilt als grösster Markt Zentralasiens. Da Kirgistan aber 2015 der Eurasischen Wirtschaftsunion beigetreten ist, einer Freihandelszone mit Russland, Weissrussland, Armenien und Kasachstan, in der auch protektionistische Bestimmungen für deren Mitglieder gelten, kann Kirgistan die chinesischen Billigprodukte nicht mehr so preisgünstig wie früher importieren und weiterverkaufen. Deshalb verliert der Dordoi-Markt wohl etwas von seiner einstigen Bedeutung.

Für Besucher Kirgistans lohnenswert ist auch eine Reise zum Issikulsee. Mit seinen über 6000 km² bildet er den zweitgrössten Gebirgssee der Welt. Er liegt auf 1607 m ü.M. und ist an seinen seitlichen und an seinen Nord-, Ost- und Südflanken von hohen, auch im Sommer meist schneebedeckten Bergen umgeben. Es gibt eine Eisenbahnverbindung von Bischkek zum See, aber auch «Marschrutkas» (Kleinbusse) und Sammeltaxis, die regelmässig den Issikulsee anfahren.

In sanften Kurven windet sich die Strasse von Bischkek die sanften, grünbewachsenen Hügel empor zum See. Immer wieder sind hier grasende Schafe zu sehen, die von Hirten auf Pferden begleitet werden. In der Bergregion südlich des Issikulsees werden für interessierte Touristen Pferdetrekkings angeboten, die sich nicht nur an reitgewohnte Reisende richten. Es ist einem Entwicklungsprojekt der Helvetas zu verdanken, dass hier nomadisierende Kirgisen auf sinnvolle Weise vom Tourismus profitieren können. Die Gäste werden geführt und verpflegt, sie übernachten bei den Kirgisen in Jurten und erleben so auf erfreuliche, zum Teil aber auch auf abenteuerliche Weise die Qualität des sanften Tourismus, der bei uns im Westen, in den hochindustrialisierten Staaten immer wieder beworben wird. Hoch zu Ross in den Bergen Kirgistans ist man von jeder elektronischen Kommunikation, von Fabriken, Städten, Dörfern und vor allem auch vom Strassenverkehr weit entfernt.

Erlebnisreich ist gewiss auch die Reise über die Bergstrasse durch die Ausläufer des Tian-Shan-Gebirges von Bischkek ins Ferghanatal, in die zweitgrösste Stadt Kirgistans, nach Osch. Die 650 Strassenkilometer sind, wenn unterwegs kein Schnee liegt, innerhalb von zehn Stunden gut zu schaffen. Täglich gibt es aber auch kostengünstige Flugverbindungen zwischen Bischkek und Osch. Osch gilt als eine der ältesten Städte Zentralasiens. Zwischen den baulich zum Teil eng miteinander verflochtenen ein- oder zweistöckigen Häusern ist nach wie vor viel von der einstigen arabischen Atmosphäre zu spüren.

Im südlich gelegenen Ferghanatal begegnet man einer ganz anderen Landschaft als im Norden Kirgistans. Hier wird Baumwolle angepflanzt, hier wachsen Melonen und Früchte aller Art. In diesem Gebiet wohnen neben den Kirgisen, die stark vom Nomadentum geprägt sind, viele ethnische Usbeken, die im Vergleich zu den Kirgisen stärker im Handel und der Geschäftswelt tägig sind. Landesweit setzt sich die Bevölkerung neben anderen Gruppierungen aus rund 65 % ethnischen Kirgisen und 14 % Usbeken zusammen. Den Rest stellen Angehörige anderer Bevölkerungsgruppen, unter anderem Russen. Im südlichen Teil Kirgistans halten sich die beiden grössten ethnischen Gruppen bezüglich des Bevölkerungsanteils etwa die Waage.

DIE POGROME IN OSCH UND DSCHALALABAD

Es war nicht das erste Mal, dass es zu Auseinandersetzungen zwischen Kirgisen und Usbeken kam. Zu den seit langem bestehenden Spannungen zwischen ethnischen Kirgisen und ethnischen Usbeken trägt unter anderem die Tatsache bei, dass in den Behörden, im Polizeidienst des Landes, in der Grenzwache oder in der Staatsverwaltung fast nur Kirgisen beschäftigt werden. Von der Besetzung von Arbeitsplätzen in der öffentlichen Verwaltung fühlen sich die Usbeken vielfach ausgeschlossen. Die Usbeken ihrerseits wecken oft den Neid der ethnischen Kirgisen, weil es vor allem die Usbeken sind, welche mit Erfolg grössere Geschäftshäuser leiten.

Die Ausschreitungen, die sich im Juni 2010 gegen die usbekische Bevölkerung in den beiden Städten Osch und Dschalalabad richteten und mindestens 470 Tote und zahlreiche Verletzte forderten, waren besonders brutal. Sie wurden gemäss dem internationalen Untersuchungsbericht, der unter der Leitung des finnischen Politikers Kimmo Kiljunen verfasst wurde, von einem kirgisischen Clan entfacht, der die Herrschaft des früheren Präsidenten Bakijew sichern und auch einen grösseren Einfluss der Usbeken auf die Innenpolitik des Landes verhindern wollte.

Die Stimmung im Land war bereits seit dem Frühjahr 2010 angespannt. Bei regierungskritischen Demonstrationen in der Hauptstadt Bischkek wurden mehrere Dutzend Menschen getötet und die wichtigsten damaligen Oppositionsführer, unter ihnen der heutige Staatspräsident Atambajew, verhaftet. Der damalige Machthaber, Präsident Bakijew, versuchte mit allen Mitteln, seine Macht und jene seines Clans zu verteidigen. Die Opposition forderte ultimativ seinen Rücktritt. Schliesslich beugte sich der Präsident der Rücktrittsforderung und setzte sich nach Weissrussland ab, wo er auch heute noch lebt.

Während dieser politischen Wirren übernahm Rosa Otunbajewa, eine landesweit anerkannte Politikerin und Persönlichkeit, zuerst kommissarisch die Funktion der Regierungschefin, und kurz später – bis Ende 2011 – jene einer «Übergangs-Staatspräsidentin». In den ersten Monaten nach dem Ende der Ära von Präsident Bakijew blieb die Situation im Lande unruhig und unübersehbar. Rosa Otunbajewa war gezwungen, aus dem besonders gut gesicherten Gebäude des Verteidigungsministeriums heraus zu regieren, das sie damals aus Sicherheitsgründen kaum verlassen konnte. Denn in den ersten Wochen und Monaten ihrer Regentschaft wollten vor allem im Süden des Landes die Anhänger des zurückgetretenen Präsidenten Bakijew nicht aufgeben. Sie wollten dem Clan Bakijews wieder zu seiner früheren Macht verhelfen.

Auf die Seite der reformorientierten Opposition hatten sich vor allem auch viele Angehörige des usbekischen Teils der Bevölkerung Kirigistans gestellt, die ebenfalls vorwiegend im Süden des Landes, in den Städten Osch und Dschalalabad wohnen.

Mit Sicherheit weiss man, dass es in der Nacht zum 11. Juni 2010 vor einem Mädchenwohnheim der Universität von Osch zu Pöbeleien junger Usbeken gekommen war. Diese Pöbeleien, so heisst es, hätten «gewissen Kreisen» als Anlass gedient, längst geplante Pogrome an Usbeken zu verüben.

Ein Mob maskierter Männer fuhr damals in der Nacht nach dieser Pöbelei mit entwendeten gepanzerten Fahrzeugen in die hauptsächlich von Usbeken bewohnten Wohnviertel von Osch und Dschalalabad und töteten dort gezielt Usbeken und zündeten deren Häuser an.

DAS ERSCHÜTTERNDE LEID VOR ORT
Eine etwa 40-jährige Usbekin, die ich ein paar Tage nach den Pogromen vor ihrer Hausruine in der Wolgograder Strasse von Osch ansprach, schilderte das Erlebte so: *«Als noch alle schliefen, rollten Uniformierte und schwarz Vermummte in Schützenpanzern und anderen Fahrzeugen an. Sie drangen in unsere Häuser ein, nahmen Wertvolles mit, schossen vielen in die*

Die Aufschrift «Kirgise» hat die Verkaufsstände der Kirgisen auf dem Markt von Osch
vor Attacken geschützt.

Stirn und zündeten unsere Häuser an.» Eine andere Frau klagte, ihr Ehe-
mann sei zuerst angeschossen, dann mit Benzin übergossen und vor ihren
Augen lebendigen Leibes verbrannt worden.

Wohin man in diesen Wohnvierteln auch hinschaute, überall war nur Zerstörung und Leid zu sehen! Jetzt, ein paar Tage nach den Pogromen, versuchten
die zurückgebliebenen Usbeken und jene, die vorübergehend über die nahe
Grenze nach Usbekistan geflüchtet, nun aber wieder zurückgekehrt waren,
den Schutt aus ihren Hausruinen wegzuräumen. Sie machten sich daran, die
zerstörten ebenerdigen Gebäude notdürftig wieder bewohnbar zu machen.
Die Nacht, so erklärten mir die meisten, verbrächten sie in den Zelten, die
ihnen das Flüchtlingshilfswerk der Vereinten Nationen, das UNHCR, zur
Verfügung gestellt hat. Jemand aus der Familie aber halte auch nachts stets
Wache. An den Zufahrtstrassen zu ihren Häusern hatten die Usbeken massi-
ve Barrikaden errichtet, um ihre Wohnviertel vorsorglich zu schützen.

Internationale Hilfswerke, unter ihnen auch ein Team der Médecins Sans
Frontières kümmerten sich um die Usbekinnen und Usbeken. Luzine
Mkartschian, eine armenische Psychologin aus diesem Ärzteteam, meinte,
es sei vor allem wichtig, den traumatisierten Menschen zuzuhören. Aus
Distanz beobachtete ich, wie sich vor allem Usbekinnen zu ihr begaben,
wie diese gemeinsam in der Gruppe über das Erlebte sprachen und wie die
Psychologin dabei auch ab und zu sanft und liebevoll der einen oder ande-
ren der Frauen die Schultern streichelte.

Ein Rundgang, den ich zusammen mit dem NZZ-Korrespondenten Markus
Ackeret und Robert Baag vom Deutschlandradio quer durch zahlreiche

Stadtquartiere machte, verdeutlichte, wie die Pogrome und Brandschatzungen klar ethnisch motiviert waren. Fast nur Häuser von Usbeken waren bis auf die Grundmauern abgebrannt. Auch auf dem offenen Bazar von Osch waren fast alle usbekischen Verkaufsbuden bis auf die Metallgerippe abgebrannt. In unmittelbarer Nachbarschaft dieser zerstörten Kioske boten Kirgisen an ihren Verkaufsständen entspannt ihre Nüsse, Früchte und ihr Gemüse an. Die Handelsbuden der Kirgisen waren mit dicken weissen Pinselstrichen mit der Aufschrift «Kirgis» markiert. Damit hatten sie erfolgreich vorgesorgt, bei den Brandschatzungen, die etwa drei Tage andauerten, möglichst verschont zu bleiben.

Nach diesen Pogromen versprachen die kirgisischen Behörden, die Verbrechen zu ahnden. Mit der Aufarbeitung des Geschehenen aber tun sie sich auch heute noch schwer. Bemerkenswert ist auch, dass nach den Unruhen, Brandschatzungen und Pogromen vor allem gegen Usbeken und kaum gegen Kirgisen ermittelt wurde, obwohl 99 % der zerstörten Häuser Usbeken gehörten und zwei Drittel der Todesopfer ethnische Usbeken waren.

Bei einem Besuch im Büro des damaligen Oscher Vizebürgermeisters Talai Sabirow versuchte dieser, die Schuldigen an den Vorkommnissen in einer nicht näher definierten Gruppe, bloss nicht bei den örtlichen ethnischen Kirgisen auszumachen. Indirekt gab er zu erkennen, dass wohl der Clan des verjagten Präsidenten Bakijew hinter den Attacken gegen die Usbeken gestanden sein müsse. Von ernsthaften Schwierigkeiten zwischen der kirgisischen und der usbekischen Wohnbevölkerung seiner Stadt wollte er aber nichts wissen. Lapidar meinte er: *«Wenn es sich um einen tiefgreifenden ethnischen Konflikt handeln würde, so hätte sich die Lage in unserer Stadt nicht so schnell wieder beruhigt.»* Er war es auch, der sich vehement und schliesslich mit Erfolg gegen die Stationierung einer unbewaffneten internationalen Polizeibeobachtergruppe der OSZE zur Wehr gesetzt hatte. Seine Abwehr begründete Sabirow mit folgenden Worten: *«Wir wollen nicht, dass der jetzt herrschende, aber noch sehr brüchige Frieden gestört wird.»* Als ob die OSZE mit feindlicher Absicht die Arbeit der kirgisischen Polizei hätte beobachten und begleiten wollen...

DIE SITUATION HEUTE
Die von der damaligen Opposition gewünschten demokratischen Reformen sind unterdessen angelaufen. Dem Parlament stehen heute mehr Rechte zu, als dies früher der Fall war. Kirgistan gilt heute als das demokratischste Land unter den ehemaligen zentralasiatischen Sowjetrepubliken. Im Parla-

Bei der ehemaligen kirgisischen Übergangspräsidentin Rosa Otunbajewa   (© Reto Vetterli SRF)

ment kommt es allerdings nach wie vor immer wieder zu heftigen Streitereien und auch zu abrupten Wechseln in den jeweiligen Regierungskoalitionen.

Rosa Otunbajewa, die während der schwierigsten Zeit der letzten Jahre das Regierungszepter in der Hand hielt, wird von vielen besonderer Respekt gezollt. Vor allem auch deshalb, weil sich Rosa Otunbajewa nicht an ihrer einstigen Machtposition festgekrallt hat. So, wie sie dies bei der ausserordentlichen Amtsübernahme versprochen hatte, trat sie nach der regulär einberufenen Präsidentenwahl von ihrem interimistischen Amt zurück. Heute lebt sie – zurückgezogen – in einer Datscha im Regierungsviertel.

ROSA OTUNBAJEWA – SYMBOLFIGUR FÜR DIE KIRGISISCHE DEMOKRATIE

Schon im Frühling 2010, anlässlich einer kurzen Medienkonferenz im stark gesicherten Verteidigungsministerium, hatte mich die Übergangspräsidentin sehr beeindruckt. Mit ihrer kompetenten und vermittelnden Art verschaffte sie sich in der stark von Männern geprägten Welt Zentralasiens grossen Respekt. Anfangs Juli 2012 – sie war von ihrer Interimspräsidentschaft bereits wieder zurückgetreten – besuchte ich sie anlässlich unserer Dreharbeiten für die Dokumentarfilmserie «Seidenstrasse» in Bischkek. Ich erlaube mir, einen kurzen Ausschnitt aus dem damaligen Fernsehinterview wiederzugeben:

ROSA OTUNBAJEWA – FÜR FREIHEIT, DEMOKRATIE UND EINE GERECHTERE ROLLENVERTEILUNG ZWISCHEN MANN UND FRAU

Weshalb haben die von Ihnen angestossenen demokratischen Reformen in Ihrem Land sofort grossen Anklang gefunden?

«Wir sind vom Nomadentum geprägt und haben ein ausgeprägtes Gerechtigkeitsgefühl. Lieber verlassen wir unser Dorf, wenn wir dort nicht zu unserer Meinung stehen können. Dieser Sinn für Gerechtigkeit trägt dazu bei, dass unser Volk keinen autoritären Druck aushält. Die Kirgisen dulden es nicht, wenn das Allgemeingut nur einer Familie, einem Clan gehört. Und alle möchten, dass die Lebensbedingungen in unserem schönen Land immer besser werden.»

Ihre Nachbarländer Usbekistan, Kasachstan, aber auch Turkmenistan oder Aserbaidschan werden sehr autoritär regiert. Denken Sie, dass es dort zu einem arabischen Frühling kommen könnte?

«All unsere Nachbarn ergreifen zur Zeit Massnahmen, mit denen die sogenannte Stabilität gestärkt werden soll. Das Internet wird kontrolliert, mit neuen Gesetzten werden die Einnahmen von wohltätigen Organisationen und Parteien kontrolliert. In meinen Augen ist das falsch. Man sollte den Bürgern vielmehr Schritt um Schritt mehr Freiheiten gewähren. Damit diese wirklich ihre eigene Meinung zum Ausdruck bringen.»

Möchten sie als Frau, die an vorderster Stelle in der Politik gekämpft hat, auch ein Vorbild sein für andere zentralasiatische Länder?

«Unbedingt. Wir müssen uns von den Vorurteilen verabschieden. Schauen Sie, unsere wichtigste Staatsanwältin zum Beispiel ist eine sehr schöne, schlanke, junge Frau. Dabei hatten alle erwartet, dass als Staatsanwalt ein dicker behaarter Kerl gewählt werden müsse. Nein, das muss nicht sein! Unsere neue Staatsanwältin kennt alle Gesetze, sie führt ihre Arbeit äussert professionell durch. Man muss sich doch endlich von den alten Vorurteilen verabschieden!»

Auf der Bahnstrecke zwischen der kasachischen Hafenstadt Aktau und
der Grenze zu Usbekistan

Überall auf den Fahrspuren der Steppen sind Lastwagen unterwegs.

DIE SEIDENSTRASSE

Seit über 2000 Jahren gibt es die Seidenstrasse. Auf ihren verschiedenen Routen, die zu einem grossen Teil durch die ehemaligen Sowjetrepubliken Zentralasiens führen, gelangten schon vor Jahrhunderten Tee, Porzellan, Seide, Gewürze und vieles andere von Asien nach Europa. In der Gegenrichtung, von Europa nach Asien, nach China und Indien wurden unter anderem Gold, Glas und Edelsteine transportiert. Aber auch Wissen, Kultur und Religionen fanden über die Seidenstrasse eine Verbreitung in weiten Regionen. Von den Chinesen haben wir in Europa beispielsweise gelernt, wie man Papier oder Schwarzpulver herstellt.

Die historische Seidenstrasse führte über Meere, durch Wüsten, Schluchten und über hohe Bergpässe. Heute zeugen unter anderem gut erhaltene Karawansereien vom damaligen Handelsverkehr. Ihre grosse Blütezeit erlebte die Seidenstrasse im 7. Jahrhundert n. Chr.

Wegzölle, Kriege und Wegelagerer erschwerten zeitweise den Transport auf den Seidenstrassenrouten. Mit der Erschliessung der Seewege − insbesondere rund um die Südspitze Afrikas − verlor die Seidenstrasse zwischenzeitlich an Bedeutung.

WIRTSCHAFTLICHER DRUCK AUS CHINA

Dem Mythos um den venezianischen Händler Marco Polo ist es zu verdanken, dass Venedig auch heute − zumindest symbolisch − im Westen als das europäische «Tor der Seidenstrasse» gilt. In Venedig, wie auch in Istanbul, dem einstigen Konstantinopel, gelangten schon vor Jahrhunderten viele Produkte aus Asien auf die europäischen Handelsmärkte. In Venedig fällt auf, dass nicht nur ein grosser Teil des Warenangebots aus China stammt, sondern dass mittlerweile immer mehr chinesische Händler hier direkt vor Ort handeln. Chinesen übernehmen im Zentrum der Lagunenstadt nicht nur ganze Einkaufsgeschäfte, sie kaufen auch venezianische Liegenschaften. Halb Venedig scheint so bald in chinesischer Hand zu sein.

China aber spielt nicht nur auf dem weltweiten Handelsmarkt, sondern auch beim Ausbau des Infrastruktur- und Verkehrsnetzes auf der heutigen Seidenstrasse eine sehr wichtige Rolle. Es sind die Chinesen, welche die breite Strasse über den 3752 Meter hoch gelegenen Torugart-

Zentralasien

RUSSLAND

KASACHSTAN

Astana

Semipalatinsk

Aralsk

Aralsee

Baikonur

Aktau

Kaspisches
Meer

ASERBAIDSCHAN

Baku

Nukus

USBEKISTAN

Khiva

TURKMENISTAN

Samarkand

Buchara

Aschchabad

Almaty

Bishkek

Issikulsee

KIRGISTAN

Taschkent

Osch

CHIN

TADSCHIKISTAN

Duschanbe

IRAN

AFGHANISTAN

PAKISTAN

INDIEN

Pass im Tian-Shan-Gebirge ausbauten, die nun die chinesische Stadt Kaschgar mit der kirgisischen Hauptstadt Bischkek bequem verbindet. Diese einst enge Bergstrasse kann nun – wenn kein Schnee liegt – mit riesigen Sattelschleppern befahren werden und dient so vor allem chinesischen Exporteuren als effizienter Handelsweg für Konsumwaren, die sie nach Zentralasien, auf den kirgisischen Dordoi-Markt bei Bischkek zum Verkauf bringen.

Aber auch auf dem Balkan engagieren sich die Chinesen mit Investitionen in Hafenanlagen und andere Umschlags- und Verkehrseinrichtungen. Es sind derzeit vor allem die Chinesen, welche den weiteren Ausbau der Seidenstrasse vorantreiben.

DIE MODERNE SEIDENSTRASSE HEUTE

Heute spielen die immer moderneren und schnelleren Bahn- und Strassenverbindungen, welche die grossen Zentren Europas und jene Asiens miteinander verbinden, eine immer wichtigere Rolle. Heute ist es möglich, mit ein und demselben Bahnwaggon Waren aus der Volksrepublik China bis nach England zu transportieren.

Am Kaspischen Meer gibt es Verladestationen, wo ganze Eisenbahnzüge mit Spezialfähren vom kasachischen Hafen in Aktau zum aserbaidschanischen Hafen von Baku gefahren werden. Auch die schnelle Umrüstung der Waggon-Fahrgestelle von einer Schienenbreite zur anderen ist, wo dies erforderlich ist, schon lange kein Problem mehr. Der Güter-Landtransport zwischen Asien und Europa wird zu einer immer grösseren Konkurrenz für die Schifffahrt, vor allem, wenn ein Warentransport unter grossem Zeitdruck steht. Der Landtransport konkurrenziert aber gleichzeitig auch immer mehr die verhältnismässig teure Luftfracht.

Aus politischen und Sicherheitsgründen spielen der Irak, der Iran, Afghanistan oder Pakistan im Transitverkehr der Seidenstrasse derzeit eine weniger wichtige Rolle. Immer wichtiger im Netz der modernen Seidenstrasse werden die ehemaligen Sowjetrepubliken Georgien, Aserbaidschan, Kasachstan, Usbekistan, Tadschikistan und Kirgistan, die während meiner Auslandskorrespondentenzeit zu meinem Berichtsgebiet gehörten.

Ölförderturm bei Baku, Aserbaidschan

DIE SRF-DOKUMENTARFILM-SERIE

Im Sommer 2012 reiste ich mit einem kleinen Fernsehteam von Venedig quer durch die Türkei, durch den Südkaukasus, Zentralasien, bis ins chinesische Xi-an. Entlang einer von uns gewählten nördlichen Route der Seidenstrasse produzierten wir die gleichnamige siebenteilige SRF-Dokumentarfilm-Serie, die im Spätherbst 2012 auf den Kanälen von SRF1 und SRFinfo, und danach mehrmals über den Kanal 3sat ausgestrahlt wurde. Parallel zu dieser Dokumentarfilm-Serie publizierten wir das Begleitbuch «Die Seidenstrasse heute» (Beobachter-Buchverlag, Zürich, 2012), das mit Fotos, Karten und Daten unsere Erlebnisse und Eindrücke entlang unserer langen Reise dokumentiert.

Die ganze Filmserie samt einer ausführlichen Webdokumentation und Audiobeiträgen ist im Internet nach wie vor einsehbar unter www.srf.ch/sendungen/seidenstrasse.

Im Dezember 2016 hat das Schweizer Fernsehen SRF unter dem Titel «Seidenstrasse – Die Highlights» zudem eine anderthalbstündige Zusammenfassung der Serie ausgestrahlt. Auch diese «Kurzfassung» ist im Internet abrufbar.

Auf dem Markt von Dschalalabad, Kirgistan

Auf der Stadtmauer von Khiva

FASZINIERENDE KULTURGÜTER UND ARMUT IN USBEKISTAN

Als ich im Spätsommer 2016 mit einer NZZ-Leserreise in einem Sonderzug von Westkasachstan nach Usbekistan unterwegs war, bereitete ich die Gruppe während etwa einer Viertelstunde über den Bordlautsprecher auf unser nächstes Land, Usbekistan, vor. Ich schilderte detailliert, welche Städte wir wann besuchen würden, aber auch, dass kurz vor unserer Abreise der usbekische Staatspräsident Islam Karimow gestorben sei und dass im Dezember seine Nachfolge geregelt werde.

Der Familienname Karimow war den aufmerksamen Zeitungslesern aus der Schweiz bekannt, weil Gulnara Karimowa, eine der Töchter des verstorbenen Machthabers, einige Zeit in der Nähe von Genf lebte und hier mit einem ausserordentlich luxuriösen Lebensstil für Schlagzeilen sorgte. Vor allem die Tatsache, dass die Schweizerische Bundesanwaltschaft wegen des Verdachts auf Geldwäscherei über 800 Millionen Franken usbekischer Gelder blockieren liess, die offenbar von Gulnara Karimowa kontrolliert worden waren, war im Vorfeld unserer Zentralasienreise den meisten unserer Gruppe bekannt. Nur am Rande meiner Ausführungen erwähnte ich – neben den wichtigsten Daten des Landes (Einwohner, Wirtschaft, Geografie) – den Tod des Präsidenten, den Termin seiner bevorstehenden Nachfolgeregelung und den Namen seiner Tochter Gulnara.

OMNIPRÄSENTE ÜBERWACHUNG

Aber dann, etwa zwanzig Minuten nach meinem Referat, wurde ich von usbekischen Begleitern darauf aufmerksam gemacht, dass es unschicklich, ja eigentlich verboten sei, auch nur den Familiennamen des verstorbenen Präsidenten öffentlich auszusprechen. Es reiche doch, wenn ich – ohne Namensnennung – etwa vom «hochgeachteten usbekischen Herrscher» spreche. Vor allem: Bei einer kritischen Berichterstattung über Usbekistan könne die ungestörte Weiterreise unseres Sonderzuges gefährdet sein.

Ich wusste von früheren Reisen her, dass journalistische Exkursionen, aber auch touristische Reisen durch Usbekistan jeweils von Mitarbeitern oder Informanten des Geheim- oder Nachrichtendienstes überwacht werden. Jetzt war mir klar, dass auch in unserem Zug solche Informanten mitreisten.

Ich liess mich aber nicht abschrecken, setzte mich mit dem von mir verdächtigten usbekischen Personal an einen Tisch und erklärte den Leuten, dass ich meine Ausführungen zu Usbekistan noch auf kasachischem Boden gemacht hätte. Ich liess das usbekische Begleitpersonal zudem wissen, dass ich als Co-Reiseleiter und Fachreferent unserer Gruppe über die Schönheiten Usbekistans berichten werde, aber auch über Aspekte, die uns aus ausländischer Sicht wichtig erschienen und dabei den offiziellen Propagandazielen des Landes vielleicht auch einmal zuwiderlaufen könnten.

Diese Gegenoffensive hatten die Usbeken an Bord unseres Zuges offenbar nicht erwartet. Sie hätten – so erklärten sie mir nun – aufgrund ihrer mangelnden Deutschkenntnisse im Übrigen auch gar nicht richtig verstanden, was ich in meinem Vortrag thematisiert hatte. Gestört habe lediglich die Tatsache, dass ich den Familiennamen des verstorbenen Präsidenten und den Vornamen einer seiner Töchter erwähnt hätte.

Schliesslich konnten wir die Reise auf diesem zentralasiatischen Teilstück der Seidenstrasse aber problemlos und zur grossen Zufriedenheit der Gäste aus der Schweiz abschliessen. Diese wollten gerne erfahren, welche Lebens- und Schicksalsfragen die einfacheren Bürgerinnen und Bürger Usbekistans bewegen, zum Teil auch im direkten Gespräch mit diesen Usbekinnen und Usbeken selbst.

USBEKISTAN – EIN EINZIGARTIGES REISEZIEL!
Neben dem pittoresken und gastfreundlichen Georgien gehört das zentralasiatische Usbekistan zu den meistbesuchten der ehemaligen Sowjetrepubliken. Die historischen Stadtmauern, Medresen oder Moscheen in Khiva, Buchara oder Samarkand sind tatsächlich einzigartige Sehenswürdigkeiten. In den letzten Jahren sind diese Kulturstätten zum Teil aufwendig renoviert, zum Teil vielleicht gar etwas überrenoviert und auf zu üppige Weise rekonstruiert worden.

Die Altstadt von Khiva beispielsweise – ein Kleinod – ist heute mehr ein Freilichtmuseum, in dem alle Usbekinnen und Usbeken innerhalb der historischen Stadtmauern nur für die Touristen da sind. In ihren landestypischen farbenfrohen Gewändern dienen sie den Touristen auch als willkommene Fotosujets. Vor allem Khiva ist ein Mekka für Fotografen. Es ist aber auch wunderbar, mitten in der orientalischen Atmosphäre – etwa am Labi Hauz-Teich in Buchara – einen Tee zu trinken und die idyllische Atmosphäre auf sich wirken zu lassen! Ähnlich prunkvolle Schönheit von Gebäuden wie in Khiva, Buchara oder Samarkand kann man wohl nur noch im Iran sehen.

OFT DETAILLIERT VORBESTIMMTES REISEPROGRAMM

Bei Gruppenreisen werden die meisten Touristen von den usbekischen Fremdenführern so durchs Land geschleust, dass sie alle im Vorfeld angepriesenen Sehenswürdigkeiten zu sehen bekommen, anderes aber, was in den Reiseprospekten keine Erwähnung findet, eher nicht. Von der Armut in der Bevölkerung beispielsweise bekommen die meisten Reisenden – auch indirekt – wenig mit. Nur sehr Aufmerksame stellen fest, dass viele Betriebe in Schwierigkeiten sind, dass es offensichtlich an Investitionen, an einer Modernisierung des Gewerbes, der Industrie und damit an zukunftsträchtigen Arbeitsplätzen fehlt.

Geradezu legendär in Usbekistan ist auch die Vettern- und Clanwirtschaft, die Justiz- und die usbekische Behördenwillkür. Der im Spätsommer 2016 verstorbene Langzeitpräsident Islam Karimow führte das Land ausserordentlich autoritär und mit harter Hand. Der einstige Kommunist war schon usbekischer Staatschef zu Sowjetzeiten, liess sich 1991 – nach dem Zerfall der UdSSR – zum Staatspräsidenten wählen und regierte das Land danach bis zu seinem Tod 2016 als Alleinherrscher.

NOCH WERDEN ISLAMISTEN ZURÜCKGEDRÄNGT

Die grosse Mehrheit des usbekischen Volkes verehrte ihn dabei. Die Staatsmedien waren denn auch dafür besorgt, dass Karimow als gütige Vaterfigur in Erscheinung trat, als «Herrscher», den man bewundert und kritiklos unterstützt und verehrt.

Obwohl Usbekistan ein zwar säkularer, aber trotzdem muslimisch geprägter Staat ist, hört man kaum je einen Muezzin zum Gebet aufrufen. Die Usbekinnen tragen vielleicht ein Kopftuch. Ich habe dort aber nie eine Frau in einer Burka, einem Nikab oder einem Tschador gesehen. Denn wer sich allzu dezidiert zum Islam bekennt, muss in Usbekistan auf der Hut sein. Die Staatsführung hat es sich zum wichtigsten Ziel gesetzt, jede Regung, die auf islamischen Extremismus hindeuten könnte, zu bekämpfen. Dies ist – in der nahen Nachbarschaft zu Afghanistan – auch nicht ganz unverständlich.

Aber auch nichtmuslimische Oppositionsparteien, die für mehr Demokratie im Lande einstehen möchten, sind verboten. In den Gefängnissen des Landes sitzen gemäss einer Schätzung der Organisation Human Rights Watch (HRW) aus dem Jahr 2004 zwischen 6000 bis 7000 politische Häftlinge hinter Gittern. Eines der offenbar grössten Lager befindet sich in der Nähe von Mujnak, der einstigen usbekischen Aralsee-Hafenstadt.

Beim sogenannten «Massaker von Andijon» (2005) feuerten die Truppen Karimows mit scharfer Munition auf unbewaffnete Demonstranten. In Andijon protestierten Usbeken gegen die Justizwillkür und forderten die Freilassung von Geschäftsleuten, die der Mitgliedschaft in einer verbotenen islamischen Gruppe beschuldigt wurden. Der Protest richtete sich aber auch gegen Einschränkungen der Handelsfreiheit, von denen – aufgrund eines neuen Regierungserlasses – unter anderem auch Kleinbauern betroffen waren. Zwischen 400 und 500 Menschen sind – so lauten die meisten Schätzungen – damals in diesem Kugelhagel gestorben.

Seit 2013 hat sogar das Internationale Komitee vom Roten Kreuz (IKRK) seine Gefangenenbesuche eingestellt. Die usbekische Regierung sei nicht bereit, mit der humanitären Organisation zu kooperieren, weshalb deren bisherige Arbeit leider unmöglich geworden sei.

Offiziell gibt es in Usbekistan keine Kinderarbeit mehr. Noch bis vor kurzem war dies anders. Wenn man heute Usbekinnen und Usbeken danach fragt, so erzählen die einem hinter vorgehaltener Hand aber gerne, wie – zumindest noch bis vor ein paar Jahren – acht- oder neunjährige Kinder während der Erntezeit aus den Schulzimmern zur Ernte auf die Baumwollfelder abkommandiert worden seien. Während meiner letzten Reise, im Spätsommer 2016, habe ich lange Buskolonnen mit Frauen beobachtet, die – eskortiert durch die Polizei – zur Ernte auf die Felder gefahren wurden. Auch Studentinnen und Studenten sind – wenn sie an ihrem Ausbildungsplatz gefördert werden wollten – gut beraten, sich diesen «Freiwilligeneinsätzen» nicht zu entziehen.

Weil es an einem entsprechenden Maschinenpark mangelt, wird die Baumwolle in Usbekistan nach wie vor hauptsächlich von Hand gepflückt. Diese Feinarbeit, so heisst es, diente aber auch der Qualität des weissen Goldes.

KAUM DEMOKRATISCHE REFORMEN, KAUM WENIGER REPRESSION

Wenn es stimmt, was mir Usbekinnen und Usbeken anlässlich meines letzten Besuches im Land erklärt haben, so wird auch der neue usbekische Staatspräsident Schawkat Mirsijajew der bisherigen usbekischen Korruption und Clanwirtschaft kaum ein wirklich radikales Ende bereiten. Er hat zwar gewisse Reformen in Aussicht gestellt und kürzlich einen politischen Kontrahenten, den Hardliner und früheren Geheimdienstchef Rustam Inojatow, entmachtet. Dazu ist allerdings denkbar, dass es dem Präsidenten mit diesem Schritt vor allem darum ging, die eigene Machtposition zu sichern. Zudem: Den usbekischen Clans, welche seit Jahren die Zugangsrechte zu den Finanzquellen des Landes unter sich aufgeteilt haben, ist wohl nach wie vor daran gelegen, dass das bisherige – für sie «bewährte» – Machtgefüge nicht allzu sehr ins Wanken gerät.

Insgesamt geht es Usbekistan eher besser als seinem Nachbarland Kirgistan – und vor allem deutlich besser als Tadschikistan. Man fördert Gas und Öl, aber auch die Baumwolle sorgt für Einnahmen in die Staatskasse. Es gibt Maschinenfabriken und eine grosse usbekische Daewoo-Automobilfabrik. Überall auf den Strassen Usbekistans sind die weissen Daewoo-Flitzer aus usbekischer Eigenproduktion unterwegs. Der Fahrzeugimport aus dem Ausland unterliegt äusserst hohen Einfuhrzöllen.

Doch es fehlt an zusätzlichen zukunftsträchtigen Arbeitsplätzen. Im Falle Usbekistans wirkt sich dies besonders tragisch aus, denn in kaum einem anderen zentralasiatischen Land ist die Bevölkerungsexplosion so gross wie hier. Das Durchschnittsalter der Usbeken – man muss sich das vorstellen! – liegt derzeit bei rund 23 Jahren. 40 % der Usbeken sind jünger als 18. Jeder zehnte Usbeke sieht sich derzeit gezwungen, im Ausland einer Erwerbsarbeit nachzugehen und seine Familie von dort aus finanziell zu unterstützen. In den nächsten Jahren dürfte sich diese Konstellation noch verschärfen. Jedenfalls dann, wenn im Land selbst nicht neue Arbeitsplätze entstehen!

Die fehlenden Stellen und die Bevölkerungsexplosion bergen meines Erachtens die Gefahr, dass es dort dereinst zu grösseren Umwälzungen kommen könnte. Schlechtes wirtschaftliches Wohlergehen ist ein guter Nährboden für extremistische Gruppierungen, vor denen sich die usbekische Führung zu Recht so sehr fürchtet.

Der berühmte Registan in Samarkand

Gewiss: Die kulturellen Sehenswürdigkeiten Usbekistans sind für die Tourismusindustrie des Landes von grosser Bedeutung. Doch es reicht nicht aus, wenn die Regierung die Gebäude einstiger Koranschulen, Medresen und Moscheen restaurieren lässt und damit ausländische Besucher anlockt. Usbekistan benötigt für seine junge Bevölkerung eine modernisierte Wirtschaft und eine Vielzahl neuer zukunftsträchtiger Arbeitsplätze.

USBEKISTAN IN KÜRZE

Mit seinen rund 449 000 km^2 und rund 32 Millionen Einwohnern ist Usbekistan zwar nicht die grösste, aber die bevölkerungsreichste der zentralasiatischen Republiken. Neben der ethnisch usbekischen Bevölkerungsmehrheit (71 %) leben hier Russen, Tadschiken (je 5 %), Karakalpaken (4 %), Kasachen, Tataren, Koreaner und Angehörige anderer ethnischer Minderheiten.

Usbekisch ist die offizielle Staatssprache. Kürzlich wurde beschlossen, von der kyrillischen auf die lateinische Schrift umzustellen. Doch diese Umstellung ist noch längst nicht überall vollzogen worden.

An verschiedenen Orten (insbesondere in Samarkand und Buchara) wird zum Teil auch Tadschikisch, im äussersten Westen Karakalpakisch, und überall im Land auch immer wieder Russisch gesprochen.

Vor allem die Älteren unter den Usbekinnen und Usbeken – jene die noch zu Sowjetzeiten die Schulen besuchten – sind nach wie vor in der Lage, sich auch auf Russisch zu verständigen.

WIRTSCHAFT

Zu den wichtigsten Wirtschaftszweigen gehört der Baumwollanbau, die Förderung von Erdgas, Erdöl, Gold oder Kupfer, die Chemie- und Maschinen-, sowie die Autoindustrie. Auch der Tourismus und die Gastronomie sind wichtige Pfeiler der usbekischen Wirtschaft.

PRÄSIDIALSYSTEM UND CLANWIRTSCHAFT

Usbekistan wurde seit den 90er-Jahren und bis zum Spätsommer 2016 von Islam Karimow regiert. Im Dezember 2016 wurde als sein Nachfolger Schawkat Mirsijojew ins Präsidentenamt gehievt.

Im Wirtschaftsleben Usbekistans ist die Korruption ein besonders wichtiger Faktor.

Mit Rücksicht auf grosse wirtschaftliche Eigeninteressen, aber auch wegen der strategisch wichtigen geopolitischen Lage Usbekistans halten sich die meisten westlichen Länder – unter anderem auch die Schweiz – mit Kritik gegenüber dem autoritären usbekischen Regime auffallend zurück.

Im Stadtzentrum der chinesischen Grenzstadt Heihe

RUSSLANDS DIREKTE NACHBARSCHAFT MIT CHINA

Im Fernen Osten grenzt Russland über eine Länge von 3600 Kilometern an die Volksrepublik China. Seit sich vor rund 30 Jahren die politischen und ideologischen Spannungen zwischen den beiden Ländern – beziehungsweise zwischen China und der ehemaligen UdSSR – gelegt haben, arbeiten die beiden Länder nicht nur auf offizieller Ebene, sondern auch im direkten nachbarschaftlichen Verhältnis eng zusammen. Das zeigt sich unter anderem in den beiden Städten Blagoweschtschensk, der grössten russischen Stadt im Amur-Gebiet, und der chinesischen Stadt Heihe, die direkt gegenüber der Stadt Blagoweschtschensk, in einer Distanz von etwa 300 Metern, auf der südlichen Flussseite des Amurs liegt.

Die Zentren der beiden Städte könnten kaum unterschiedlicher sein. Die russische Stadt Blagoweschtschensk zählt rund 215 000, die Stadt Heihe rund 1,75 Millionen Einwohner. Überhaupt: Das chinesische Territorium in dieser Gegend ist relativ dicht, das russische hingegen äusserst dünn besiedelt. Überall trifft man hier auf brachliegende Landwirtschaftsflächen.

Wer von Moskau aus mit dem Flugzeug in diese Gegend gelangen möchte, muss mit einer Reisezeit von siebeneinhalb Stunden rechnen. 5600 Kilometer liegt Blagoweschtschensk von der Hauptstadt Russlands entfernt. Kein Wunder also, dass sich die einfachen Bürgerinnen und Bürger am russischen Amur-Ufer weitab von jenem Zentrum fühlen, von dem aus ihre Wirtschaftspolitik und ihr Schicksal dirigiert werden.

Während in Moskau, St. Petersburg oder Tscheljabinsk die Schülerinnen und Schüler als eine der wichtigsten Fremdsprachen Englisch lernen, gehört in Blagoweschtschensk der Chinesischunterricht zum Schulalltag. *«Wer sich in unserer Region mit Chinesen auf Chinesisch unterhalten kann, der wird wohl kaum je arbeitslos werden!»*, erklärte mir die Sprachlehrerin Janna Demanjenko bei meinem Besuch im Schulhaus Nr. 14.

Vor allem auf den Märkten und in gewissen Einkaufszentren der russischen Bezirksstadt sind nebst Russen immer wieder Chinesen zu sehen. Sie verkaufen dort Früchte oder Gemüse. Und dennoch fällt auf, dass sich die Chinesen im öffentlichen Strassenbild in Blagoweschtschensk mög-

Chinesischer Bauarbeiter in der russischen Grenzstadt Blagoweschtschensk

lichst zurückhalten. Sie leben in der russischen Grenzstadt sehr zurückgezogen. Viele halten sich eben auch illegal auf der russischen Flussseite
auf. Aber auch die von den russischen Behörden legalisierten Wanderarbeiter versuchen meist, sich behördlichen Kontrollen und damit allfälliger be-
hördlicher Willkür zu entziehen.

Igor Gorowoj, Aussenhandelsminister der russischen Amur-Region, erklärte mir im Herbst 2011 augenzwinkernd, dass es eine grosse Diskrepanz
gebe zwischen der offiziellen Zahl chinesischer Wanderarbeiter, die sich in
Russland aufhalten, und den von den Behörden selbst vorgenommenen
Schätzungen. Während die Regierung die Zahl der chinesischen Wanderarbeiter mit rund 35 000 beziffere, hielten sich wahrscheinlich zwischen
200 000 und einer halben Million Chinesen während längerer Perioden auf
dem russischen Territorium auf.

Seine Behörde habe jüngst selbst 6500 Chinesen rekrutiert, damit diese
endlich sowjetische Altlasten abtragen und entlang der Schienenstrecke
der Baikal-Amur-Magistrale zumutbare Häuser für die dortige russische
Bevölkerung errichteten. Seit über 30 Jahren nämlich, so Gorowoj, warteten die Schienenarbeiter, deren Angehörige und Nachfahren dort auf
einen Ersatz für die hölzernen Baracken, die ihnen dort seit Mitte der
80er-Jahre als provisorische Unterkunft dienten.

Zwar fürchten sich in Blagoweschtschensk viele Russen vor der chine-
sischen Billigkonkurrenz. Mit den flinken Händen und dem grossen
Arbeitswillen der Chinesen können auch nur die Allerwenigsten mithal-
ten. Trotzdem ist unübersehbar: Die Bevölkerung in Russlands Fernem
Osten ist dankbar für die preisgünstigen Dienstleistungen und für das
Warenangebot der Chinesen.

Wenn man von Blagoweschtschensk über den Amur nach China zur Stadt
Heihe blickt, so wirkt es etwa so, wie wenn man von einer menschenlee-
ren Insel übers Wasser ins Lichtermeer einer Grossstadt blickt. Die Be-
leuchtung eines Riesenrades, Laserstrahlen von offenen Tanzflächen be-
leuchten den Nachthimmel, laute Popmusik dröhnt vom chinesischen Ufer
übers Wasser.

Während sich Blagoweschtschensk weitgehend grau und trist präsentiert,
hat seine Stadtregierung damit begonnen, entlang der russischen Ufer-
zone Freizeiteinrichtungen für chinesische Tagestouristen zu erbauen. Ge-

Blick von der russischen Grenzstadt Blagoweschtschensk über den Amur zum Ufer der chinesischen Stadt Heihe.

«Unser Stolz» heisst es auf dem Anschlagbrett im Kulturhaus der ehemaligen Sowchose «Partisan». Auf dem Areal lebten derzeit 122 «Arbeitsveteranen» oder fünf Opfer der ehemaligen politischen Repression.

gen zwei Millionen Chinesen kämen jährlich in den äusseren Norden ihres Landes, nach Heihe, zu Besuch, erklärte mir Minister Gorowoj. Ein Tagesabstecher in die russische Grenzstadt, so die Hoffnung der örtlichen Behörden, werde dereinst die Entdeckungslust chinesischer Tagesausflügler befriedigen. Derzeit sind es aber vor allem Russinnen und Russen, die sich regelmässig als Einkaufstouristen in der gegenüberliegenden chinesischen Stadt umsehen.

Passagierboote verkehren im Takt zwischen den Grenz- und Zollstationen von der einen zur andern Uferseite. Während die russische Grenzbehörde in einem primitiven Betonhaus untergebracht ist, wird man am chinesischen Ufer in ein topmodernes Abfertigungsgebäude geleitet. Alles auf der chinesischen Seite ist äusserst praktisch eingerichtet. Die Passkontrolle, der nahe Gang zum Geldwechsel. In Fussdistanz zur Uferstation, an der die Passagierschiffe anlanden, befindet sich ein erstes riesengrosses Warenhaus. Im Zentrum von Heihe reiht sich Laden an Laden. Für russische Touristen gibt es spezielle, auf russische Bedürfnisse ausgerichtete Restaurants. Die Hotelzimmer in 4- oder 5-Stern-Häusern mit Wellnessangeboten sind spottbillig. An den Hauptverkehrsachsen im Stadtzentrum werden Kleider mit den Labels bekannter Modemarken – vielfach Fälschungen – angeboten.

An den Vormittagen müssen sich die Passanten durch kaum enden wollende Strassenmärkte ihren Weg bahnen. Hier werden in beheizten und dampfenden Töpfen Teigwaren oder Fleischbällchen angeboten. Gewürze oder Produkte des täglichen Bedarfs liegen auf Tüchern ausgebreitet auf der Strasse.

Viele Russinnen und Russen fahren regelmässig für ihren Einkaufstourismus nach Blagoweschtschensk und besuchen dann während ein paar Stunden die Stadt Heihe. Vor allem in Blagoweschtschensk selbst leben nicht wenige vom Wiederverkauf ihrer täglichen Einkaufsernte. Als ich 2011 dort war, durften sie als Reisegepäck genau so viel zollfrei nach Russland einführen, wie sie selbst transportieren konnten. Es ist kaum beschreibbar, wie gross ihre «Reisetaschen» waren, die sie zum Teil mit Hilfe von Gepäckträgern von der Hafenmole am chinesischen Ufer aus über die Bordwand aufs Passagierschiff hievten. Seit einiger Zeit wird ihnen nur noch erlaubt, pro Person 50 Kilogramm zollfrei ans russische Ufer zu bringen.

Strassenszenen in Heihe.

Die Chinesen selbst bringen kaum Waren nach Russland. Sie pachten dort vielmehr ganze Ländereien, Landwirtschaftsgebiete im Umfang von über 430 000 Hektaren, was etwa der fünffachen Fläche des ganzen Kantons Jura entspricht. Viele arbeiten in den von chinesischen Unternehmern geführten Forstbetrieben, die gegenüber den russischen Behörden Pachtzinsen entrichten. Dies sind Gebühren, aufgrund derer chinesischen Unternehmen erlaubt wird, grössere Waldflächen zu roden. Es werden aber auch Exportzollgebühren für die Holzmengen erhoben, welche tonnenweise per Bahn nach China verfrachtet werden.

In einem Aussenquartier von Blagoweschtschensk entdeckte ich eines Sonntags eine chinesische Grossbaustelle. Ein Schaufelbagger mit chinesischen Aufschriften transportierte Betonelemente von einer Ecke zur andern. Auf allen Seiten ragten Profile in die Höhe, Betonfassaden, in deren Fensteröffnungen meist ein schwarzer Haarschopf eines chinesischen Bauarbeiters, einer chinesischen Bauarbeiterin zu sehen war. Die Firma der chinesischen Unternehmerin Li Lihua erstellte dort eine ganze Siedlung mit 1- und 2-Zimmer-Wohnungen. Es seien vor allem russische Militärs, die sich im Ruhestand hier ansiedeln wollten und solche Wohnungen kauften, hat mir Li Lihua erklärt. Die Wohnungen, die mit chinesischer Arbeitskraft erstellt werden, könnten im Schnitt etwa 30 % günstiger angeboten werden, als wenn diese mit russischen Fachleuten, mit russischer Bautechnik errichtet würden.

Die Chinesen, die dort arbeiten, verstehen in der Regel kaum ein Wort Russisch. Während ihrer Arbeitseinsätze auf russischem Territorium leben sie meist auf engstem Raum mit anderen Chinesen zusammen. Man hat mir gesagt, dass sie oft wie Sklaven gehalten würden; die chinesischen oder russischen Arbeitgeber nähmen ihnen oft den Reisepass ab, um es ihnen zu verunmöglichen, sich «unerlaubterweise» für ein paar Nächte ans chinesische Ufer zu begeben.

Schliesslich wollte ich die Gegend rund um Blagoweschtschensk erkunden. Ein Taxi fuhr uns über holprige Landstrassen an brachliegendem früheren Landwirtschaftsland vorbei. Etwa 60 Kilometer ausserhalb der Stadt, in der einstigen sowjetischen Landwirtschaftssowchose «Partisan» fühlte ich mich um 30 bis 50 Jahre zurückversetzt. Nichts, gar nichts scheint sich dort während der letzten Jahrzehnte verändert zu haben. Vor dem Kulturhaus grüsst Lenin von seinem Sockel, das Kulturhaus der Siedlung ist halb verfallen und wirkt wie ein Museum, das in der Welt der einstigen Sowjetunion verhaftet geblieben ist.

In der ehemaligen Sowchose «Partisan» scheinen die Uhren etwas stillgestanden zu sein.

Die einstige Lehrerin der Sowchose meinte, die Jungen, welche für ihre Zukunft kämpften, hätten die Siedlung längst verlassen und sich beispielsweise in Tscheljabinsk oder in Moskau niedergelassen. Bei einem Rundgang durch die Siedlung «Partisan» begegnete ich vor allem älteren Frauen, die hinter ihren Häusern in kleinen Stallungen eine Kuh, Hühner und Schweine hielten. Der einstige Grossbauernbetrieb musste schon vor Jahren grösstenteils eingestellt werden, weil Russland die Modernisierung der Landwirtschaft verpasst hatte und weil Privatbauern von den russischen Banken keine günstigen Kredite erhalten. Auf solche Kredite wären sie dringendst angewiesen, um Traktoren und andere Landwirtschaftsmaschinen kaufen zu können.

Es sei traurig, meinte die betagte Lehrerin, dass «Partisan» jetzt darniederliege. Sie sei deshalb froh, dass wenigstens die Chinesen für einen kleinen Aufschwung sorgten: *«Alles liegt jetzt brach, unsere einstigen Betriebe und Fabriken gibt es nicht mehr. Die Chinesen, die hierherkommen, arbeiten, bauen für uns Häuser, bauen Gemüse an. Es sind letztlich die Chinesen, die uns hier versorgen; sie verdrängen uns nicht, nein, es sind die Chinesen, die uns hier noch am Leben erhalten.»*

DIE KURILEN-INSELN – RUSSLAND UND JAPAN IM ZWIST UM EIN SYMBOL

Auch jüngst wieder versuchte der japanische Ministerpräsident Shinzo Abe, bei Russlands Präsident Putin gute Miene zu machen. Einmal mehr versuchten die Japaner – allerdings auch jetzt wieder ohne Erfolg – Bewegung in den Streit um die südlichen Kurilen-Inseln Iturup, Kunashir, Shikotan und Habomai zu bringen.

Die Rote Armee hatte die Inselgruppe kurz nach der Beendigung des Zweiten Weltkrieges im Pazifischen Raum 1945 kampflos besetzt und auch den Südteil der Insel Sachalin unter ihre Gewalt gebracht. Nach der Besetzung der vier Kurilen-Inseln vertrieb die damalige Sowjetunion die japanische Zivilbevölkerung – etwa 17 000 Personen – und deportierte die japanischen Soldaten nach Sibirien, wo sie in Lagern interniert wurden.

Der Friedensvertrag von San Francisco, ein internationales Abkommen mit Japan, teilte 1951 die Kurilen der UdSSR, die japanischen Hauptinseln wieder Japan zu. Japan stellt sich auf den Standpunkt, dass in diesem Vertrag der Absatz zu den Kurilen missverständlich formuliert sei und dass die umstrittenen Inselgruppen im Süden des Kurilen-Archipels zu den «nördlichen japanischen Territorien» gehören. In Russland (das hier das Erbe der Sowjetunion übernommen hat) sieht man das anders.

Zusammen mit den nördlichen Kurilen bildeten diese Inseln für die UdSSR einst einen wichtigen militärischen Vorposten zwischen dem Pazifik und dem sowjetischen Festland. Heute leben etwa 10 000 Personen auf den Inseln, hauptsächlich russische Militärs, die dort Dienst leisten, Mitarbeiter der Fischereibetriebe und Familienangehörige dieser Gruppen. Wegen der schwierigen Versorgung vom russischen Festland her, aber auch wegen der unwirtlichen Natur auf den Inseln ist die Bevölkerungszahl seit ein paar Jahren rückläufig. Abgesehen von ein paar japanischen Inschriften auf Grabsteinen ist von der einstigen Ainu- und der japanischen Kultur auf den Inseln nicht mehr viel zu sehen.

Unter dem ersten Russischen Präsidenten Jelzin wurde anfangs der 90er-Jahre die Möglichkeit erörtert, die Inseln gemeinsam mit Japan zu bewirtschaften und sie zu einer lukrativen Freihandelszone umzugestalten.

Doch Nationalisten im russischen Parlament warnten Jelzin erfolgreich vor einem solchen Vorhaben. Russland, das nach dem Zerfall der UdSSR ohnehin geschwächt worden sei, dürfe niemals freiwillig Land abtreten, hiess es, obwohl die Kurilen – gemäss Militärstrategen – offenbar strategisch nicht mehr von sehr grosser Bedeutung sind. Die in den letzten Jahren von Moskau stark vernachlässigten Kurilen haben in Russland wieder stark an Symbolkraft dazugewonnen.

REISE IN DEN ÄUSSERSTEN OSTEN RUSSLANDS

Im Sommer 1993 war ich zusammen mit einer kleinen Journalistengruppe selbst auf den Kurilen. Mehrere Wochen lang hatten wir uns zuvor beim russischen Aussenministerium um eine Besuchserlaubnis bemüht. Die Inseln galten einst als Sperrzone. Nach zeitraubenden bürokratischen Abklärungen flogen wir schliesslich los. Über Chabarowsk nach Juschno-Sachalinsk, zum Hauptort der Insel Sachalin, die sich am Ochotskischen Meer in einer Distanz von rund 450 Kilometern gewissermassen direkt gegenüber den umstrittenen Kurilen befindet.

Wir waren hier 10 Flugstunden beziehungsweise über 7000 Kilometer von der russischen Hauptstadt entfernt. Schon unterwegs hatten wir feststellen müssen, wie sich unser offizieller «Begleiter» mit der stets grösser werdenden geografischen Distanz zu den Moskauer Behörden in seiner Rolle als Aufpasser und «Türöffner» für die ausländischen Journalistinnen und Journalisten immer schwerer tat. Ihm war in seiner Mission auffallend unwohl. Während unsere weite Reise in Moskau vom Aussen- und vom Verteidigungsministerium bewilligt worden war, wollten beispielsweise die Behörden auf dem Flugplatz und im Hafen von Sachalin – und auch jene auf den Kurilen – zuerst einmal überhaupt nichts von unserem Vorhaben wissen. Allein wegen der Zeitdifferenz tat sich unser Begleiter schwer, sich mit seinen Kollegen und den zuständigen Beamten in Moskau kurzzuschliessen. Denn kurz nach Tagesanbruch auf Sachalin herrschte in den Amtsstuben in Moskau ja meist schon wieder Feierabend. Also waren wir gezwungen, in ungewisser Warterei ein paar Tage auf Sachalin zuzubringen.

Wir freuten uns zwar, den offenen Markt in Juschno-Sachalinsk oder den grossen Hafen mit den imposanten Öllagern aufzusuchen. Doch wir wollten vor allem – und auch so schnell wie möglich – auf die Kurilen! Eines Morgens, nach langem Warten und Ungewissheit, ging es schliesslich los. Uns wurde erlaubt, mit einem Transportflugzeug der Armee nach Kurilsk zu fliegen.

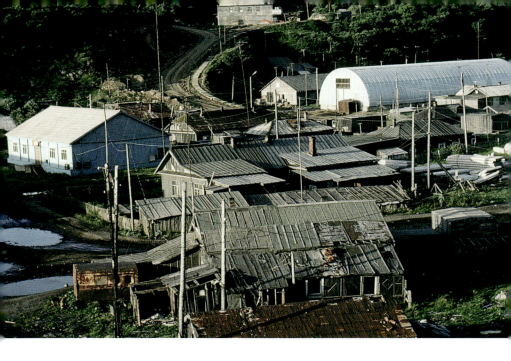

In der Ortschaft Kurilsk

In der Mitte des Frachtraums unseres Flugzeugs war ein Schützenpanzer angekettet. Links und rechts des Panzers, bei den kleinen Fensterluken des Fliegers, waren Kisten mit Orangen und Kartons mit Konserven aufgetürmt. Zwischen diesen Lebensmitteln gab es ein paar herunterklappbare, mit Segeltuch bespannte Pritschten. Zusammen mit ein paar Einheimischen aus Kurilsk durften wir es uns dort bequem machen.

Die Tür zum Cockpit stand offen und schon kurz nach dem Start bemühten wir uns, bewehrt mit Kameras, über die Schultern der Piloten hinweg einen Blick aufs offene Meer zu erhaschen. Plötzlich, ich hatte es mir wieder gemütlich eingerichtet, begann das Flugzeug zuerst nach links, dann wieder nach rechts, leicht, aber auffällig zu schwanken. Der angekettete Panzer ruckte in den Kurven bedrohlich auf die jeweilige Seite. Nein, wir steckten nicht in Luftturbulenzen, nein! Die Piloten waren von den blonden Haaren unserer deutschen Kollegin so begeistert, dass sie ihr erlaubt hatten, sich kurz ans Steuer zu setzen. Und so testete dann Kerstin Holm aus, wie sich ein solches Flugzeug über das offene Meer steuern lässt. Unter der Kontrolle der Piloten, selbstverständlich.

Schliesslich wurden die Umrisse der Insel Iturup sichtbar. Die Landepiste war immer deutlicher zu sehen. Neben ihr eine viel kleinere Piste, die – so erzählten uns die Piloten – einst im Zweiten Weltkrieg von japanischen Kamikazefliegern für ihre Starts benutzt wurde. Eine längere und etwas breitere Landepiste gab's damals nicht. Weil die Kampfflieger ja auch nie zurückkehrten. Die beiden Pisten befinden sich in einer Talsenke, direkt am Ufer des Meeres, über der offenbar oft Nebelschwaden hängen. Deshalb sei die Startpiste der Kamikazepiloten während des Zweiten Weltkriegs kaum erkannt und nicht zerstört worden.

Vom Flugplatz aus fuhren wir mit einem Amphibienfahrzeug durch die Uferpartien entlang bis nach Kurilsk, dem Hauptort von Iturup. Vorbei an den verrosteten Wracks militärischer Landungsboote, welche die Rote Armee damals offenbar für ihre Operationen im Osten von den Amerikanern erhalten hatte. Auch fünfzig Jahre nach Kriegsende waren diese Überbleibsel nie abtransportiert und entsorgt worden.

Die grüne Landschaft mit ihren grauen Vulkankratern am Horizont faszinierte mich. Kurilsk wiederum präsentierte sich weniger idyllisch. Hier gab es ein paar typisch sowjetische Plattenbauten. Im Hof einer solchen Siedlung spielten Kinder mit leeren Konservenbüchsen. Im Hafen ent-

deckten wir Fischerboote, die zum Teil wohl schon lange nicht mehr aus-gelaufen waren. Auf der Wasseroberfläche zwischen der Mole und der Hafenmauer glitzerten uns im Sonnenlicht blau-silberne Ölspuren ent-gegen.

Etwas moderner ging es in der nahegelegenen Fischfabrik zu. Aus dem Bug eines Fischkutters, der eben in der Hafenanlage der Fabrik angelegt hatte, wurden mit einem Kran riesige Metallkörbe mit Silberlachsen auf ein Förderband gekippt, auf dem die zum Teil noch zappelnden Fisch-körper zur Verarbeitung in die Fabrik transportiert wurden. Dort konnten wir unter anderem beobachten, wie Frauen in weissen Schürzen rote Ka-viarkügelchen säuberten und sortierten, die anschliessend in Konserven-büchsen abgefüllt wurden. Die Fischerei und Fischverarbeitung ist prak-tisch der einzige funktionierende Wirtschaftszweig auf den Inseln. Die meisten Fischereiprodukte werden von der Fabrik direkt ans russische Festland transportiert.

UNGEWISSE ZUKUNFT

Im Vorfeld unseres Besuches hatten die meisten Kurilenbewohner mitbe-kommen, welche Zukunftsvarianten für ihre Inseln damals in Moskau diskutiert worden waren. Viele, die wir auf unseren Wegstrecken mit un-seren Mikrofonen spontan befragten, zeigten sich verunsichert.

Bei einem Festhalten am Status quo fürchteten die meisten, dass sich die Wirtschaftsperspektiven auf den Kurilen mittelfristig noch etwas verdüs-tern würden. Man hätte, meinten die meisten, dringenden Bedarf an japa-nischen Einrichtungen und Produkten. Ja, die Japaner würden zudem ge-wiss gerne für eine Modernisierung auf den Inseln sorgen, für bessere Strassen, eine funktionierende Infrastruktur, eine bessere Versorgung, für Hotels, Geschäfte und auch für modernere Fabriken.

Eine radikale Rückgabe der Inseln an die Japaner lehnten alle Befragten rundweg ab. Skeptisch hörten sich auch deren Reaktionen auf die damals von Präsident Jelzin zur Diskussion gestellte Variante einer gemeinsam von Russland und Japan betriebenen Freihandelszone auf den Inseln an. Sie, die jetzt auf den Kurilen ansässigen Russen, hätten dann kaum gute Chancen, mit dem Arbeitsstil und der Effizienz der Japaner Schritt zu halten. Man wolle nicht zu Menschen zweiter oder gar dritter Klasse de-gradiert werden, meinte eine Frau.

Fischfabrik auf Iturup

Am Abend unseres Anreisetages wurden wir in einer Privatherberge an einem Hang hoch über Kurilsk untergebracht. Im Erdgeschoss dieser Herberge standen in einem feuchten Raum sechs mit heissem, schwefelhaltigem Wasser gefüllte, dampfende Badewannen nebeneinander. Dazwischen Holzhocker mit weissen Frottétüchern. Wir legten uns der Reihe nach in diese Wannen. Meine Nachbarn zu meiner Rechten und meiner Linken konnte ich im Dampf nur noch in Konturen erkennen. Das Sprudeln des Wassers aus den dicken Rohren dominierte die Akustik. Später, nach einer ausgiebigen Wodkarunde in einer einfachen Beiz unten im Dorf, legten wir uns bald schlafen.

Am nächsten Tag flogen wir mit einem Helikopter auf die südliche Nachbarinsel Kunashir und umflogen dort mehrere aktive Vulkane. Bei einer Zwischenlandung auf einer felsigen Anhöhe über dem Pazifik stellte ich mich mitten in dieser eindrücklichen Kulisse vor die Kamera und zeichnete dort in ein paar kurzen Sätzen meine Eindrücke vom Kurilenbesuch auf.

Unser wochenlanges Bemühen in Moskau und die lange Anreise mündeten in einem bloss knapp zweitägigen Blitzbesuch auf den Kurilen. Auch wenn sich die örtlichen Verantwortlichen, allen voran der Bürgermeister von Kurilsk, einem offiziellen Treffen und Gespräch mit uns widersetzt hatten, so hatte sich die aufwändige Reise für die zahlreichen Radio- und die Fernsehreportagen, die ich anschliessend produzieren durfte, trotzdem sehr gelohnt. Reich an vielen Eindrücken traten wir über Juschno-Sachalinsk und Chabarowsk den langen Rückflug nach Moskau an. Die grünen Inseln mitten im Meer mit ihren rauchenden Vulkanen, aber auch die lange Reise von Moskau dorthin, werden mir stets in besonderer Erinnerung bleiben.

Sergei Kowaljow, im Radiointerview 2015

BEWEGENDE TREFFEN MIT DEM EHEMALIGEN DISSIDENTEN UND RUSSISCHEN MENSCHENRECHTLER SERGEI KOWALJOW

Jeder Korrespondent, der noch zur Zeit der UdSSR in Moskau gearbeitet hat, suchte unter anderem den Kontakt zu Menschenrechtlern und zu (ehemaligen) Dissidenten zu pflegen. Die meisten von ihnen sind während der Zeit der Entspannung unter Michail Gorbatschow rehabilitiert worden.

Bei mir gehören Mustafa Dschemiljew, Ljudmila Alexejewa und Sergei Kowaljow zu jenen, denen ich mehrmals begegnet bin und die mich besonders beeindruckt haben.

Ljudmila Alexejewa (geboren 1927), die Mitbegründerin der Moskauer Helsinki-Gruppe, war so wie zuvor auch während der Bürgerproteste gegen eine dritte präsidiale Amtszeit von Wladimir Putin politisch aktiv. Immer wieder, an Konferenzen oder am Rande von Demonstrationen, meldete sie sich zu Wort. Wann immer man ihr zuhörte, ihre Authentizität beeindruckte sehr. Wegen ihres fortgeschrittenen Alters kosteten sie ihre Auftritte in den letzten Jahren allerdings jeweils viel Kraft.

Die engagierte Historikerin und Menschenrechtsaktivistin sass glücklicherweise nie im Gefängnis. 1977 aber ist sie (ähnlich wie der Schriftsteller Alexander Solschenizyn im Jahr 1974) aus der UdSSR ausgewiesen worden. Sie lebte danach in den USA, kehrte aber 1993 nach Russland zurück, wo sie sich abermals stark für die Menschenrechte und insbesondere für die unter Präsident Putin eingeschränkte Versammlungsfreiheit engagierte.

Mustafa Dschemiljew (geboren 1943) traf ich ein erstes Mal 1992 in der Krimtatarensiedlung Bachtschissaraj auf der Krim. Er war schon damals Vorsitzender des Medschlis, der heute von Moskau verboten Volksversammlung der Krimtataren, ein Amt, das er bis 2013 ausübte. Dschemiljew blickt auf eine äusserst reiche Erfahrung zurück. Er stand einst im Visier der stalinistischen Repressionsjustiz. Vier Mal ist er unter dem UdSSR-Regime zu mehrjährigen Aufenthalten in Arbeitslagern verurteilt worden, zudem wurde er für vier Jahre nach Jakutien (Sibirien) in die Verbannung geschickt.

Der kleinwüchsige und bedächtig wirkende Dschemiljew hatte für eine Rückübersiedlung der unter Stalin deportierten Krimtataren gekämpft, oder auch für den Erhalt der tatarischen Kultur. Zusammen mit Andrei Sacharow hat er sich für eine Verbesserung der Menschenrechtssituation und für andere Dissidenten eingesetzt, oder sich öffentlich gegen die sowjetische Invasion Afghanistans ausgesprochen. Dschemiljew wirkt stark geprägt von den Peinigungen, denen er in den Gefängnissen und Arbeitslagern ausgesetzt war. Von seinem Kampf um Gerechtigkeit aber hat er trotzdem nie abgelassen. Seit 1998 wirkt er als Abgeordneter im ukrainischen Parlament; dort gehörte er verschiedenen Reformfraktionen an. Wegen seines Protests gegen die russische Krim-Annexion haben ihn die russischen Behörden mit einem fünfjährigen Einreiseverbot auf die Krim belegt.

Sergei Kowaljow (geboren 1930) traf und interviewte ich in den frühen 90er-Jahren ein allererstes Mal im Moskauer Büro der Menschenrechtsorganisation Memorial. Er war an jenem Tag um seine betagten Mitstreiter besorgt, die er – zusammen mit anderen Memorial-Mitgliedern – in deren Wohnungen aufsuchte und unter anderem mit Hilfspaketen versorgte. Der Zusammenhalt unter Gleichgesinnten in der wirtschaftlich schwierigen Zeit sei für viele überlebenswichtig, erklärte er damals.

2011 und 2012 erhob Sergei Kowaljow mehrmals seine helle Stimme bei den Protestkundgebungen gegen eine dritte präsidiale Amtsperiode Putins. Jetzt lebt er zurückgezogen in seiner bescheidenen Wohnung am südlichen Stadtrand von Moskau.

Schon früh hatte sich der studierte Biologe bei den sowjetischen Behörden unbeliebt gemacht. 1956 protestierte er gegen die sowjetische Intervention in Ungarn, er sammelte Unterschriften gegen den Einmarsch in die damalige Tschechoslowakei, verfasste Petitionen. 1974 wurde er Mitglied des sowjetischen Büros von Amnesty International. Zusammen mit anderen war er Mitverfasser der «Chronik der laufenden Ereignisse», eine Publikation, die im «Samisdat», dem Selbstverlag der sowjetischen Dissidenten verfasst wurde und als alternative Informationsquelle und Kommunikationsplattform im sowjetischen Untergrund zirkulierte. Die Chronik versuchte, die historischen und aktuellen Menschenrechtsverletzungen unter dem damaligen UdSSR-Regime zu dokumentieren.

Auch Kowaljow lernte Gefängnisse und Arbeitslager von innen kennen. Während drei Jahren lebte er zudem im fernöstlichen Sibirien in der Verbannung.

Kowaljow setzte stets darauf, dass sich in der UdSSR und später in Russland nachhaltige Veränderungen und Verbesserungen bei den Menschenrechten bewirken liessen, und dass er dazu auch selbst etwas beitragen könne.

Deshalb liess er sich in den letzten Jahren der Sowjetunion unter Gorbatschow als Vertreter der Menschenrechtsorganisation Memorial in den Obersten Sowjet wählen. Später war er während mehrerer Jahre Mitglied liberaler Fraktionen im russischen Parlament. Präsident Jelzin berief ihn 1993 gar in seine Regierung – als Vorsitzenden des Menschenrechtskomitees. Während des ersten Tschetschenienkrieges stellte sich Kowaljow unter anderem als freiwillige Geisel im Austausch gegen Zivilisten zur Verfügung.

Aus Protest gegen den Tschetschenienkrieg und gegen Jelzins Tschetschenienpolitik trat Kowaljow 1995 aus dem Regierungskabinett zurück und gehörte fortan zu den namhaften Kritikern des ersten russischen Präsidenten.

Von 1996 bis 1999 (gleichzeitig immer noch als Abgeordneter im russischen Parlament) war er Abgeordneter in der parlamentarischen Versammlung des Europarates. Heute ist Kowaljow ein dezidierter Kritiker der Politik von Präsident Putin.

Für mich persönlich gehörte es gewissermassen zur Krönung des nahenden Abschlusses meiner Korrespondententätigkeit, Sergei Kowaljow für ein Radiointerview (Radiosendung SRF «Echo der Zeit», 21.8.2015) noch einmal persönlich zu treffen.

Ich traf Kowaljow in seiner kleinen 2-Zimmer-Wohnung am südlichen Stadtrand Moskaus. Als ich mit dem Lift auf seiner Etage ankam, stand er in Pantoffeln in der Tür. Er hatte mich erwartet, wirkte aber im ersten Moment ein bisschen verwirrt. Er gebe eigentlich nur noch ungern Interviews, meinte er, vieles strenge ihn im fortgeschrittenen Alter immer mehr an. Immerhin sei er jetzt 85 Jahre alt.

Er führte mich in sein Arbeitszimmer, einen mit dunkeln Möbeln vollgestopften Raum, geleitete mich zu einem Besucherstuhl und setzte sich hinter seinen Schreibtisch. Auf der Tischplatte lagen unzählige Dokumente, Briefe, Zeitungsartikel, Bücher und Hefte. Auf einem Beistelltisch flackerte ein etwas in die Jahre gekommener Schwarz-Weiss-Bildschirm, neben dem Bildschirm lag eine leicht abgegriffene PC-Tastatur. Auf dem hohen Regal hinter ihm stapelten sich zahleiche Bücher und weitere Dokumente. Es war unverkennbar – hier befand sich das Arbeits- und Lebenszentrum des nach wie vor äusserst engagierten ehemaligen Sowjetdissidenten und Menschenrechtlers Sergei Kowaljow. Ich hatte Mühe, auf seinem mit Dokumenten belegten Tisch ein freies Plätzchen zu finden, um mein Mikrofon zu platzieren.

Woher er seinerzeit die Kraft genommen habe, sich dem behördlichen Druck zu widersetzen und immer wieder seine kritische Meinung zu äussern, wollte ich als erstes wissen. Und ob er rückblickend enttäuscht sei, mit seinen Interventionen nicht mehr bewirkt zu haben. Kowaljow rückte seine Brille zurecht und meinte mit seiner hellen Stimme:

«Ich denke, ich und meine Kollegen, wir hatten vergeblich gehofft, dass sich die Denk- und Handlungsweise der damaligen Machthaber ändern könnte, dass unsere Bemühungen irgendwann mal Früchte tragen werden, irgendwann.»

Aber, so Kowaljow, es sei letztlich auch ein befreiendes Gefühl gewesen, seine Meinung offen zu äussern. Aber:

«Ich denke, ich und meine Kollegen hätten damals nicht mit der Möglichkeit einer Evolution der Staatsführung rechnen dürfen. Wir hatten vergeblich gehofft, dass sich etwas ändern könnte.»

Später, nach der Auflösung der UdSSR, als er als Abgeordneter der liberalen Jabloko-Partei im russischen Parlament und als Vorsitzender des Menschenrechtskomitees gar im Kabinett von Präsident Boris Jelzin wirkte, habe er aus heutiger Sicht zu grosse Zurückhaltung geübt.

«Das war mein grösster Fehler! Denn all diese Parteipolitiker wie Boris Jelzin konnten unsere Anliegen nicht in ihrer Tiefe nachvollziehen. Jelzin hatte zwar auch den Wunsch, Gutes zu bewirken. Jelzin und ich aber waren verschieden geprägt. Jelzins Weltanschauung war jene des ersten KP-Sekretärs des Gebietskomitees von Swerdlowsk, die meine jene eines politischen Gefangenen.»

Politikern, so Kowaljow, gehe es meist um den Machterhalt, um das für sie politisch «Machbare», Menschenrechtler hingegen orientierten sich an Prinzipien und Idealen. Politiker seien zudem auch zu «unvertretbaren» Schritten bereit. Nun wurde Kowaljows Stimme lauter und bestimmter. Er lenkte das Gespräch auf die Machtübergabe von Jelzin an dessen Nachfolger Wladimir Putin (1999 / 2000) und meinte:

«Wen hat er als Nachfolger auserkoren? Einen Oberstleutnant des KGB! Na also, bitte schön...!»

Kowaljow schüttelte sichtlich angewidert seinen Kopf und meinte, man solle sich doch mal vorstellen, wie das wäre, wenn die Bundesrepublik Deutschland von einem ehemaligen Oberstleutnant des DDR-Staatssicherheitsministeriums (Stasi) regiert würde.

Jelzin habe sich damals zu einer fundamentalen Fehlentscheidung verleiten lassen, unter der das heutige Russland immer stärker leide. Mit seiner autoritären Politik habe sich Präsident Putin immer mehr isoliert, ja, er habe sich in eine Sackgasse manövriert, aus der er kaum mehr einen Ausweg finden könne:

«Putin ist in einer Sackgasse. Er hat gar keine Wahl mehr. Er ist gezwungen, seine bisherige Politik mit immer neuen idiotischen Gesetzen und dem Erzeugen immer neuer Spannungen fortzusetzen. Oder aber: Er müsste abtreten; dies aber will Putin um keinen Preis!»

Hier hielt ich Kowaljow das Argument gewisser «Putinversteher» entgegen die behaupten, westliche Politiker trügen eine Mitschuld dafür, dass sich Putin in den letzten Jahren immer mehr vom Westen abgewandt habe. Gegenüber diesem Einwand legte Kowaljow dezidierten Protest ein. Nein, meinte er, der Westen hätte schon vor der Krim-Annexion und vor dem Aufflammen des Krieges in der Ostukraine sehr viel rigider gegenüber Putin und dessen Politik agieren und reagieren sollen:

«Maximaler Gegendruck wäre nötig gewesen. Man hätte nicht von einem ‹restart›, von einem Neubeginn der Ost-West-Beziehungen faseln sollen.»

Jetzt – nach der Krim-Annexion und dem russischen Eingreifen in der Ostukraine – gebe sich der Westen hilflos und ohnmächtig:

«Der Westen macht mit Sanktiönchen ein bisschen Druck, schimpft mit Worten und fragt sich, was man denn überhaupt noch tun könnte.»

Äusserst hart ging Kowaljow nun mit Putin ins Gericht:

«Eine Partnerschaft mit einem Verbrecher führt nirgendwohin. Es kann nur eine Art von Partnerschaft mit Verbrechern geben: Wenn sie so angelegt ist, dass er sich vor dir fürchtet. Sonst fürchtest du dich vor ihm.»

Putin, so Sergei Kowaljow, gelinge es aber immer wieder, den Westen mit PR-Kampagnen und gewissen Versprechen einzulullen:

«Die Strategie Putins ist sehr einfach. Er weiss, wie sich die öffentliche Meinung im Westen beeinflussen lässt. Er gibt dem Westen zu verstehen, dass Druck gegenüber Russland wenig bewirken könne, dass es vielmehr einen unbelasteten ‹restart› der Beziehungen brauche. So hat er das seinerzeit gegenüber dem amerikanischen Präsidenten Barack Obama signalisiert. Obama wollte dann einen Neustart der Beziehungen – und bitte! – er hat diesen ‹restart› bekommen!»

Zum Abschluss des Gesprächs kamen wir auf die 2011/2012 in Russland vorübergehend neu entstandene Zivilgesellschaft zu sprechen. Hier sei tatsächlich viel Hoffnung aufgekeimt, meinte Kowaljow mit seiner idealistischen Sicht. Die Verhältnisse auf der Welt liessen sich ohnehin langfristig nur verbessern, wenn der Politik nicht mehr die heutige Priorität zugemessen werde:

«Das Wichtigste für diese Welt sollte nicht die Politik, das sollte die Zivil-gesellschaft sein!»

DOKUMENTE ZUR SCHRECKENSHERRSCHAFT UNTER STALIN

Fast jeden Tag werden Schülerinnen und Schüler aus Moskau im ersten Obergeschoss des Moskauer Sacharow-Zentrums durch die dortige Dauerausstellung geführt, welche die Besucher mit äusserst bedrückenden Dokumenten der Stalin-Herrschaft konfrontiert. Die betagte Menschenrechtlerin Tamara Jakowlewa ist eine der engagierten Führerinnen, welche Besuchergruppen Tag für Tag von Vitrine zu Vitrine, von Schrank zu Schrank führt. Zuallererst stehen die Besucherinnen und Besucher sowjetischen Hurraplakaten mit der Darstellung glücklicher sowjetischer Sportlerinnen und fröhlich zupackender und stolzer Arbeiter gegenüber – Plakaten, die durchwegs die Segnungen des Sozialismus preisen. Doch nur ein paar Schritte weiter sind bedrückende Schwarz-Weiss-Bilder mit ausgemergelten ukrainischen Bauern zu sehen, die anfangs der 30er-Jahre unter der von Stalin verursachten Hungersnot, dem sogenannten Holodomor, leiden.

Auch Bilder aus Arbeitslagern mit nur notdürftig bekleideten Zwangsarbeiterinnen und Zwangsarbeitern, willkürlich Verurteilten und Entrechteten, die mit blosser Hand, mit Schaufeln und Pickeln, den Moskwa-Wolga-Kanal ausheben mussten.

Schliesslich öffnet die Führerin Tamara Jakowlewa jeweils eine kleine Holzschublade mit Dokumenten, die besonders eindrücklich Stalins Willkürherrschaft dokumentieren. Eine Befehlsliste an die verschiedenen sowjetischen Gebietsverwaltungen, die vorgab, wie viele Menschen im Folgemonat zu verhaften und wie viele davon sofort zu erschiessen seien. Im Archiv des Zentrums liegt auch ein Dokument mit Stalins Originalunterschrift, in dem die Behörden von Krasnojarsk im Jahr 1937 angewiesen werden, im nächsten Monat – zusätzlich zum allgemeinen Verhaftungsplan – 6600 Menschen zu verhaften und zu töten.

Die Menschen, so Tamara Jakowlewa, hätten damals von den Arbeitslagern gewusst. Das ganze Ausmass der Schreckenswillkür unter Stalin aber sei den Allerwenigsten bekannt oder bewusst gewesen.

Bei meinem letzten Besuch im Sacharow-Zentrum erklärte mir eine 15-jährige Schülerin, die sich freiwillig der Besuchergruppe angeschlossen hatte, es sei schrecklich, diese Exponate zu sehen. Aber, so meinte sie weiter, es sei ihr wichtig, die Fehler, welche damals von der Führung des Landes gemacht wurden, zu kennen: *«Nur so können wir zu einem normalen Leben finden.»*

So feingliedrig, so zerbrechlich Kowaljow mit seinen liebevoll dreinblickenden Augen, seiner hellen Stimme zuweilen wirken mag – er scheut sich nicht davor zurück, sich zu exponieren und seine Kritik sehr dezidiert zu äussern. So war das zu Zeiten der Sowjetunion. Und so tut er das immer noch, seit unter dem russischen Präsidenten Putin die demokratischen Rechte immer mehr eingeschränkt werden. Der inzwischen 85-jährige einstige Sowjet-Dissident, der mehrmals im Gefängnis und im Lager sass, gefährdet sich mit seinen Äusserungen im heutigen Russland aber kaum mehr. Zu sehr wird Kowaljow dazu in der russischen Gesellschaft als ehemaliger Dissident und wichtige historische Figur respektiert.

Mich persönlich haben die Begegnungen mit Kowaljow stets stark berührt. Vor allem, wenn ich manchmal direkt mitbekam, wie sehr er sich für andere ehemalige Dissidenten einsetzte. Oder, wie er – während des Tschetschenienkrieges – selbstlos zu vermitteln versuchte, um weiteres Blutvergiessen zu verhindern. Oder dann vor allem in den Jahren 2011 und 2012, als Kowaljow auf den Podien oder auf Konferenzen der vorübergehend entstandenen russischen Bürger- und Protestbewegung seine Stimme erhob. Jedes Mal, wenn ich ihn traf und ihm zuhörte, hatte ich Mühe, Tränen zu unterdrücken.

Im Unterschied zu den damaligen lautstarken Anführern der Proteste versuchte Kowaljow die versammelte Menge jeweils nicht mit lauten Kampfparolen zu motivieren – es waren eher stille Worte der Betroffenheit, mit denen sich Sergei Kowaljow an die Öffentlichkeit wandte.